高等职业教育汽车类专业校企合作"互联网+"创新型教材

二手车鉴定与评估

第 2 版

主　编　朱晓红
副主编　张玉芝　赵立蕊　冯丽沙
参　编　鄢　玉　王智能　程青鹏　冯之权

机械工业出版社

本书是针对二手车鉴定评估人才培养目标、以二手车鉴定评估技术规范（GB/T 30323—2013）为基础编写的，内容紧跟国内外二手车市场的发展趋势与技术要求，重点介绍了二手车鉴定、评估以及交易过程中的主要内容和经验。本书包括 7 个项目：认识二手车市场发展、二手车技术鉴定准备、二手车技术状况鉴定、二手车价格评估、二手车鉴定评估报告撰写、二手车交易与运作和二手车营销。

　　本书可作为高职本科汽车服务工程技术专业的教材，高职专科汽车技术服务与营销、汽车运用与维修技术及相关汽车专业的教材，也可作为二手车从业人员的培训教材和普通二手车消费者的参考资料。

　　本书将相关视频的二维码链接插入书中，帮助读者理解相关知识。本书配有电子课件、试卷、题库，凡使用本书作为教材的教师均可登录机械工业出版社教育服务网（www.cmpedu.com）注册后免费下载。咨询电话：010 - 88379375。

图书在版编目（CIP）数据

二手车鉴定与评估/朱晓红主编．—2 版．—北京：机械工业出版社，2021.3 (2022.5 重印)

高等职业教育汽车类专业校企合作"互联网＋"创新型教材

ISBN 978-7-111-67870-0

Ⅰ.①二… Ⅱ.①朱… Ⅲ.①汽车 - 鉴定 - 高等职业教育 - 教材 ②汽车 - 价格评估 - 高等职业教育 - 教材 Ⅳ.①U472.9 ②F766

中国版本图书馆 CIP 数据核字（2021）第 054902 号

机械工业出版社（北京市百万庄大街 22 号　邮政编码 100037）
策划编辑：张双国　　责任编辑：张双国
责任校对：王　欣　　封面设计：王　旭
责任印制：张　博
涿州市京南印刷厂印刷
2022 年 5 月第 2 版第 3 次印刷
184mm×260mm·13 印张·321 千字
标准书号：ISBN 978-7-111-67870-0
定价：45.00 元

电话服务　　　　　　　　　　网络服务
客服电话：010-88361066　　　机　工　官　网：www.cmpbook.com
　　　　　010-88379833　　　机　工　官　博：weibo.com/cmp1952
　　　　　010-68326294　　　金　书　网：www.golden-book.com
封底无防伪标均为盗版　　　机工教育服务网：www.cmpedu.com

前 言

二手车市场是汽车市场乃至汽车行业中一个重要的组成部分，随着汽车消费理念的更新和消费者对汽车认识的日趋成熟，消费者对于二手车的关注也在不断加强，二手车的交易量日益攀升。由于我国的二手车市场起步较晚，二手车的鉴定、评估、交易、市场管理等方面还有待进一步改善。同时，二手车市场还存在从业人员素质参差不齐、市场透明度不高等特点。这都需要在前景巨大的二手车行业发展过程中不断扩大二手车专业技术人员的规模并提高其水平。

基于以上原因，本书在编写过程中融入了课程思政的教学理念，弘扬社会主义核心价值观，同时融入了1+X证书相关内容，把教材内容与职业技能等级标准相互对接。同时本书立足于目前国内外二手车市场实情，结合二手车市场对从业人员的素质、能力、水平的要求，把握二手车发展的趋势，突出二手车鉴定评估过程的实用性、指导性及政策性。本书可为二手车鉴定评估学习者以及从业人员起到全方位的指导和辅助作用，也可为普通消费者的二手车消费活动起到一定的指导和帮助作用。

本书在编写上主要突出以下特点：一是任务引领，使学生在完成工作任务的过程中学习专业知识，培养学生的综合职业能力；二是结果驱动，即通过完成典型产品或服务，激发学生的成就感，使之获得完成工作任务所需要的综合职业能力；三是突出能力，即课程定位与目标、课程内容与要求、教学过程与评价都围绕职业能力的培养，涵盖职业技能考核要求，体现职业教育课程的本质特征；四是内容适用，即紧紧围绕完成工作任务的需要来选择课程内容，注重内容的实用性和针对性；五是学做一体，方便实现理论与实践一体化教学。

本书由河北工业职业技术大学朱晓红担任主编，张玉芝、赵立蕊、冯丽沙担任副主编，具体编写分工如下：朱晓红编写项目三和附录，张玉芝编写项目二，赵立蕊编写项目四的单元一至单元三，冯丽沙编写项目四的单元四至单元八，鄢玉编写项目七，王智能编写项目六，程青鹏编写项目五，冯之权编写项目一。同时，在编写过程中，得到了石家庄淘车乐二手车交易有限公司总经理、河北省二手车鉴定评估专家郜彦刚等相关工作人员的大力帮助和支持，在此对他们表示感谢。

由于编者水平有限，书中难免有不足和疏漏之处，敬请广大读者批评指正！

编 者

二维码索引

名称	图形	页码	名称	图形	页码
车身漆面的检查		43	排气尾管的检查		60
检查车玻璃		51	减振器、轮胎的勘验		60
二手车内饰的检查		53	空调出风口温度检查		63
发动机舱的勘验		56	二手车路试检查		64
发动机、变速器壳体勘验		60	灯光检测		68

目 录

前　言
二维码索引

项目一　认识二手车市场发展 …………………………………………………… 1

项目二　二手车技术鉴定准备 …………………………………………………… 7
　单元一　汽车车型信息 …………………………………………………………… 7
　单元二　汽车标志及铭牌信息 ………………………………………………… 13
　单元三　车辆性能参数信息 …………………………………………………… 16
　单元四　车辆识别代号（VIN） ………………………………………………… 21
　单元五　汽车使用寿命与影响因素 …………………………………………… 26

项目三　二手车技术状况鉴定 ………………………………………………… 32
　单元一　二手车资料检验 ……………………………………………………… 32
　单元二　二手车外观勘验 ……………………………………………………… 38
　单元三　二手车车身内部勘验 ………………………………………………… 52
　单元四　二手车发动机及发动机舱内部勘验 ………………………………… 54
　单元五　二手车底盘勘验 ……………………………………………………… 58
　单元六　二手车车辆路试 ……………………………………………………… 62
　单元七　二手车仪器勘验 ……………………………………………………… 65
　单元八　二手车常见故障及维护 ……………………………………………… 69

项目四　二手车价格评估 ……………………………………………………… 73
　单元一　二手车价格评估的基本问题 ………………………………………… 73
　单元二　二手车的成新率计算 ………………………………………………… 79
　单元三　重置成本法计算二手车价格 ………………………………………… 87
　单元四　现行市价法计算二手车价格 ………………………………………… 95
　单元五　收益现值法计算二手车价格 ………………………………………… 100
　单元六　清算价格法计算二手车价格 ………………………………………… 106

单元七　折旧法计算二手车价格 …………………………………………………… 109
　　单元八　评估方法对比分析 ……………………………………………………… 112

项目五　二手车鉴定评估报告撰写 …………………………………………………… 118

项目六　二手车交易与运作 …………………………………………………………… 126

项目七　二手车营销 …………………………………………………………………… 150
　　单元一　二手车收购评估 ………………………………………………………… 150
　　单元二　二手车销售定价 ………………………………………………………… 155
　　单元三　二手车置换 ……………………………………………………………… 161

附录 …………………………………………………………………………………… 169
　　附录A　二手车流通管理办法 …………………………………………………… 169
　　附录B　二手车交易规范 ………………………………………………………… 174
　　附录C　二手车合同范本 ………………………………………………………… 179
　　附录D　二手车鉴定评估技术规范（GB/T 30323—2013）……………………… 183
　　附录E　机动车强制报废标准规定 ……………………………………………… 198

参考文献 ……………………………………………………………………………… 202

项目一　认识二手车市场发展

知识目标

- 掌握二手车的概念。
- 掌握国内、外二手车的基本情况。
- 了解二手车市场的发展趋势和存在的主要问题。

能力目标

- 能够根据国内、外二手车的现状,对二手车的发展前景有一个准确的展望。
- 能够对二手车鉴定评估的学习内容有一个清晰的认识。

思政元素融入

- 加强职业道德教育,树立诚信评估、全心全意为人民服务的信念。
- 做有理想、有能力、有担当的时代新人。
- 正确认识自我,取长补短,奋发前进。

建议采用参观体验、课堂讨论、线上学习等形式完成课程内容。

项目引入

小王是一位二手车鉴定评估机构新入职的工作人员,根据鉴定评估机构的要求,小王需要对国内、外的二手车发展现状有一个系统的了解和认识。

项目分析

随着我国汽车产业的发展,二手车市场已经成为汽车市场重要的组成部分。近年来,我国二手车市场的销量增长迅速,在局部地区二手车的销量甚至超过了新车的销量,而且品牌二手车业务也取得了重要进展。

作为从事二手车鉴定评估工作的人员，需要对二手车市场的国内外现状有一个客观清晰的了解和认识，才能够更好地完成二手车市场的相关工作。

相关知识

一、二手车的定义

二手车英文为"Used Car"，意为"使用过的车"，在中国被称为"旧机动车"，在日本被称为"中古车"。在美国，有二手车经营者为了更好地卖出二手车，改变消费者对二手车质量差的看法，给二手车定义为"曾经被拥有过的车"。

二手车的定义直接影响所涉及车辆的范围，在某种程度上也影响二手车评估体系的科学性和市场交易的规范性，所以有必要给出明确的定义。

2005年10月1日，由商务部、公安部、工商总局和税务总局联合发布的《二手车流通管理办法》正式实施。此办法总则的第二条把二手车定义为：二手车是指办理完注册登记手续，到达国家制度报废标准之前进行交易并转移所有权的汽车（包括三轮汽车、低速载货车，即原农用车）、挂车和摩托车。

在新的《二手车流通管理办法》出台之前，国家的正式文件上一直没有出现过"二手车"的字样，有的只是"旧机动车"。虽然它们的内涵基本相同，只是提法上的差异，但"旧机动车"让人感觉车辆很破旧，从而在一定程度上影响人们的消费情绪。实际上现在很多七八成新的汽车也流入二手市场，所以"二手车"在提法上更中性、更通俗易懂，同时也与国际惯例接轨。

只要办完注册登记手续的车就称为二手车，并不一定是旧车。因此，从对二手车定义的剖析可以发现，其本质上强调的是一种所有权的关系，只要所有权发生转移或将要转移的车辆都可以称为二手车，而与车辆本身的新旧等状况无关。

二、二手车交易市场

现实存在着的二手车交易、转移、评估和管理等经济活动的发生，必然就会产生一个与之相适应的软硬件环境，这个软硬件环境就称为二手车市场。

1. 二手车交易市场的内涵

二手车交易是指买主和卖主进行二手车商品交易和产权交易。由于政府机构对机动车实行严格的管理，二手车产权只能在二手车交易市场中进行交易和转换。因而，为满足二手车的产权流动而建立的二手车产权交易市场，其主要业务就是接受产权交易双方委托并撮合成交，以及对二手车交易及产权转换的合法性进行审查。我国各大中城市都有很多个满足这样需求的二手车交易市场，例如北京的"花乡二手车市场"、上海的"曹安路二手车市场"和长春的"华港二手车市场"等。

2. 二手车交易市场的功能

二手车交易市场是机动车商品二次流通的场所，它具有中介服务商和商品经营者的双重属性。具体而言，二手车交易市场的功能有：二手车鉴定评估、收购、销售、寄售、代购代销、租赁、置换、拍卖、检测维修、配件供应、美容装饰和售后服务，以及为客户提供过户、转籍、上牌和保险等服务。此外，二手车交易市场还应严格按国家有关法律、法规审查二手车交易的合法性，坚决杜绝盗抢车、走私车、非法拼装车和证照与税费凭证不全的车辆上市交易。

3. 二手车交易市场的形式

随着二手车交易市场的发展，目前在我国已经有多种二手车交易市场形式，常见的有二手车交易市场、二手车经营公司、二手车置换公司、二手车经纪公司和经纪人等。但二手车经纪公司和经纪人只能在二手车交易市场中进行二手车的撮合成交。

随着二手车市场的发展和壮大，二手车超市和二手车园区也在逐渐形成和发展。其主要功能是在一般的二手车市场的基础上，引入了汽车文化、科技、科普教育、展示、旅游和娱乐等功能。

随着我国机动车保有量的不断增加，二手车市场的发展前景将是一片光明，二手车产品的流通将逐渐成为一项朝阳产业。

三、我国二手车市场的发展

1. 我国二手车市场概况

自1998年关于二手车交易的第一个行政法规《旧机动车交易管理办法》（内贸机字[1998]第33号）颁布以来，我国二手车交易进入了一个健康、快速的发展时期。特别是自2002年以来，汽车工业出现"井喷"式增长，带动了我国二手车市场的快速发展。

有专业机构测算，如果以发达国家为例，比较合理的一个二手车交易的规模应该是保有量的1/5左右，目前中国汽车保有量已经超过1亿辆，那么中国二手车的交易规模应该在2000万辆左右。置换市场未来将成为新车经销商获取增量资源和增加存量客户的重要市场，成为汽车营销模式转变的重要推力。

从目前二手车市场的结构来看，基本乘用车依然占据二手车交易的"半壁江山"。目前在二手车市场当中，车龄在1~2年的车占11.63%，2~3年的车占14.59%，3~4年的车占14.02%，4~5年的车占14.18%，5~6年的车占12.36%。车龄在缩短和年轻化。

但是我国二手车市场发展时间较短，相关政策、税制和标准不完善在很大程度上制约了二手车市场发展。

2. 二手车市场繁荣的原因

（1）二手车自身的潜在优势　随着汽车大量进入家庭，我国汽车工业迎来了飞跃发展的时代。但是，由于受能源和道路等因素的制约，任何一个城市都不可能无限制地发展机动车。如果一个城市的机动车达到一定数量，政府必将采取相关措施加以控制，而手续齐全的二手车就相对有很大的优势。

（2）国际汽车巨头进入我国二手车市场　目前，不少国际汽车公司已经在中国开展二手车业务。由于汽车巨头拥有雄厚的资金、先进的营销管理手段和国际著名品牌的强大支持，他们从新车置换到汽车租赁、拍卖、美容、维修及零配件供应诸多方面开展业务，这将有力地推动整个二手车市场交易量的提升，有利于国内二手车市场的健康、有序发展。

（3）汽车消费结构的变化促进二手车市场的发展　自1998年之后，我国汽车消费结构逐渐由纯商务消费转为多元化消费，私人购车逐渐成为汽车消费的主体。由于消费主体的变化，市场所呈现出来的特点也发生了变化。家庭消费的特点是各有差别，并随着消费观念的转变而变化，高需求的消费者会不断换车，将二手车卖掉再去买新车；低消费的人群会到二手车市场买车来满足代步需求。这样就为二手车市场既提供了充足的货源，又提供了广泛的消费群体，而且不断换新车也为新车市场提供了更大的商机。两者彼此依靠，形成良性循环。

3. 目前我国二手车市场存在的主要问题

（1）二手车交易的税收标准不统一　据调查，各地对二手车交易中的税收基本上都参考当地有关政策，因此各地税收的种类和标准都不一样，有的按增值税、有的按营业税征收，税率高低相差悬殊。由此造成了一些地区二手车的成本过高，经营二手车的企业利润微薄，因此一些地区采用交易不过户的办法来逃税。场外交易、私下交易和非法交易扰乱了二手车交易秩序。可以说二手车交易税收问题制约着二手车市场的发展，税费成为二手车市场发展的瓶颈。

（2）评估体系不健全　我国二手车交易起步与发达国家相比较晚，评估的标准全国不统一，在交易中存在着定价不合理、随意性较大的问题。有的地方为了抢二手车生意，故意降低评估价格，竞相压价。同时，还出现"私卖公高评估，公卖私低评估"现象。由于价格压低，使国有资产流失，国家的税收减少。因此如何建立科学、可操作的二手车评估系统是亟待解决的问题。

（3）二手车售后服务力量薄弱　目前我国新车品牌的销售基本上建立了信息咨询、配件供应、维修和汽车保险等一条龙服务，而二手车的售后服务还没有建立，特别是与发达国家相比差距较大。

（4）开展汽车置换步履艰难　主要存在着以下问题：

一是生产企业二手车评估没有统一的标准和科学的依据。在汽车置换过程中，评估高影响新车销售的利润，评估低不能满足置换者的预期。

二是旧车收上来很难卖出，其原因有：

1）在中心城市置换下来的二手车不容易就地销售，一般流向不发达的小城市和乡镇，涉及车辆跨地区的销售过户转籍问题。

2）生产厂家没有二手车的经营权，不能就地销售。

三是目前生产企业的内部管理制度制约置换业务的开展。其原因是现有的管理体制不适应汽车置换业务的开展。因为置换的二手车卖出去需要一段时间，这部分的价值在过去企业可以挂账处理，近年来企业对挂账处理比较严格，又不能出现过多的应收账款，一般企业考核业绩，应收账款是很重要的指标，所以经营者很难承受。

4. 我国二手车市场的发展方向

随着我国经济的发展，二手车市场存在明显的流动趋势，即从经济发达地区向欠发达地区流动，从高收入者向低收入者流动。随着新车品种的增加、公路建设的改善、人民消费观念的转变、市场需求结构的变化，国家汽车使用年限、汽车购置税调整等政策的影响，我国二手车市场存在巨大的潜力和广阔的发展前景。我国二手车市场的发展方向将表现在以下几方面：

（1）重视小排量二手车　随着小排量车在大城市解禁，新车市场上一些品牌的购买力在二手车市场得到释放，小排量车也随行就市成为二手车市场新宠。尤其是国家实行的小排量汽车购置税优惠政策，使得小排量汽车成为近些年汽车市场的主角，随之而来的是小排量二手车的迅猛发展。

（2）大力发展高档二手车　高档二手车的交易上扬是二手车交易市场的一个较大变化，在二手车交易市场就出现了专门经营高档二手车的经纪公司。目前，高档二手车货源充足、选择空间大，使得很多消费者在二手车市场寻找到了他们的"最爱"。另外，由于消费税的提高，许多中小进口车商的利润空间被压缩，在无利可图的情况下转投到进口高档二手车业务上，利用境外自带政策，从国外二手车市场低价收购，批量进口。

（3）加快新车品牌经销商置换业务发展　上海通用诚新二手车、一汽大众奥迪品荐二手车等厂家品牌二手车业务发展迅速，近几年有更多的品牌厂家和经销商加大二手车的关注和投入力度。对于想尽办法增加市场占有率的汽车企业来说，开展新车置换业务也有利于企业的发展。

（4）发展多品牌、多元化的二手车交易　由于轿车快速进入家庭以及消费观念的逐渐转变，使得我国的汽车消费结构发生了很大变化。二手车市场上品牌齐全，高、中、低档车辆都能找到，多品牌、多元化成为二手车市场的突出特征。

随着国民经济的迅速发展，二手车市场将成为汽车市场的重要组成部分。随着政府机关、企业、事业单位公务车辆改革，车辆更新换代频率加快，二手车市场必将随着汽车市场需求的增长和汽车保有量的增加而大幅增长。

四、国外二手车市场的发展

在发达国家，普通百姓基本每3年换一辆车，如此高的换车频率，人人都买新车是不可能的。二手车由于其相对较高的性价比和低门槛成为了国外许多人的首选，既可以满足驾驶不同品牌车的乐趣，又可以节省开支。

据统计，目前美国、德国、瑞士和日本的二手车的销量分别约是新车销量的3.5倍、2倍、2倍和1.4倍。如此活跃的二手车市场，其内在原因可从以下几个方面进行探讨：

1）对经销商而言，二手车销量大于新车销量，二手车利润高于新车利润。随着经济的发展，二手车市场发展不断成熟，在国外已经形成了品牌专卖、大型超市、连锁经营、二手车专营和二手车拍卖等并存的多元化经营体制，其交易方式呈现多样化，例如直接销售、代销、租赁（实物和融资）、拍卖和置换等。

2）对经销商而言，行业自律、自我管理、市场规范。国外的二手车市场主要依靠行业组织进行行业管理、行业自律和制定行业标准等。

政府在二手车市场上的管理力度不大，但是制定了有关的二手车交易的相关法规，以法律形式保护消费者的权益。评估机构独立、公正和高效运作，使消费者不必担心车辆价值估价是否合理。

3）对消费者而言，理性的汽车消费观念是市场健康发展的基石。通常，二手车的价格只有新车的一半左右，再使用2~4年性能仍然可靠，用过之后可再次卖掉。虽然二手车维修成本会增加，但是总体计算还是很划算的。这就是国外二手车市场供需两旺的基础。

4）对消费者而言，二手车消费与新车消费一视同仁，免去了消费者的后顾之忧。在发达国家，二手车实行规范化的售后服务标准，购买二手车的消费者在一定的时期内可以享受与新车销售相同的售后服务待遇。

 **思考题**

1. 什么是二手车?
2. 什么是二手车市场?
3. 简述我国二手车市场的现状和发展方向。
4. 简述发达国家二手车的发展情况。
5. 调研了解当地的二手车市场在发展过程中存在的弊端,及其改进措施。

项目二　二手车技术鉴定准备

项目引入

受×××的委托，××××（鉴定评估机构）准备对一辆初次登记日期为2013年8月的奥迪A6 2.8L的二手车进行鉴定评估，现需要完成此车进行鉴定评估的准备工作。

项目分析

二手车鉴定评估广泛应用于二手车交易、机动车辆法律诉讼、车辆投保、车辆置换、机动车抵押贷款、车辆担保、车辆拍卖和车辆典当等领域。作为二手车鉴定评估人员，有必要了解二手车相关的理论知识，学习相关的概念，了解汽车分类、汽车的基本参数以及汽车的性能评价指标。

本项目主要针对二手车鉴定评估作业中所用到的车型分类、车型信息和汽车性能评价指标等内容，对二手车鉴定评估人员的工作进行指导。

单元一　汽车车型信息

知识目标

◆ 掌握汽车的不同分类方式。
◆ 了解各类车型的基本特征。
◆ 掌握不同时期二手车的特点。

能力目标

◆ 能够根据鉴定评估的要求，明确被评估二手车的基本信息。

思政元素融入

◆ 加强职业道德教育、树立诚信评估、全心全意为人民服务的信念。
◆ 加强职业态度教育，通过介绍民族汽车品牌，培养爱国情怀。
建议采用课堂教授、小组讨论等形式完成课程内容。

相关知识

二手车交易市场车型广泛，按照交易用途和交易者购买目的的不同，有不同的细分市场，但目前还是习惯以车辆的用途来对车辆进行分类。车辆按用途可以分为乘用车（如轿车、越野车和多功能车等）和商用车（如客车、货车等）。日常提到的二手车交易，多数限定为乘用车，但实际上商用车的交易也是二手车交易市场的重要组成部分。

一、按用途对汽车进行分类

汽车属于机动车辆，我国针对汽车分类的现行标准是GB/T 3730.1—2001《汽车和挂车类型的术语和定义》。

GB/T 3730.1—2001《汽车和挂车类型的术语和定义》是汽车通用性的分类标准，适用于汽车一般概念、统计、牌照和保险等，也作为政府制定汽车政策和对汽车进行管理的依据。GB/T 3730.1—2001《汽车和挂车类型的术语和定义》将汽车做了明确的定义，并且主要按用途做了分类。

1. 汽车（Motor Vehicle）

汽车指由动力驱动，具有4个或4个以上车轮的非轨道承载的车辆，主要用于载运人员和（或）货物，牵引载运人员和货物的车辆，特殊用途。

GB/T 3730.1—2001《汽车和挂车类型的术语和定义》在将汽车按用途划分的基础上，建立了乘用车和商用车的概念。

2. 乘用车（Passenger Car）

乘用车指在设计和技术特性上主要用于载运人员及其随身行李和（或）临时物品的汽车，包括驾驶人座位在内最多不超过9个座位，它也可牵引一辆挂车。

乘用车的主要代表为轿车、小型客车和商务车等。

乘用车又做如下细分：

（1）普通乘用车 [Saloon（Sedan）]

1) 车身：封闭式，侧窗中柱有或无。
2) 车顶（顶盖）：固定式，硬顶。有的顶盖一部分可开启。
3) 座位：4个或4个以上座位，至少两排。后座椅可折叠或移动，以形成装载空间。
4) 车门：2个或4个侧门，可有一个后开启门。

（2）活顶乘用车（Convertible Saloon）

1) 车身：具有固定侧围框架的可开启式车身。
2) 车顶（顶盖）：车顶为硬顶或软顶，至少有两个位置，即封闭、开启（或拆除）。可开启式车身可以通过使用一个或数个硬顶部件和（或）合拢软顶将开启的车身关闭。

3）座位：4个或4个以上座位，至少两排。

4）车门：2个或4个侧门。

5）车窗：4个或4个以上侧窗。

(3) 高级乘用车（Pullman Saloon）

1）车身：封闭式，前、后座之间可以设有隔板。

2）车顶（顶盖）：固定式，硬顶。有的顶盖一部分可开启。

3）座位：4个或4个以上座位，至少两排。后排座椅前可安装折叠式座椅。

4）车门：4个或6个侧门，也可有一个后开启门。

5）车窗：6个或6个以上侧窗。

(4) 小型乘用车（Coupe）

1）车身：封闭式，通常后部空间较小。

2）车顶（顶盖）：固定式，硬顶。有的顶盖一部分可开启。

3）座位：2个或2个以上的座位，至少一排。

4）车门：2个侧门，也可有一个后开启门。

5）车窗：2个或2个以上侧窗。

(5) 敞篷车 ［Convertible（Opentourer）］

1）车身：可开启式。

2）车顶（顶盖）：车顶可为软顶或硬顶，至少有两个位置，第一个位置遮覆车身，第二个位置车顶卷收或可拆除。

3）座位：2个或2个以上的座位，至少一排。

4）车门：2个或4个侧门。

5）车窗：2个或2个以上侧窗。

(6) 仓背乘用车（Hatchback）

1）车身：封闭式，侧窗中柱可有可无。

2）车顶（顶盖）：固定式，硬顶。有的顶盖一部分可以开启。

3）座位：4个或4个以上的座位，至少两排。后座椅可折叠或可移动，以形成一个装载空间。

4）车门：2个或4个侧门，车身后部有一个仓门。

(7) 旅行车（Station Wagon）

1）车身：封闭式。车尾外形可提供较大的内部空间。

2）车顶（顶盖）：固定式，硬顶。有的顶盖一部分可以开启。

3）座位：4个或4个以上的座位，至少两排。座椅的一排或多排可拆除，或装有向前翻倒的座椅靠背，以提供装载平台。

4）车门：2个或4个侧门，并有一个后开启门。

5）车窗：4个或4个以上侧窗。

(8) 多用途乘用车（Multipurpose Passenger Car） 上述（1）~（7）车辆以外的，只有单一车室载运人员及其行李或物品的乘用车。但是，如果这种车辆同时具有下列两个条件，则不属于乘用车而属于货车：

1) 除驾驶人以外的座位数不超过 6 个。只要车辆具有可使用的座椅安装点，就应算 "座位" 存在。

2) $P-(M+68N)>68N$

式中　P——最大设计总质量；

　　　M——整车整备质量与 1 位驾驶人质量之和；

　　　N——除驾驶人以外的座位数。

（9）短头乘用车（Forward Control Passenger Car）　这种乘用车一半以上的发动机长度位于车辆前风窗玻璃最前点以后，并且转向盘的中心位于车辆总长的前四分之一部分内。

（10）越野乘用车（Off-road Passenger Car）　一种在设计上能使所有车轮同时驱动（包括一个驱动轴可以脱开的车辆）或其几何特性（接近角、离去角、纵向通过角、最小离地间隙）、技术特性（驱动轴数、差速锁止机构或其他形式机构）和性能（爬坡度）允许在非道路上行驶的乘用车。

（11）专用乘用车（Special Purpose Passenger Car）　运载人员或物品并完成特定功能的乘用车，它具备完成特定功能所需的特殊车身和（或）装备，例如旅居车、防弹车、救护车和殡仪车等。

3. 商用车辆（Commercial Vehicle）

定义：在设计和技术特性上用于运送人员和货物的汽车，并且可以牵引挂车，乘用车不包括在内。

商用车分为：客车、货车和半挂牵引车三类。

（1）客车（Bus）　定义：在设计和技术特性上用于载运人员及其随身行李的商用车辆，包括驾驶人座位在内座位数超过 9 座。

客车有单层的和双层的，也可牵引一辆挂车。

客车进一步细分为：

1）小型客车（Minibus）。定义：用于载运人员，除驾驶人座位外，座位数不超过 16 座的客车。

2）城市客车（City-bus）。定义：一种为城市内运输而设计和装备的客车。这种车辆设有座椅及站立乘员的位置，并有足够的空间供频繁停站时乘员上下车走动用。

3）长途客车（Interurban Coach）。定义：一种为城市间运输而设计和装备的客车。这种车辆没有专供乘员站立的位置，但在其通道内可载运短途站立的乘客。

4）旅游客车（Touring Bus）。定义：一种为旅游而设计和装备的客车。这种车辆的布置要确保乘员的舒适性，不载运站立的乘客。

5）铰接客车（Articulated Bus）。定义：一种由两节刚性车厢铰接组成的客车。在这种车辆上，两节车厢是相通的，乘员可通过铰接部分在两节车厢之间自由走动。这种车辆可以按小型客车和城市客车进行装备。两节刚性车厢永久连接，只有在工厂车间使用专用的设施才能将其拆开。

6）无轨电车（Trolley Bus）。定义：一种经架线并由电力驱动的客车。这种电车可指定用作多种用途，并按城市客车、长途客车和铰接客车进行装备。

7）越野客车（Off-road Bus）。定义：在其设计上所有车轮同时进行驱动（包括一个驱动轴可以脱开的车辆）或其几何特性（接近角、离去角、纵向通过角、最小离地间隙）、技术特性（驱动轴数、差速锁止机构或其他形式机构）和性能（爬坡度）允许在非道路上行驶的一种车辆。

8) 专用客车（Special Bus）。定义：在其设计和技术特性上只适用于需经特殊布置安排后才能载运人员的车辆。

(2) 半挂牵引车（Semi-trailer Towing Vehicle） 定义：装备有特殊装置用于牵引半挂车的商用车辆。

(3) 货车（Goods Vehicle） 定义：一种主要为载运货物而设计和装备的商用车辆，它能否牵引一辆挂车都可以。货车进一步细分为：

1) 普通货车（General Purpose Goods Vehicle）。定义：一种在敞开（平板式）或封闭（厢式）载货空间内载运货物的货车。

2) 多用途货车（Multipurpose Goods Vehicle）。定义：从设计和结构来看，主要用于载运货物，但在驾驶人座椅后带有固定或折叠式座椅，可载运 3 个以上乘客的货车。

3) 全挂牵引车（Trailer Towing Vehicle）。定义：一种牵引牵引杆挂车的货车。它本身可在附属的载运平台上运载货物。

4) 越野货车（Off-road Goods Vehicle）。定义：在其设计上，所有车轮同时进行驱动（包括一个驱动轴可以脱开的车辆）或其几何特性（接近角、离去角、纵向通过角、最小离地间隙）、技术特性（驱动轴数、差速锁止机构或其他形式机构）和性能（爬坡度）允许在非道路上行驶的一种车辆。

5) 专用作业车（Special Goods Vehicle）。定义：在设计和技术特性上用于特殊工作的货车。例如消防车、救险车、垃圾车、应急车、街道清洗车、扫雪车和清洁车等。

6) 专用货车（Specialized Goods Vehicle）。定义：在设计和技术特性上用于运输特殊物品的货车。例如罐式车、乘用车运输车和集装箱运输车等。

4. 挂车（Trailer）

定义：就设计和技术特性来看，需由汽车牵引才能正常使用的一种无动力的道路车辆。挂车用于载运人员和（或）货物，特殊用途。

挂车包括如下几种：

(1) 牵引杆挂车（Draw Bar Trailer） 牵引杆挂车是至少有两根轴的挂车，一轴可转向；通过角向移动的牵引杆与牵引车连接；牵引杆可垂直移动，连接到底盘上，因此不能承受任何垂直力。具有隐藏支地架的半挂车也作为牵引杆挂车。

牵引杆挂车进一步细分为：

1) 客车挂车（Bus Trailer）。定义：从设计和技术特性来看，用于载运人员及其随身行李的牵引杆挂车。它可按半挂牵引车和货车装备。

2) 牵引杆货车挂车（Goods Draw-bar Trailer）。定义：用于载运货物的牵引杆挂车。

3) 通用牵引杆挂车（General Purpose Draw-bar Trailer）。定义：一种在敞开（平板式）或封闭（厢式）载货空间内载运货物的牵引杆挂车。

4) 专用牵引杆挂车（Special Draw-bar Trailer）。定义：一种牵引杆挂车，从其设计和技术特性来看，需经特殊布置后才能载运人员或货物；只执行某种规定的运输任务（例如乘用车运输挂车、消防挂车、低地板挂车和空气压缩机挂车等）。

(2) 半挂车（Semi-trailer） 定义：车轴置于车辆重心（当车辆均匀受载时）后面，并且装有可将水平或垂直力传递到牵引车的连接装置的挂车。

半挂车进一步细分为：

1）客车半挂车（Bus Semi-trailer）。定义：从设计和技术特性来看，主要用于载运人员及其随身行李的半挂车。这种半挂车可按客车、半挂车和货车加以装备。

2）通用货车半挂车（General Purpose Goods Semi-Trailer）。定义：一种在敞开（平板式）或封闭（厢式）载货空间内载运货物的半挂车。

3）专用半挂车（Special Semi-trailer）。定义：一种半挂车，从设计和技术特性来看，需经特殊布置后才能载运人员和（或）货物；只执行某种规定的运输任务（例如原木半挂车、消防半挂车、低地板半挂车和空气压缩机半挂车等）。

4）旅居半挂车（Caravan Semi-trailer）。定义：能够提供活动睡具的半挂车。

（3）中置轴挂车（Centre Axle Trailer） 定义：牵引装置不能垂直移动（相对于挂车），车轴位于紧靠挂车重心（当均匀载荷时）的挂车。这种车辆只有较小的垂直静载荷作用于牵引车，静载荷为不超过相当于挂车最大质量的10%或1000N的载荷（两者取较小者）。其中一轴或多轴可由牵引车来驱动。

旅居挂车（Caravan）：能够提供活动睡具的中置轴挂车。

5. 汽车列车（Combination Vehicles）

定义：一辆汽车与一辆或多辆挂车的组合。

汽车列车包括如下：

（1）乘用车列车（Passenger/Car Trailer Combination） 定义：乘用车和中置轴挂车的组合。

（2）客车列车（Bus Road Train） 定义：一辆客车与一辆或多辆挂车的组合。各节乘员车厢不相通，有时可设服务走廊。

（3）货车列车（Goods Road Train） 定义：一辆货车与一辆或多辆挂车的组合。

（4）牵引杆挂车列车（Draw-bar Tractor Combination） 定义：一辆全挂牵引车与一辆或多辆挂车的组合。

（5）铰接列车（Articulated Vehicle） 定义：一辆半挂牵引车与具有角向移动连接的半挂车组成的车辆。

（6）双挂列车（Double Road Train） 定义：一辆铰接式列车与一辆牵引杆挂车的组合。

（7）双半挂列车（Double Semi-trailer Road Train） 定义：一辆铰接式列车与一辆半挂车的组合。两辆车的连接是通过第二个半挂车的连接装置来实现的。

（8）平板列车（Platform Road Train） 定义：一辆货车和一辆牵引杆货车挂车的组合；在可角向移动的货物承载平板的整个长度上，载荷都是不可分地置于牵引车和挂车上。为了支承这个载荷可以使用辅助装置。这个载荷或它的支承装置构成了这两个车辆的连接装置，因此不允许挂车再有转向连接。

二、按结构进行分类

1. 按汽车行走方式分类

（1）轮式汽车 用车轮作为行走装置的汽车。

（2）履带式汽车 用履带作为行走装置的汽车。

2. 按动力装置分类

（1）内燃机汽车　用内燃机作为动力装置的汽车。它分为以下几种：

1）汽油机汽车。用汽油机作为动力装置的汽车。

2）柴油机汽车。用柴油机作为动力装置的汽车。

3）气体燃料汽车。用天然气、煤气等作为发动机燃料的汽车。

4）液化气体汽车。用液化石油气作为发动机燃料的汽车。

5）双燃料汽车。用两种燃料（如汽油和天然气）作为发动机燃料的汽车。

（2）纯电动汽车　驱动能量完全由电能提供、由电机作为动力装置的汽车。根据电源形式不同，可将纯电动汽车分为如下几种：

1）无轨电车。从架空线接受电力，以电动机驱动的大客车。

2）普通纯电动汽车。以蓄电池为电源的纯电动汽车。

（3）混合动力电动汽车　混合动力电动汽车采用传统的内燃机和电机作为动力源，通过混合使用热能和电能两套系统来驱动汽车。

3. 按发动机的位置和驱动方式分类

（1）前置前驱（FF）汽车　发动机前置，由前轮驱动的汽车。

（2）前置后驱（FR）汽车　发动机前置，由后轮驱动的汽车。

（3）后置后驱（RR）汽车　发动机后置，由后轮驱动的汽车。

（4）中置后驱（MR）汽车　发动机中置，由后轮驱动的汽车。

（5）全轮驱动（NWD）汽车　发动机前置，所有车轮为驱动轮。

4. 按承载方式分类

（1）承载式车身汽车　车身作为承载基础件，无车架的汽车。

（2）非承载式车身汽车　车架作为承载基础件的汽车。

三、按行驶道路条件分类

1. 公路用车

公路用车指主要行驶于公路或城市道路的汽车。公路用车的长度、宽度、高度和单轴载荷等均受交通法规的限制。

2. 非公路用车

非公路用车指本身的外廓尺寸、单轴载荷等参数超出了法规限制而不适用于公路行驶，只能在矿山、机场和工地内的无路地区或专用道路上行驶的汽车。

单元二　汽车标志及铭牌信息

知识目标

◆ 了解各类主流汽车的标志。

◆ 掌握各类车型的铭牌信息。

◆ 掌握不同时期二手车的车辆信息。

能力目标

◆ 能够根据汽车的标志获取被评估二手车的基本信息。
◆ 能够通过二手车的铭牌信息获取二手车的基本结构和基本信息。

思政元素融入

◆ 加强职业道德教育，树立诚信评估、全心全意为人民服务的信念。
◆ 加强职业态度教育，通过介绍民族汽车品牌，培养爱国情怀。
◆ 正确认识自我，取长补短，奋发前进。
建议采用课堂讲授、小组讨论等形式完成课程内容。

相关知识

一、整车标志介绍

车辆的标志是证明车辆品牌身份的重要标志之一，是认识车辆、识别车辆的首要途径和常用手段，也是对车辆性能及年代历史辨别的主要参考依据之一。国际标准对整车标志的规定是：机动车在车身前部外表面的易见位置上应至少装置一个能永久保持的商标或厂标。图 2-1 所示为奥迪 A6 型轿车。

图 2-1 奥迪 A6 型轿车

在二手车交易中常常会碰到一些车辆在使用过程中私自改装车辆标志的现象，对这些车辆的身份应该注意加以辨别。有些品牌汽车在不同时期会由于生产商的原因出现不同的标志图案，这也是识别车辆年份和批次的重要依据之一。例如海南马自达轿车在历经合资到自主品牌的变化过程中，伴随着车辆标志的变更，如图 2-2 及图 2-3 所示。这里可以清楚地看到这两款轿车车标的变化，也可以折射出福美来这款轿车"合资"与"自主品牌"的演变。

一般来讲，在正常情况下，早期"合资品牌"的轿车在性能和可靠性上会优于"自主品牌"，所以在二手车交易过程中会对这两款轿车给出不同的估值。这可以看出车辆标志在二手车交易中所起到的重要作用。

图 2-2　海马福美来的 2005 款（与马自达合资）

图 2-3　海马福美来的 2006 款（自主研发）

二、车型铭牌的信息

汽车制造厂商除了在其产品上装置汽车标志外，一般还装置至少一个能永久保存的车型标牌（铭牌），称为产品铭牌。车型铭牌一般固定在明显、不受更换部件影响的部位，其内容应该编写规范、字码清晰、防腐耐磨并且易于阅读。检查车型铭牌是二手车交易中认识和了解车辆的重要手段之一，所以不仅要能够熟练地找到车型铭牌，还要正确理解车型铭牌的含义以及透露出的信息，如图 2-4 和图 2-5 所示。

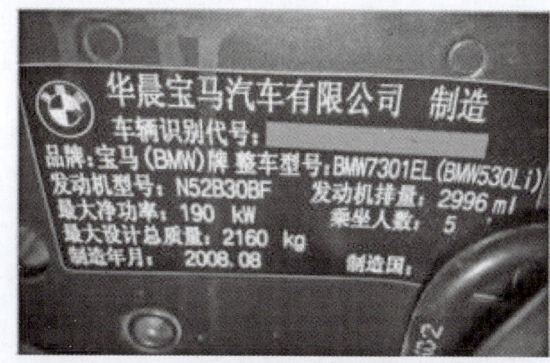

图 2-4　华晨宝马车型铭牌

图 2-5　上海大众车型铭牌

铭牌中分别显示了"车辆识别代号（VIN）""品牌""整车型号""发动机型号""发动机排量""额定功率""乘坐人数""最大设计总质量""制造年月""制造国"等信息，如图2-5所示。这些都是在二手车鉴定评估过程中会用到的重要信息。

汽车制造厂商不同，车型铭牌的位置也不尽相同，但大多数都固定在发动机舱的某个位置。

三、车身上的其他标识

目前汽车技术发展迅速，不同品牌或同一品牌的车身上不断出现一些字母或者数字标识，这是展现本品牌、型号和汽车技术等区别于不同款型的最有效、最直接的方法之一。在二手车交易过程中，辨别某一款车辆的特殊性，或者区别同一款车的不同型号和配置等，都离不开这些直观有效的标识。

下面列举一些常见的车身上的标识，并解释其含义。

1）桑塔纳轿车尾部的标识：GL是普通型，GLi是电喷型。
2）MT指手动档，AT指自动档，CVT指无级变速器。
3）1.8T中的T指Turbo涡轮增压。
4）宝马轿车的前翼子板上的W12指W型排列的12缸。
5）GL是General的缩写，即普通版；LX是Luxury的缩写，即豪华；L是Large的缩写，可以翻译为加长。
6）VVT-i指智能可变配气正时（丰田车系常见）；TDI指增压直喷（柴油机）；VTEC指可变配气正时和气门升程电子控制系统（本田车系常见）；TSI指增压直喷（汽油机）。

单元三　车辆性能参数信息

知识目标

◆ 掌握汽车的动力性评价指标。
◆ 掌握汽车的经济性评价指标。
◆ 掌握汽车的制动性评价指标。
◆ 掌握汽车噪声的评价指标。

能力目标

◆ 能够根据二手车的各项评价指标，对二手车的工作性能做出初步的判断。

思政元素融入

◆ 加强职业道德教育，树立诚信评估、全心全意为人民服务的信念。
◆ 正确认识自我，取长补短，奋发前进。

◆ 凝聚中国力量，激发创新创造的动力、推进伟业复兴的定力。

建议采用课堂讨论、线上学习等形式完成课程内容。

 相关知识

在二手车交易过程中，了解车辆的性能参数是制订合理鉴定评估价格的关键。虽然被评估车辆是具有一定使用时间和行驶里程的二手车，但是它自身的参数数据是一个很好的参照物。下面参照国家标准，从以下几个方面来介绍车辆的主要参数信息。

一、车辆的动力性指标

车辆的动力性指标有最高车速、最大爬坡度和加速性能等。这些指标可以反映车辆平均行驶速度的高低，从而影响运输效率。

1. 最高车速

最高车速指车辆满载时，在良好的水平路面上（如干燥、平坦、清洁的沥青或水泥路面）所能达到的最高行驶速度。它是在微风甚至无风条件下，将车辆加速踏板踩到底，以尽可能高的速度通过 200m 路段所测得的结果。在实际运行中，由于受道路、气候条件和车辆本身技术状况所限，最高车速是极难达到的。

2. 最大爬坡度

最大爬坡度指车辆满载时，以一档在良好路面上所能爬上的最大坡度。它是载货车辆动力性的评价指标，代表了车辆的极限爬坡能力。轿车的动力性比载货车辆的动力性好，爬坡能力强，且主要在良好路面行驶，一般不强调其爬坡能力。载货车辆经常在各种道路行驶，必须有足够的爬坡能力。载货车辆的最大爬坡坡度一般约为 30%（16.7°）。越野汽车有时需要在恶劣的坏路或无路条件下行驶，需要克服松软坡道路面的较大阻力以及凹凸不平路面的局部大阻力，它的最大爬坡度可达 60%（31°）。有时，也有用车辆在规定坡道（例如 6%）上必须达到的车速来表示车辆的爬坡能力。

3. 加速性能

加速性能常用加速时间来评价，主要有两种。第一种是满载车辆起步后，以最大加速度变换至最高档，是车辆达到某一预定距离（如 400m）或预定速度（一般为最高车速的 80%）所需的时间，其评价的是车辆迅速达到高速行驶的能力。第二种是车辆在直接档或超车档，由某一中等车速行驶直至节气门全开，全力加速到某一规定速度（一般为最高车速的 80%）所需的时间，其评价的是车辆超越加速的能力。这一时间越短，超车并行的时间越少，行车的安全性越高。

二、汽车的燃油经济性

汽车的燃料消耗量在我国多以单位行驶里程消耗燃料的升数或千克数（即 L/100km 或 kg/100km）来表示。汽车的燃料经济性是汽车最复杂、最难把握也是最重要的内容。能够正确掌握大多数车型的燃料经济性指标是鉴定评估车辆必备的技能之一。

三、制动性能

汽车应保持良好的制动性能，既可以使车辆动力性能得到充分发挥，又能保障行车安

全，即在行驶中能强制迅速地降低车速的能力，做到"跑得快，停得快"，根据驾驶人所需制动意图动作，充分体现制动的随动性能，增强行车安全感。

汽车制动性指汽车制动系统的效能，一般用车速由100km/h降至0时的制动距离来表示（在汽车销售中经常用到），也有汽车厂商在测试时用车速由40km/h降至0时的制动距离来表示。NCAP中还有干燥路面和湿滑路面的制动性能，有时还有热衰退、水衰退等。

汽车具有良好的制动性是安全行驶的保证，也是汽车动力性得以很好发挥的前提。汽车制动性有以下三方面的内容。

1. 制动距离

制动距离指从驾驶人开始踏制动踏板起到制动停车为止汽车驶过的距离。影响制动距离的因素很多，主要有制动系统协调时间的长短、附着力的大小、制动器最大制动力和制动开始时的车速。因此，减小制动距离必须缩短制动系统协调时间，增大制动器最大制动力和路面附着系数。

在高速行驶的情况下，汽车具有较大的动能，制动的持续时间较长，使制动器升温较高，制动效能降低，从而会增加制动非安全区长度。为此，在行车时应慎重使用制动器，应根据交通流运行情况有预见性地制动。严禁在车流量较大、车间距相对较小的情况下，突然制动，因为虽然会由于制动性能好而减速停车，但随着制动非安全区增大，可能会诱发多车追尾相撞的重大事故。

2. 制动跑偏与侧滑

汽车在制动过程中，由于左、右车轮制动力不相等，车辆不能维持原来的行驶方向，造成自行向左或向右偏驶，甚至失去控制，极易造成交通事故。绝大部分的汽车跑偏都是由车轮制动器装配调整不当引起的。为了杜绝或根除因跑偏而导致的严重碰撞事故，必须对制动器进行严格的检测，如果发现不符合标准，应及时修理或重新调整，以确保行车安全。

当汽车制动时，后轮会制动抱死，而前轮无制动力或相对后轮较小，汽车将沿横坡、下坡方向发生侧滑；若后轮比前轮先抱死且持续时间间隔0.5s以上，则后轮将发生严重侧滑；若后轮无制动力、前轮制动抱死或前轮比后轮先抱死，汽车基本按直线行驶，表现良好的稳定性。为了防止后轮侧滑，对于车轮制动没有特殊装置的汽车，当调整制动器时，应使前轴和后轴的车轮同时抱死。当出现侧滑时，应立即停止制动（特别是高速行驶时），放松加速踏板，并把转向盘朝着后轴侧滑方向转动，当汽车的位置调正后，再平稳地把转向盘转到正常行驶位置。制动侧滑只有通过改进汽车制动系统的设计结构才能彻底解决，目前汽车上装配的防抱死制动系统（ABS）可以很好地解决这一问题。

汽车制动力的大小与汽车制动距离有很大关系，左、右车轮的制动力影响汽车制动性能。检验制动器的制动力需要使用专用的制动试验台。一般要求前轴和后轴的左右轮制动力之差分别不大于该轴轴荷载的5%为宜。

3. 制动系统协调时间

制动系统协调时间指踏下制动踏板至出现制动力所经过的时间与制动力增长时间之和，其主要取决于汽车制动系统的结构和技术状况。为保证汽车的行驶安全，需尽量缩短制动系统协调时间。

汽车制动的全过程包括：驾驶人发现前方的障碍物或接到紧急停车信号后做出的行动反应、制动器起作用、持续制动和放松制动器4个阶段。通常所指的制动距离指汽车从制动生

效到汽车完全停住所行驶的距离。

四、汽车噪声参数

汽车噪声对人类环境和人们的身心健康有一定影响。为此，我国现在非常重视噪声的环保检测。GB 7258—2017 规定：汽车（纯电动汽车、燃料电池汽车和低速汽车除外）驾驶人耳旁噪声级应不大于 90dB（A）。

汽车的噪声源有多种，例如发动机、变速器、驱动桥、传动轴、车厢、玻璃窗、轮胎、继电器、喇叭和音响等都会产生噪声。这些噪声有些是被动产生的，有些是主动发出的（如人为按动喇叭），但是主要来源只有两个方面，一个是发动机，另一个是轮胎。它们都是被动噪声源，只要车子行驶就会产生噪声。

在发动机各种噪声中，发动机表面辐射噪声是主要的。发动机表面辐射噪声由燃烧噪声和机械噪声两大类构成，是发动机内部的燃烧及机械振动所产生的噪声。燃烧噪声指气缸燃烧压力通过活塞、连杆、曲轴和缸体等途径向外辐射产生的噪声。机械噪声指活塞、齿轮和配气机构等运动件之间机械撞击产生的振动噪声。一般情况下，低转速时燃烧噪声占主导地位，高转速时机械噪声占主导地位，但两者是密切相关、相互影响的。实践表明，减少振动是降低噪声的根本措施。通过增加发动机结构的刚度和阻尼来减小振动，从而达到降低噪声的目的。

轮胎在路面滚动产生的噪声也是很大的。有关研究表明，在干燥路面上，当汽车车速达到 100km/h 时，轮胎噪声就成为整车噪声中的重要噪声；在湿路面上，即使车速低，轮胎噪声也会盖过其他噪声成为最主要的噪声。轮胎噪声来自泵气效应和轮胎振动。所谓泵气效应是指轮胎高速转动时引起轮胎变形，使轮胎花纹与路面之间的空气受压挤，随着轮胎滚动，空气在轮胎离开接触面时被释放，这样连续的"压挤释放"，空气就迸发出噪声，而且车速越快噪声越大，车辆越重噪声越大。轮胎振动与轮胎的刚度和阻尼有关，刚度增大（例如轮胎帘布层数目增加），阻尼减小，轮胎的振动就会增大，噪声就增大了。要降低轮胎的噪声，可在轮胎胎面采用多种花纹节距，采用高阻尼橡胶材料，调整好轮胎的载荷平衡，以减少自激振动等。

从以上可知，解决汽车的噪声是一项涉及整车方方面面的技术问题，包括发动机的结构、材料质量分布、工艺水平和装配密封性等。实际上，汽车噪声的大小已经反映出这辆汽车的质量和技术性能的高低了。因此，鉴定二手车的时候要特别注意汽车运行时的噪声。

五、尾气参数

目前，由于绝大多数汽车是燃用石油产品，即汽油和柴油，所以内燃机的排气因为燃烧不完全燃烧和燃烧反应的中间产物，会产生一定量的有害气体。汽油机尾气中的有害气体以一氧化碳（CO）、碳氢化合物（HC）、氮氧化合物（NO_x）和铅化合物（燃用含铅汽油）为主，有时可达废气总量的 5%；柴油机尾气中的有害气体则以碳烟、油雾、二氧化硫（SO_2）和臭气（甲醛、丙烯醛）为主，在废气总量中约占 19%。它们大部分具有毒性，或有强烈的刺激性气味，有的还有致癌作用，从而污染环境、损害人类健康。

在鉴定评估二手车的过程中，尤其要注意被评估车辆的排放标准是否符合当地的排放要求。

目前，我国很多城市都在施行不同级别的汽车尾气排放执行标准。首先，汽车尾气排放不达标的车辆将难以通过年审；其次，像北京、广州等一些大城市陆续实行机动车 OBD 系统强制标准，而未装 OBD 系统的新车将禁止在该地区销售。

OBD（On-Board Diagnostics）系统即车载自动诊断系统。这个系统通过发动机的运行状况随时监控汽车是否尾气超标，一旦超标，会马上发出警告。

六、其他参数

除了以上的性能参数外，还有以下的参数也是经常用到的。

1. 最小离地间隙

最小离地间隙指当汽车满载静止时，支承平面与汽车上的中间区域最低点的距离。最小离地间隙反映的是汽车无碰撞通过有障碍物或凹凸不平地面的能力。

2. 最小转弯直径

最小转弯直径指当转向盘转到极限位置，汽车以最低稳定车速转向行驶时，外侧转向轮的中心平面在支承平面上滚过的轨迹圆直径。它在很大程度上体现了汽车能够通过狭窄弯曲地带或绕过不可越过的障碍物的能力。转弯直径越小，汽车的机动性能越好。

3. 主减速比

主减速比对汽车的动力性能和燃料经济性有较大的影响。一般来说，主减速比越大，加速性能和爬坡能力越强，而燃料经济性越差。但如果主减速比过大，则不能发挥发动机的全部功率而达到应有的车速。主减速比越小，最高车速越高，燃料经济性越好，但加速性和爬坡能力越差。

4. 整车装备质量

整车装备质量指汽车完全装备好后的质量，包括润滑油、燃料、随车工具和备胎等所有装置的质量。

5. 最大设计总质量

最大设计总质量指汽车的载重质量为最大值时的整车质量。

6. 轮胎的类型与规格

国际标准的轮胎代号，以 mm 为单位表示断面高度，以百分数表示扁平比，后面加上轮胎类型代号、轮辋直径、负荷指数和许用车速代号。例如：175/70R 14 77H 中 175 表示轮胎宽度是 175mm，70 表示轮胎断面的扁平比是 70%，即断面高度是宽度的 70%，轮辋直径是 14in，负荷指数是 77，许用车速是 H 级。另外，在二手车鉴定评估过程中，被评估车辆的轮胎品牌也影响评估结果。

7. 接近角

接近角指当汽车满载静止时，汽车前端突出点向前轮所引切线与地面的夹角。

8. 离去角

离去角指当汽车满载静止时，汽车后端突出点向后轮所引切线与地面的夹角。

9. 轮距

轮距指车轮在车辆支承平面上留下轨迹的中心线之间的距离。车轴的两端是双车轮时，轮距是双车轮两个中心平面之间的距离。汽车的轮距有前轮距和后轮距之分。前轮距是前面两个轮中心平面之间的距离，后轮距是后面两个轮中心平面之间的距离，两者可以相同，也可以有所差别。一般来说，轮距越宽，驾驶舒适性越高，但是有些国产轿车没有转向助力的，如果前轮距过宽其转向盘就会很"重"，影响驾驶的舒适性。此外，轮距还对汽车的总宽、总重、横向稳定性和安全性有影响。一般说来，轮距越大，对操纵平稳性越有利，同时对车身造型和车厢的宽敞程度也有利，横向稳定性越好。但轮距越宽，汽车的总宽和总重越大，而且容易产生向车身侧面甩泥的问题。另外，如果轮距过宽还会影响汽车的安全性。因此，轮距应与车身宽度相适应。

10. 风阻系数

空气阻力是汽车行驶时遇到最大的也是最重要的外力。空气阻力系数又称为风阻系数，是计算汽车空气阻力的一个重要系数。它是通过风洞试验和下滑试验确定的一个数学参数，用它可以计算出汽车行驶时受到的空气阻力。

单元四　车辆识别代号（VIN）

知识目标

◆ 了解 VIN 的含义和作用。
◆ 掌握 VIN 的组成和基本内容。
◆ 掌握 VIN 的查找方法。

能力目标

◆ 能够在二手车上查找到 VIN。
◆ 能够根据汽车的 VIN 判断被评估二手车的基本信息。

思政元素融入

◆ 加强职业道德教育，树立诚信评估、全心全意为人民服务的信念。
◆ 查验有法必依，加强法治教育，树立有法必依的理念。
◆ 凝聚中国力量，激发创新创造的动力、推进伟业复兴的定力。

建议采用课堂讲授、实训练习、小组总结等形式完成课程内容。

相关知识

在二手车鉴定交易过程中，除了首先要了解车型信息，还有一个重要的环节就是要了解查验 VIN，通过识别 VIN 来鉴定车辆的合法来源与车辆出厂年份、产地和配置类型等要素。勘验 VIN 不仅是二手车鉴定评估的必要环节，也是在二手车过户更名过程中交通管理部门必须掌握的一个重要信息与执行程序。

一、VIN 的含义

根据国际标准规定，VIN 由 17 位字符（包括字母和数字）组成，俗称 17 位码。它包含了车辆的生产厂家、年代、车型、车身形式及代码、发动机代码及组装地等信息。正确解读 VIN，对于正确识别车型，以及进行正确的诊断和维修都是十分重要的。17 位识别编码也可以说是"汽车身份证"。全世界每一辆汽车都有其独一无二的 VIN，具有唯一性，并贯穿一辆汽车从出厂到报废的整个过程。

VIN 的每位代码代表着汽车的某一方面信息参数。按照识别代号编码顺序，从 VIN 中可以识别出该车的生产国家、制造公司或生产厂家、车的类型、品牌名称、车型系列、车身形式、发动机型号、车型年款（属于哪年生产的年款型车）、安全防护装置型号、检验数字、装配工厂名称和出厂顺序号码等。

17 位代号编码经过排列组合的结果可以使生产车型在 30 年之内不会发生重号现象，因为现在汽车车型采用年限在逐渐缩短，一般 8~12 年就淘汰，不再生产，所以 17 位识别代号编码已足够使用。

二、VIN 的作用

汽车研究及管理部门有相应规定的标准，各国机动车辆管理部门办理牌照时可以将其输入计算机存储，以备需要时调用，如处理交通事故、保险索赔、查获被盗车辆和报案等。有的国家规定没有 VIN 的汽车不准进口，而有的国家客户在买车时没有 VIN 就不购买，因此没有 VIN 的汽车是卖不出去的。

由于汽车修理逐步实行计算机管理和故障分析诊断，在各种测试仪表和维修设备中都存储有 VIN 的数据，以作为修理的依据。VIN 在汽车配件经营管理上也起着重要作用，在查找零件目录中汽车零件号之前，首先要确认 VIN 的车型年款，否则会产生误购和错装等现象。

VIN 一般以标牌的形式装贴在汽车的不同部位。利用 VIN 数据规定还可以鉴别出拼装车和走私车，因为拼装的进口汽车一般是不按 VIN 规定进行组装的。

车型年款的不同和汽车生产国家的不同（各国政府对 VIN 有不同规定），VIN 规定会有所不同。有的按公司各车分部进行规定（如美国 GM），有的直接按系列车型或车名进行规定（如日本雷克萨斯汽车）。在实用中，一般要由两种 VIN 规定才可验证出一辆汽车的型号和车型参数，因此大量积累这方面的资料具有重要的意义。随着年款的变化，今后还会陆续制定出各种 VIN 规定。

三、VIN 的组成部分和基本内容

车辆识别代号由世界制造厂识别代号（WMI）、车辆说明部分（VDS）、车辆指示部分（VIS）三部分组成，共 17 位字码。

对年产量大于或等于 1000 辆的完整车辆和/或非完整车辆制造厂，车辆识别代号的第一部分为世界制造厂识别代号（WMI）；第二部分为车辆说明部分（VDS）；第三部分为车辆指示部分（VIS）（图 2-6）。

对年产量小于 1000 辆的完整车辆和/或非完整车辆制造厂，车辆识别代号的第一部分为世界制造厂识别代号（WMI）；第二部分为车辆说明部分（VDS）；第三部分的 3、4、5 位与第一部分的3位字码一起构成世界制造厂识别代号（WMI），其余5位为车辆指示部分（VIS）（图2-7）。

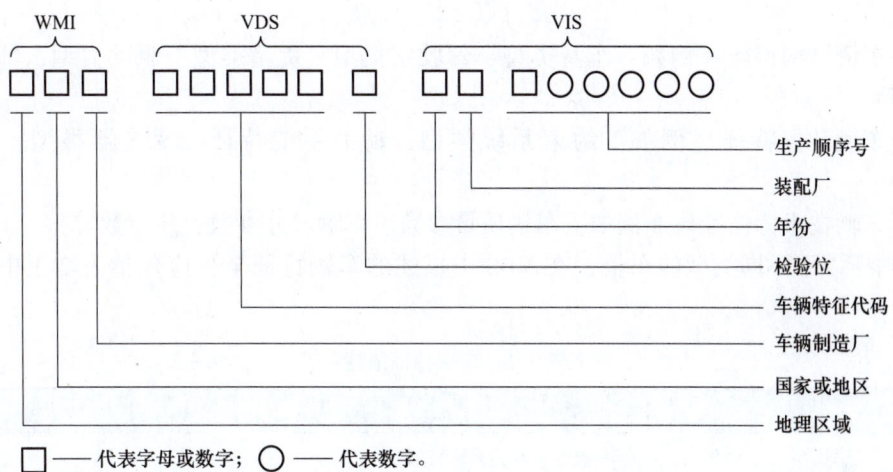

图2-6 年产量大于或等于1000辆的完整车辆和/或非完整车辆制造厂车辆识别代号组成

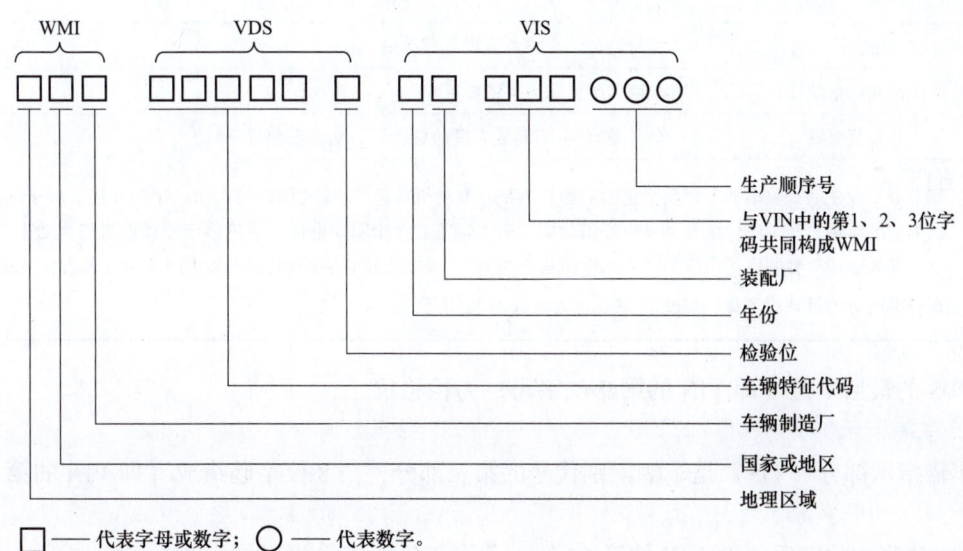

图2-7 年产量小于1000辆的完整车辆和/或非完整车辆制造厂车辆识别代号组成

1. 世界制造厂识别代号（WMI）

世界制造厂识别代号（WMI）是车辆识别代号的第一部分，由车辆制造厂所在国家或地区的授权机构预先分配，WMI应符合GB 16737的规定。

2. 车辆说明部分（VDS）

车辆说明部分（VDS）是车辆识别代号的第二部分，由6位字码组成（即VIN的第4~9位）。如果车辆制造厂不使用其中的一位或几位字码，应在该位置填入车辆制造厂选定的字母或数字占位。

VDS第1~5位（即VIN的第4~8位）应对车辆一般特征进行描述，其组成代码及排列次序由车辆制造厂决定。

1)车辆一般特征包括但不限于：
——车辆类型（例如：乘用车、货车、客车、挂车、摩托车、轻便摩托车、非完整车辆等）。
——车辆结构特征（例如：车身类型、驾驶室类型、货箱类型、驱动类型、轴数及布置方式等）。
——车辆装置特征（例如：约束系统类型、动力系统特征、变速器类型、悬架类型等）。
——车辆技术特性参数（例如：车辆质量参数、车辆尺寸参数、座位数等）。
2）对于以下不同类型的车辆，在 VDS 中描述的车辆特征至少应包括表 2-1 中规定的内容。

表 2-1　车辆特征描述

车辆类型	车辆特征
乘用车	车身类型、动力系统特征[a]
客车	车辆长度、动力系统特征[a]
货车（含牵引车、专用作业车）	车身类型、车辆最大设计总质量、动力系统特征[a]
挂车	车身类型、车辆最大设计总质量
摩托车和轻便摩托车	车辆类型、动力系统特征[a]
非完整车辆	车身类型[b]、车辆最大设计总质量、动力系统特征[a]
[a]：其中对于仅发动机驱动的车辆至少包括对燃料类型、发动机排量和/或发动机最大净功率的描述；对于其他驱动类型的车辆，至少应包括驱动电机峰值功率（若车辆具有多个驱动电机，应为多个驱动电机峰值功率之和；对于其他驱动类型的摩托车应描述驱动电机额定功率）、发动机排量和/或发动机最大净功率（若有）的描述。	
[b]：车身类型分为承载式车身、驾驶室-底盘、无驾驶室-底盘等。	

VDS 的最后 1 位（即 VIN 的第 9 位字码）为检验位。

3. 车辆指示部分（VIS）

车辆指示部分（VIS）是车辆识别代号的第三部分，由 8 位字码组成（即 VIN 的第 10~17 位）。

VIS 的第 1 位字码（即 VIN 的第 10 位）代表年份。年份代码按表 2-2 规定使用（30 年循环一次）。车辆制造厂若在此位使用车型年份，应向授权机构备案每个车型年份的起止日期，并及时更新；同时，在每一辆车的机动车出厂合格证或产品一致性证书上注明使用了车型年份。

VIS 的第 2 位字码（即 VIN 的第 11 位）代表装配厂。

如果车辆制造厂生产年产量大于或等于 1000 辆的完整车辆和/或非完整车辆，VIS 的第 3~8 位字码（即 VIN 的第 12~17 位）用来表示生产顺序号。

如果车辆制造厂生产年产量小于 1000 辆的完整车辆和/或非完整车辆，则 VIS 的第 3~5 位字码（即 VIN 的第 12~14 位）应与第一部分的 3 位字码一同表示一个车辆制造厂，VIS 的第 6~8 位字码（即 VIN 的第 15~17 位）用来表示生产顺序号。

表 2-2 年份代码表

年份	代码	年份	代码	年份	代码	年份	代码
1991	M	2001	1	2011	B	2021	M
1992	N	2002	2	2012	C	2022	N
1993	P	2003	3	2013	D	2023	P
1994	R	2004	4	2014	E	2024	R
1995	S	2005	5	2015	F	2025	S
1996	T	2006	6	2016	G	2026	T
1997	V	2007	7	2017	H	2027	V
1998	W	2008	8	2018	J	2028	W
1999	X	2009	9	2019	K	2029	X
2000	Y	2010	A	2020	L	2030	Y

四、VIN 的查找

根据国家《车辆识别代号（VIN）管理规则》，车辆的 VIN 应在机动车的以下位置：
1) 我国轿车的 VIN 大多可以在仪表板左侧、前风窗玻璃下面找到（图 2-8）。

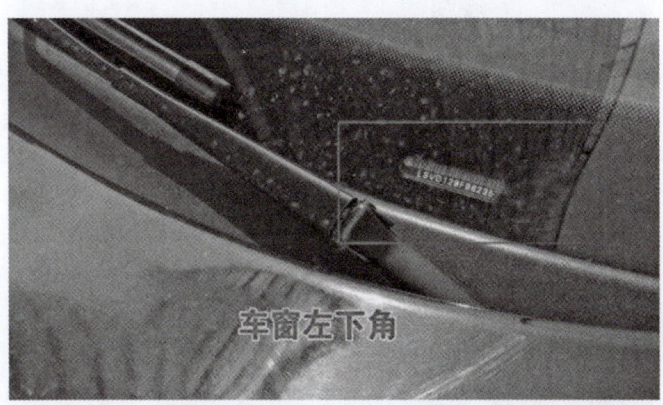

图 2-8 汽车 VIN 的位置

2) 机动车行驶证上，新的行驶证在"车架号"一栏一般都打印 VIN。
3) 其他地方，如保险单上、发动机舱内的各种铭牌上和驾驶人侧车门柱上等（图 2-9）。
另外，对于按两阶段或两个以上阶段制造完成的车辆，非完整车辆制造厂应在车辆的适当位置标示 VIN。也就是说，目前市场上大多数车辆在车架、车厢等部位均可分别找到相同的 VIN。

VIN 最常见的位置为仪表板左侧，也可放在其他特殊位置，如桑塔纳 2000 VIN 在仪表板右侧，别克 GLX VIN 在悬架上支架上，别克 GL8 VIN 在上横梁上，捷达 GLX VIN 在翼子板内板的铭牌上。

VIN 的印刻要求：若直接打印在汽车和挂车（车架、车身等部件）上，字码字高至少应为 7mm，其他情况至少应为 4mm。在任何情况下，字码都应是字迹清楚、坚固、耐久和不易替换。VIN 在文件上表示时应写成一行，且不能有空格。打印在车辆上或车辆标牌上时应尽量标示在一行；若由于技术上的原因必须标示在两行时，应保持 3 个组成部分的独立完整性，两行之间不应有空行，每行的开始与终止处应选用同一个分隔符。分隔符必须是不同于 VIN 所用的任何字码，且不易与 VIN 中的字码相混淆。

图 2-9　汽车 VIN 的常见位置

单元五　汽车使用寿命与影响因素

知识目标

- ◆ 了解汽车的使用寿命分类。
- ◆ 掌握各类影响汽车使用寿命的因素。
- ◆ 掌握我国的汽车报废标准。

能力目标

- ◆ 能够根据汽车的基本情况信息，判断车辆的使用寿命。
- ◆ 能够根据国家的汽车报废标准，预估车辆的价值。

思政元素融入

- ◆ 加强职业道德教育，树立诚信评估、全心全意为人民服务的信念。
- ◆ 正确认识自我，取长补短，奋发前进。
- ◆ 凝聚中国力量，激发创新创造的动力、推进伟业复兴的定力。

建议采用课堂讨论、线上学习等形式完成课程内容。

相关知识

汽车使用寿命是二手车评估交易中必须了解和掌握的重要内容，它关系到被评估车辆的剩余价值和评估的准确度，是影响二手车交易及今后使用的重要因素。

一、汽车使用寿命

汽车使用寿命指从机动车初次注册登记日开始到不能被使用时为止，所经历的总时间或总行驶里程。其中，总使用时间既包括其工作时间，也包括停驶时间。机动车不能再使用的标准有3个：技术使用寿命、经济使用寿命和合理使用寿命（国家汽车报废标准）。

二、汽车使用寿命分类

1. 机动车技术使用寿命

（1）定义　汽车的技术使用寿命又称为物理使用寿命，指汽车从全新状态投入生产开始，直到在技术上不能按原有用途继续使用为止的时间。这种极限的标志，在结构上是零部件的工作尺寸、工作间隙达到极限，在性能上常表现为车辆总体的动力状态或燃料和润滑油料的极度损耗。

（2）影响因素　汽车技术使用寿命与汽车的制造质量、材料品质、使用条件、驾驶操作技术及维护和维修质量等因素有关。

汽车有时可通过恢复性修理延长车辆的技术使用寿命。但是，随着使用时间的延长，汽车的维修费用会随着增加。

国家规定机动车必须进行年检，经检验不符合《机动车运行安全技术条件》以及各地制定的有关机动车辆安全、尾气排放要求的，不允许（在该地区）继续使用，即使这些车辆还能够继续正常行驶。

2. 机动车经济使用寿命

（1）定义　汽车的经济使用寿命指汽车从全新状态开始，到年平均总费用最低的使用年限。超过这个年限，汽车在技术上仍可继续使用，但年平均总费用上升，在经济上不合算。

（2）影响因素　从汽车使用总成本出发，分析车辆制造成本、使用与维修成本、管理费、车辆当前的折旧以及市场价格变化等因素，经过分析做出的综合性经济评定。

当然，机动车的经济使用寿命一般是针对运营车辆而言的。车辆自身成本超过其带来的收益，机动车必然不经济。

（3）重要性　研究汽车使用寿命的重点应该是汽车经济使用寿命。在一辆汽车的整个使用时期内，汽车的购置费平均约占全部使用期内总费用的15%，而使用维修费用占总费用的85%。所以，如果汽车在长期运行中能保持较低的使用维修费，其汽车经济使用寿命则长，反之则短。

许多国家的汽车使用期限完全按经济规律确定，除了考虑车辆本身的运行费用增加外，还考虑新车型性能的改进和价格下降等因素。

（4）评价指标　汽车经济使用寿命的指标主要包括：使用年限、行驶里程和大修次数。

1）使用年限指汽车从开始投入运行到报废的年数。此评价指标的优点是除考虑运行时的损耗，还考虑闲置的自然损耗，计算简单；它的缺点是不能充分真实地反映汽车的使用强度和使用条件，造成使用年数相同的车辆之间技术状况差异很大。

2）行驶里程指汽车从开始投入运行到报废为止总的行驶里程。此评价指标的优点是部分反映了汽车的使用强度，缺点是反映不出运行条件的差异和闲置期间的自然损耗。

对于许多营运车辆，使用年数大致相同，但由于不同的运行条件，可能其累计行驶里程差异很大，所以行驶里程是一项重要的考核指标。

3）大修次数。汽车报废前，需要权衡"买新车的费用加旧车未折完的损失"与"大修费用加经营费用损失"两者的得失，综合衡量后得出经济合理的大修次数是一项重要的技术指标。

(5) 影响汽车经济使用寿命的因素　主要受到汽车有形损耗和无形损耗的影响。

汽车有形损耗和无形损耗取决于汽车的使用强度和使用条件以及汽车使用地区的经济水平等。

1）汽车的有形损耗。有形损耗指汽车在使用以及闲置过程中的损耗，如磨损、锈蚀、腐蚀、零件变形、疲劳破坏、使用和维护费用的增加等。

① 发生在使用过程中的汽车有形损耗，主要是机件配合副的机械磨损、基础件的变形和零部件的疲劳损坏等，称为第一种损耗。

② 汽车的有形损耗发生在汽车的闲置过程中，如因闲置不用而生锈，因日晒雨淋而使橡胶件及车漆老化等，这些称为第二种损耗。

第一种损耗与汽车的使用时间和使用强度成正比，第二种损耗与闲置时间成正比。

2）汽车的无形损耗。无形损耗指由于技术进步和生产效率的提高，使生产同样车型汽车的成本降低，从而使原有汽车的价格下降；或者是由于技术进步、生产效率的提高，出现了性能更好、效率更高的新车型，使原来的车型价格下跌，促使旧汽车提前更新。

3）使用强度。汽车的有形损耗与汽车的使用强度有关。不同的汽车、不同的使用者和不同的用途，汽车的使用强度差异很大，汽车的经济使用寿命也不一样。

从行驶里程上来说，汽车的使用强度从 $(1\sim15)\times10^4$ km/年不等。

年平均行驶里程越长，汽车的使用强度越大，经济使用寿命越短。

例如：从用途来看，出租车的使用强度显然大于私家车，经常超载的汽车使用强度要大于正常运载的汽车。

4）使用条件。使用条件影响汽车的有形损耗，影响汽车的经济使用寿命。

汽车的使用条件包括道路条件和自然条件。

道路条件对汽车的有形损耗与汽车的经济使用寿命影响很大。如果道路条件差，一方面会使得车速变慢，从而使汽车的燃油消耗增加，另一方面会使汽车的磨损增加，最终使汽车的经济使用寿命下降。

自然条件的差异如各地温度、湿度、空气密度、含氧量以及空气中沙尘含量等的不同，会影响汽车的有形损耗和无形损耗，从而使汽车的经济使用寿命不同。

5）经济水平。不同的国家，经济发展水平不同，我国各地的经济发展速度及发展水平也有很大的差异，各地的物价指数和劳动力价格指数等直接影响着汽车的有形损耗和无形损耗，从而影响汽车的经济使用寿命。

3. 机动车合理使用寿命

汽车的合理使用寿命是以汽车经济使用寿命为基础，综合考虑整个国民经济的发展水平，计入经济承受能力和能源节约等因素所制定的适合国情的使用期限。简单来说，就是汽车到了经济使用寿命，但是否需要更新，还要视国情而定。

三、影响汽车使用寿命的因素

汽车的使用寿命，尤其是技术使用寿命，会受一些外部环境的影响而变化，其主要有以下影响因素。

1. 磨损和腐蚀

磨损和腐蚀能使机器零件配合关系失常、密封性减弱，以致漏气、漏油、漏水、振动和噪声加剧等。这会使机器性能恶化并产生故障，造成机器不能正常运行或机件损坏。

2. 变质和积垢

汽车专用液（冷却液、润滑油、燃料、制动液和传动液等）在使用中会变质和被污染，这一方面使汽车专用液的性能和作用下降，另一方面使机件内部积垢，造成通道变窄甚至堵塞，增加磨损，从而使机器性能恶化，产生故障。

3. 老化

橡胶及塑料等非金属材料制件随使用时间的延长和温度的作用会发生老化，使强度大幅下降，质地变脆或开裂，极易破坏或失去作用。此外，电气元件老化易引起电气系统的故障。

4. 材料疲劳、机件变形或制造质量欠佳

材料疲劳、机件变形或制造质量欠佳等引起的故障往往是由汽车设计或制造不当所引发的，汽车用户无法控制。

5. 使用中操作失误或调整不当

由于使用者对汽车操作的生疏而造成的误操作，对汽车构造和调整方法不清楚而造成的错误调整，以及使用的消耗材料（燃料、润滑油、防冻液和制动液等）质量不佳、选择不当、标号不对甚至是伪劣产品等是发生汽车故障的非正常原因，只有通过提高使用者的业务能力和净化市场来解决。

6. 不正确的维修

低水平的维修、野蛮操作或反复拆装等会造成机件的隐性破坏，电气系统的短路、断路和虚接，部件内部肮脏，安装和调整错误以及机械损伤等，是造成故障隐患和降低汽车寿命的一类原因。

四、汽车使用条件

在二手车交易中，及时准确地了解交易车辆过去的使用条件，是正确认识二手车的一个重要手段。

汽车使用条件指影响汽车完成运输工作的各类外界条件。对它影响最直接、最广泛的是气候条件和道路条件。

1. 气候条件

环境温度对汽车，特别是对发动机的热工况影响很大。在寒冷地区，发动机起动困难，运行油耗增加，机件磨损量增大；风窗玻璃容易结霜、结冰；冰雪道路易发生交通事故。在寒冷气候条件下，为保证驾驶人处于适宜的工作条件、乘客的舒适和安全、货物的防冻等，需从结构上对汽车采取相应措施。

在炎热地区，发动机容易过热，造成工作效率低，燃料消耗增加。汽车电气系统和燃料供给系统元件易过热导致故障，如蓄电池电解液蒸发过快所引发的故障。环境温度过高，若散热不良或燃料品质不佳，容易在燃料供给系统形成气阻和气湿，影响发动机正常工作。高温可能造成润滑脂熔化，被热空气从密封不良的缝隙挤出；高温也会逐渐烘干里程表、刮水器等机件中的润滑脂，增加机件磨损，导致故障；高温还会导致制动液黏度下降，在制动系统中形成气阻，导致制动故障；高温会加速非金属零件的老化及变形。另外，高温还会影响驾驶人的工作条件，从而影响行车安全。

在气候干燥、风沙大的地区，汽车及其各总成的运动副易因风沙侵入而磨损加剧。

在气候潮湿和雨季较长的地区及沿海地区，如果发动机、驾驶室、车厢的防水和泄水不良，将引起零件锈蚀以及电气系统工作不可靠。另外，空气湿度过高会降低发动机气缸的充气效率，降低发动机的动力性和燃料经济性。

在高原地区，空气稀薄，大气压力低，水的沸点下降，且昼夜温差大，从而易使发动机的混合气过浓，真空点火提前调节器失效，冷却液易沸腾，气压制动系统气压不足。

不同气候条件对车辆结构和使用提出了不同的要求，应针对具体的气候和季节条件，使用相应的改型汽车或对标准型汽车进行技术改造，以提高车辆与气候的适应程度。汽车运输企业需要针对当地的气候特点合理选用汽车，并制订相应的技术措施，努力克服或减少因气候条件造成的各种困难，做到合理使用，取得较佳的使用效果。

2. 道路条件

道路条件指由道路状况决定的并影响汽车使用的因素。汽车结构、汽车运行状况、汽车技术状况都与汽车运行的道路条件密切相关。

汽车运输对道路的要求是：①在充分发挥汽车速度特性的情况下，保证车辆安全行驶；②满足该地区对此道路所要求的最大通行能力；③车辆通过方便，乘员有舒适感；④车辆通过此道路的运行材料消耗量最低，零件损坏最小。

车辆运行速度和道路通行能力是道路条件的主要特征指标。它们是确定道路等级、车道宽度、车道数、路面强度以及道路纵断面和横断面的依据。

道路条件对汽车运行速度、行驶平顺性及装载质量利用程度的主要影响来自道路等级和道路养护水平。例如，汽车在良好路面上行驶，可获得较高车速和良好燃料经济性；汽车在崎岖不平的道路上行驶，平均技术速度低，需要频繁地进行换档和制动操作，加剧了机件的磨损，增加了油耗和驾驶人的工作强度；路面不平也使零部件冲击载荷增加，加剧汽车行驶系统损伤和轮胎磨损。

根据公路的功能和适应的交通量不同，《公路工程技术标准》将公路分为5个等级：高速公路、一级公路、二级公路、三级公路、四级公路。

① 高速公路为专供汽车分向、分车道行驶并全部控制出入的多车道公路。

② 一级公路为供汽车分向、分车道行驶，并可根据需要控制出入的多车道公路。

③ 二级公路为供汽车行驶的双车道公路。双车道二级公路应能适应将各种汽车折合成小客车的年平均日交通量为5000～15000辆。

④ 三级公路为主要供汽车行驶的双车道公路。双车道三级公路应能适应将各种车辆折合成小客车的年平均日交通量为 2000~6000 辆。

⑤ 四级公路为主要供汽车行驶的双车道或单车道公路。双车道四级公路应能适应将各种车辆折合成小客车的年平均日交通量在 2000 辆以下。单车道四级公路应能适应将各种车辆折合成小客车的年平均日交通量在 400 辆以下。

《公路工程技术标准》对每级公路规定了相应的技术标准，如车道宽、车道数、最小停车视距、纵坡、平曲线半径和路面等级等。标准中规定的路线参考取值均在保证设计车速的前提下，考虑了汽车行驶安全性、舒适性、驾驶人员的视觉和心理反应。

五、我国汽车的报废标准

1997 年发布了《汽车报废标准》，于 2004 年进行了第二次修改，要求轿车、面包车（微型车除外）上牌以后 6 年之内每两年检验一次，第 6~15 年每年年检一次，超过 15 年而没有报废的车辆，第 15~21 年每年检验两次，第 21 年以后每年检验 4 次。该标准遵循"以使用年限为主、使用里程为辅"的强制报废原则。

2006 年，新《汽车强制报废标准》草案颁布。2012 年，商务部制定并通过了《机动车强制报废标准规定》。该规定弱化了年限和里程指标，强化车辆的技术状态及安全、节能、环保指标，同时兼顾可操作性；对汽车的使用年限重新进行了规定，取消了私家车等非营运车的报废年限，改为自注册登记以后第 21 年起，其安全技术检验增加功率检验项目，该检验项目要求车辆底盘输出功率不低于发动机额定功率的 60% 或者最大净功率的 65%。

各大类型机动车的强制报废年限：非营运的小、微型汽车没有明确的报废年限，直到不能通过年审；出租车的报废年限为 8 年；旅游、公路客运车辆的报废年限为 15 年；载货汽车（包括半挂牵引车和全挂牵引车）的报废年限为 15 年。

报废车辆标准：

1）经维修和调整仍不符合机动车安全技术国家标准对在用车有关要求的。

2）经维修和调整或者采用控制技术后，向大气排放污染物或者噪声仍不符合国家标准对在用车要求的。

3）在检验有效期届满后连续 3 个机动车检验周期内未取得机动车检验合格标志的。

4）达到规定使用年限和行驶里程的车辆。

思考题

1. 目前中国市场上保有量最大的乘用车品牌是什么？目前中国市场上主要的合资与自主品牌的乘用车分别有哪些？

2. VIN 为 1G1LT53T6PE100001 的车辆是哪个国家、哪年出厂的车辆？

项目三　二手车技术状况鉴定

项目引入

受×××的委托，×××（鉴定评估机构）对一辆初次登记日期为 2013 年 8 月的奥迪 A6 2.8L 轿车进行技术状况鉴定。

项目分析

随着汽车行驶里程的增加，汽车发动机、底盘和电器等方面的性能下降，某些元件或系统也会意外失效，因而导致汽车故障率增加。若要准确评估二手车价值，首先应对二手车法定证件和各种税费单据进行核对，其次要对二手车进行外观静态检查，最后要进行动态路试，必要时还要通过仪器进行检测。

本项目主要针对二手车技术鉴定中必要的鉴定内容进行介绍，从而指导操作人员有序、准确地进行鉴定工作。

单元一　二手车资料检验

知识目标

- ◆ 掌握二手车交易的资料种类。
- ◆ 掌握二手车交易的证件检查项目。
- ◆ 了解二手车证件的防伪检查内容。

能力目标

- ◆ 能够根据二手车的交易目的和现实状况，进行二手车交易证件的检查。

思政元素融入

◆ 加强职业道德教育，树立诚信评估、全心全意为人民服务的信念。
◆ 加强职业道德教育，强调国家利益高于一切，勇于与非法事件作斗争。
建议采用理论讲授、实训练习、小组展示、线上测试等形式完成课程内容。

相关知识

在交易过程中，第一个步骤是检查二手车的资料。二手车资料是否齐全，关系到被评估车辆的身份是否合法。在实际交易、鉴定过程中，有些车辆的证件存在造假情况，这也是需要认真查验的重要原因。

因此，检查并核对车辆证件是非常重要的程序，它能有效预防非法车辆的交易评估，防止交易纠纷，减少经营风险。

一、二手车的资料

二手车的资料指机动车上路行驶，按照国家法规和地方法规应该办理的各项有效证件和应该交纳的各项税费凭证。

如果某汽车购买使用一段时间以后，一直不按规定年检、交纳各种规费，那么这辆汽车只能闲置库房，不能发挥效用，这样的汽车技术状况再好，其价值几乎是等于零。

1. 车辆基本证件信息

根据《二手车流通管理办法》规定，二手车交易必须提供机动车来历凭证、机动车行驶证、机动车登记证书、机动车号牌、道路运输证和机动车安全技术检验合格标志等法定证件。

重点检查的证件：一是机动车来历凭证，主要指全国统一的机动车销售发票或二手车交易发票，如图3-1所示；二是车辆登记机关（即车管所）核发的允许车辆上路行驶的"中华人民共和国机动车行驶证"，如图3-2所示；三是由车管所核发的车辆权属的"中华人民共和国机动车登记证书"，如图3-3所示。

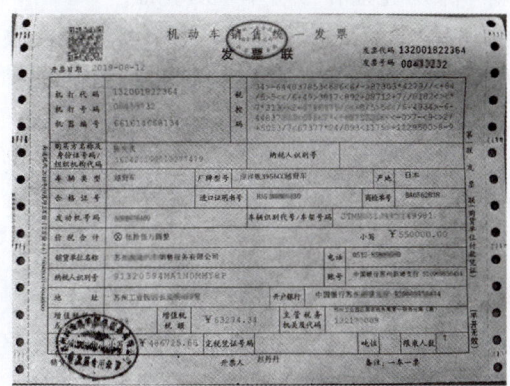 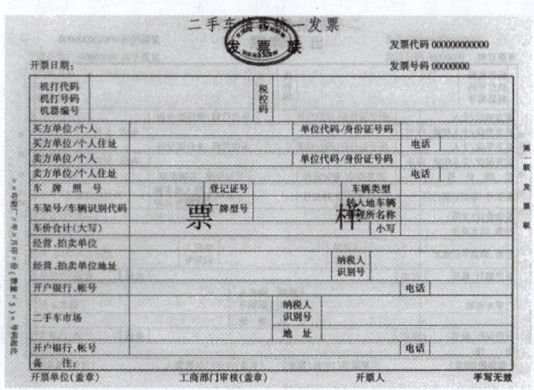

图3-1 机动车新车、二手车销售发票

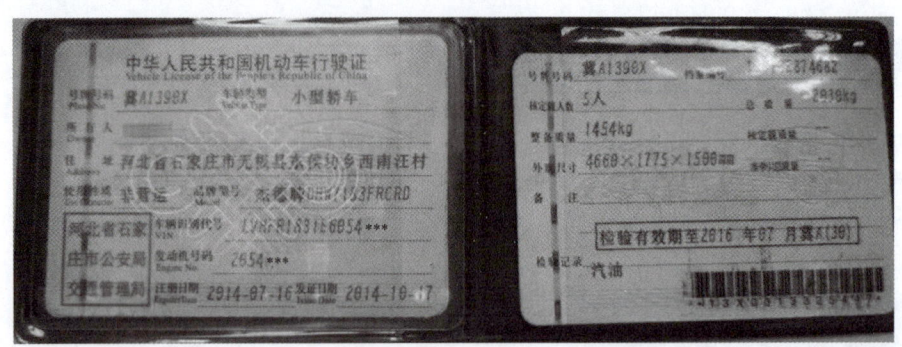

图 3-2　中华人民共和国机动车行驶证

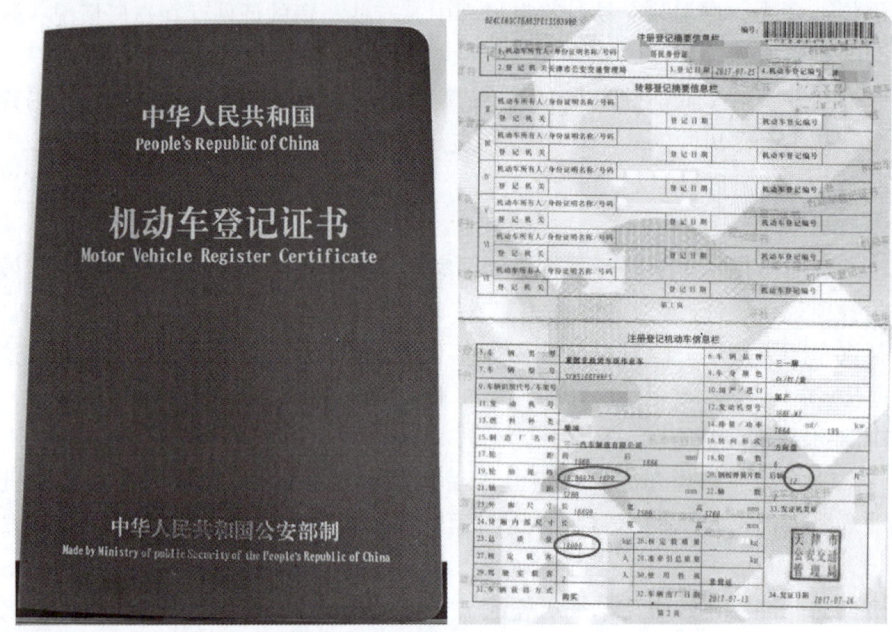

图 3-3　中华人民共和国机动车登记证书

核查时要做到证件与车辆相符，核查以下车辆基本信息：

（1）**机动车来历凭证**　机动车来历凭证包括新车来历凭证和二手车来历凭证。

1）新车来历凭证指经国家工商行政管理机关验证盖章的机动车销售发票。其中，没收的走私、非法拼（组）装汽车和摩托车的销售发票是国家指定的机动车销售单位的销售发票。

2）二手车来历凭证指经国家工商行政管理机关验证盖章的二手车交易发票。除此以外，还有因经济赔偿、财产分割等所有权发生转移，由人民法院出具的发生法律效力的判决书、裁定书和调解书。

机动车来历凭证除了全国统一的机动车销售发票或者二手车销售发票之外，还有法院调解书、裁定书、判决书、公证书、权益转让证明书、没收走私汽车证明书、协助执行通知书和调拨证明等机动车来历凭证。凡无合法机动车来历凭证者，应认真查验。

从机动车来历凭证可以看出车主购置车辆的日期和原始价值。机动车原值是二手车鉴定评估的评估参数之一。从目前情况看，由于二手车鉴定评估没有统一的、科学的定价标准，故二手车交易凭证不能反映车辆购置日期的重置成本。

（2）机动车行驶证　根据《中华人民共和国机动车登记管理办法》规定，机动车行驶证是由公安车辆管理机关依法对机动车辆进行注册登记核发的证件，它是机动车取得合法行驶权的凭证。农用拖拉机由当地公安交通管理部门委托农机监理部门核发证件。

机动车行驶证是机动车上路行驶必须携带的证件，也是二手车过户、转籍必不可少的证件，应认真查验，并检查其真伪。

（3）机动车登记证书　"机动车登记证书"是机动车的户口本，所有机动车的详细信息及机动车所有人的资料都记载在上面，证书上记载的原始信息发生变化时，机动车所有人应携带"机动车登记证书"到车管所进行变更登记。一些评估参数必须从"机动车登记证书"获取，如使用性质的确定等。因此，应详细检查"机动车登记证书"每个项目的内容及其变更情况。

1）核对机动车所有人是否曾为出租公司或租赁公司。
2）核对登记日期和出厂日期是否时间跨度很大。
3）核对进口车是否为海关进口或海关罚没。
4）核对使用性质是非营运、营运、租赁或营转非。机动车使用性质主要有公路客运、公交客运、出租客运、旅游客运、租赁、货运、非营运、警用、消防、救护、工程抢险、营转非和出租营转非等多种。
5）核对登记栏内是否注明该车已做抵押。
6）对于货运车辆，应核对长、宽、高、轮距、轴距和轮胎的规格是否一致。
7）核对钢板弹簧片数是否一致或有加厚的现象。
8）核对现机动车登记证书持有人与受委托人是否一致。

（4）机动车号牌　机动车号牌是由公安车辆管理机关依法对机动车辆进行注册登记核发的号牌，它和机动车行驶证一同核发，其号牌字码与行驶证号牌应该一致。公安交通管理机关严禁无号牌的机动车辆上路行驶，机动车号牌严禁转借、涂改和伪造。

机动车号牌的检查：检验牌号的固封是否完好，有无撬过的痕迹，并检查封帽上的字样，如北京的应有"京"字，江苏的应有"苏"字，上海的应有"沪"字；检验牌号有无凹凸不平或折痕，字体应清楚有立体质感，无补洞等，号牌字体上的荧光漆应清洁、平整和光滑；号牌字体大小一致、间隙匀称。

（5）道路运输证　道路运输证是县级以上人民政府交通主管部门设置的道路运输管理机构对从事旅客运输（包括城市出租客运）、货物运输的单位和个人核发的随车携带的证件。营运车辆转籍过户时，应到运管机构及相关部门办理营运过户有关手续。道路运输证分正本和副本，如图3-4所示。

副本作为查扣及待理记载依据之用，与道路运输证同时生效的还有公路运输管理费缴讫证。

道路运输证上有暗花数字，应与注明的项目一一核对，并验证道路运输管理证件专用章，以上字体应清楚，规定费用缴纳的类型应与车辆核载质量（货车）、人数（轿车）相符。

（6）营运证　对于营运车辆，应查验营运证。营运证分为客运营运证和货运营运证两种。客运营运证由客运管理处监督管理，货运营运证由交通运输管理部门监督管理。

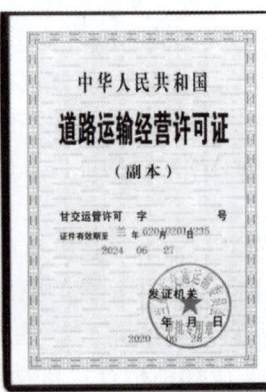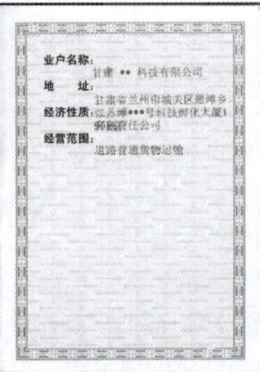

图 3-4　道路运输证

从事营运车辆的驾驶人必须持有交通运输管理部门培训合格后颁发的道路运输上岗证。车辆必须配有营运证才能上路营运，否则是违法行为。营运证是一车配一证，严禁套用和转借，遗失需申报补办手续。

（7）机动车安全技术检验合格标志　检查机动车安全技术检验合格标志是否有效。机动车安全技术检验合格标志如图 3-5 所示，一般贴在机动车前风窗玻璃右上角。

图 3-5　机动车安全技术
检验合格标志

2. 核查车主基本信息

按照机动车行驶证登记信息及委托人的身份证，核查车主以下基本信息：

1）了解机动车行驶证登记所有人与委托人的身份证是否一致，判断委托者是否是原车主，因为只有原车主才有车辆处置权。

2）对于单位车辆，应进一步了解单位名称及隶属关系，核查组织机构代码证和经办人身份证复印件（必须在有效期内）。

3. 二手车各种税费单据

（1）车辆购置税　车辆购置税由交通部门负责征收，资金的使用由交通运输部按照国家有关规定统一安排。车辆购置税的征收标准一般是车辆价格的 10% 左右。

按照国家有关规定，车辆购置附加费的征收和免征范围如下：

1）车辆购置附加费的征收范围。

① 国内生产和组装（包括各种形式的中外合资和外资企业生产和组装的）并在国内销售和使用的大、小客车，通用型载货汽车，越野车，客货两用汽车，摩托车（二轮、三轮），牵引车，半挂牵引车以及其他运输车（如厢式车、集装箱车、自卸汽车、液罐车、粉状粒状物散装车、冷冻车、保温车、牲畜车、邮政车等）和挂车、半挂车、特种挂车等。

② 国外进口的（新的和旧的）前款所列车辆。

2）下列车辆免征车辆购置附加费。

① 设有固定装置的非运输用车辆。

② 外国驻华使领馆自用车辆，联合国所属驻华机构和国际金融组织自用车辆。
③ 其他经交通运输部、财政部批准免征车辆购置附加费的车辆。

（2）机动车辆保险费　保险费是为了防止机动车辆发生意外事故，避免用户发生较大损失而向保险公司所交付的费用。该项费用各地区有所不同，交纳时按本地区保险费用交付。

机动车辆保险是各种机动车辆在使用过程中发生肇事，造成车辆本身以及第三者人身伤亡和财产损失后的一种经济补偿制度。

车辆的保险单指保险公司为该车提供的保险凭证单据。机动车保险分为交强险和商业险。

交强险是我国首个由国家法律规定强制实行的保险制度，是由保险公司对被保险机动车发生道路交通事故造成受害人（不包括本车人员和被保险人）的人身伤亡和财产损失，在责任限额内予以赔偿的强制性责任保险。其保费实行全国统一收费标准，由国家统一规定，但是不同汽车型号的交强险价格不同，主要影响因素是汽车座位数。

根据交强险条例的规定，在中华人民共和国境内道路上行驶的机动车的所有人或者管理人都应当投保交强险，机动车所有人和管理人未按照规定投保交强险的，公安机关交通管理部门有权扣留机动车，通知机动车所有人和管理人依照规定投保，并处应缴纳保险费两倍的罚款。

商业险分为主险和附加险。主险包括机动车损失保险、机动车第三者责任保险和机动车车上人员责任保险3个独立的险种。附加险包括绝对免赔率特约条款、车轮单独损失险、新增设备损失险、车身划痕损失险、修理期间费用补偿险、车上货物责任险、发动机进水损坏除外特约条款等。

（3）车船使用税　凡在中华人民共和国境内拥有车船的单位和个人，都应该依照规定缴纳车船使用税，这项税收按年征收，分期缴纳。

（4）客、货运附加费　客、货运附加费是向从事客、货营运的单位或个人征收的专项基金。它属于地方建设专项基金，各地征收的名称不一，收取的标准也不尽相同。客运附加费是用于公路汽车客运站、客运点设施建设的专项基金，货运附加费是用于港航、站场、公路和车船技术改造的专项基金。

二、二手车交易的证件检查

一般二手车交易应该检查的证件和凭证有：买卖双方证明或居民身份证、购车发票复印件、机动车行驶证、营运车辆外卖单、车辆购置附加费、车辆保险、车船使用税、客运附加费、货运附加费及地方政府规定交纳的税费凭证。

有些地方对小汽车销售进行控制的，还应检查小汽车定编证。由广东、福建和海南三省口岸进口运出三省，以及三省从其他口岸进口需销往外省市的进口二手车，还应检查准运证。检查基本内容如下：

1）核实委托评估的车辆产权。上述证件分别是一车一证，一套证件中车主的单位名称或个人姓名、发动机号和车架号等均应该一致。

2）检查车辆原始发票或二手车交易凭证，了解购置日期和账面原值，是否经工商行政管理机关验证盖章。

3）交易车辆是否到公安车辆管理机关临时检验，查看机动车行驶证副页检验栏目是否盖有检验专用章，填注检验有效时间是否失效。

4）查看机动车行驶证上的号牌、发动机号和车架号码与车辆实物是否一致。如果发现不一致或有改动，有凿痕、锉痕，重新打刻和垫支金属块等人为改变或毁坏的，应及时向公安机关报告，扣车审查。

5）车辆购置附加费是否真实有效。
6）是否缴纳当年的车船使用税。
7）是否按国家规定购买机动车第三者责任保险。
8）检查营运车辆外卖单。外卖单是营运车辆转籍过户时向运输管理机构及相关部门办理的一套手续。该手续涉及车主各项规费的交纳，是否违法经营等综合管理方面的问题。故这一手续一般由营运单位或个人自己办理后再行交易。
9）检查各种证件的真伪。

三、二手车交易中证件识伪

1. 机动车号牌的识伪

机动车号牌的识伪方法：一是看号牌的防伪颜色深浅；二是看号牌底漆颜色深浅；三是看白底色或白字体是否涂有反光材料；四是看号牌是否按规格冲压边框，字体是否清晰等。

号牌的安装设有固封装置，并规定该装置由发牌机关统一负责装、换，任何单位和个人都无权拆卸，并作为车辆检验的一项内容。对于号牌的固封有被破坏痕迹的车辆，二手车鉴定评估人员要引起必要的重视，查明原因，确认号牌真伪。

2. 机动车行驶证的识伪

为了防止伪造机动车行驶证，机动车行驶证塑封套上都有用紫光灯可识别的不规则的与机动车行驶证卡片上图形相同的暗记，如图3-1所示。机动车行驶证的一般识伪办法：一是查看识伪标记；二是查看车辆彩照与实物是否相符；三是查看机动车行驶证纸质、印刷质量、字体、字号，与车辆管理机关核发的行驶证进行比对，对有怀疑的机动车行驶证可到发证的公安车辆管理机关核实。

最常见的伪造是伪造机动车行驶证副页上的检验合格章，即车辆没有按规定时间到车辆管理机关办理检验手续却私刻公章，私自加盖检验合格章。现在许多地方采用计算机打印检验合格至××××年×月，并加盖检验合格章的办法来增加防伪能力。车辆管理机关规定超过两年未检验的车辆按报废处理。二手车鉴定评估人员要特别重视机动车行驶证副页上的检验合格章，即机动车行驶证的有效期。

3. 车辆购置附加税凭证的识伪

车辆购置附加税凭证真伪的识别：一是以对比法进行认定，二是到征收机关查验。

单元二　二手车外观勘验

知识目标

◆ 了解外观勘验的重要性。
◆ 掌握车身外观勘验的工作项目。
◆ 掌握事故车的辨别方法。

 **能力目标**

- 能够熟练地对二手车的外观进行勘验。
- 能够对事故车进行鉴别。
- 能够对走私车、盗抢车进行鉴别。

 **思政元素融入**

- 加强职业道德教育,树立诚信评估、全心全意为人民服务的信念。
- 加强职业行为教育,做到二手车技术状况鉴定的信息公平、公正、公开。

建议采用案例教学、理论讲授、实训练习、小组展示互评、线上测试等形式完成课程内容。

 **相关知识**

外观勘验指二手车在静止状况下,根据检查人员的技能和经验,对二手车技术状况进行检查,主要是对漆面、车身(钣金)等外观部分进行鉴别。

一、走私汽车的甄别

外观勘验的时候,需要针对市场上存在的部分进口汽车进行特殊的辨别,也就是识别走私汽车。

1. 飞顶车

走私车大多数是飞顶车(图3-6)。飞顶就是将走私车辆的车顶割断,然后放进集装箱,以节省空间,也节省运费成本。在广东省飞顶车又被称为"一刀车"。通常,如果飞顶车拼装得好,对行车安全影响不大。

图 3-6　海关查获的各式飞顶车

辨别是否为飞顶车，主要查看左右 A、B、C 柱是否一致。简单辨别飞顶车的方法：用手敲打 A、B、C 柱与顶的连接处，从敲击的手感与声音来判别，若声音沉哑且没有敲金属的感觉多数是割过的。最直接、最好的方法就是把 A、B、C 柱的内饰板、门柱胶边揭开，看有无焊过的痕迹。

2. 两刀车

两刀就是飞顶后把车辆拦腰割开，即割车架。

检查是不是两刀车，最好是到维修厂升起车辆，查看车架有没有焊接过。如果不能升起车辆，最简单的方法就是把车辆的前轮用千斤顶顶起，离地 20～30cm，试试车门是否关闭顺畅。两刀车一般会存在车门开关不顺畅的现象。

3. 支架车

支架车就是整车没割过就装箱，所占的空间大。一只 40 尺柜（11.8m×2.13m×2.18m）可以装整车 4 辆，可以装飞顶车 5.5 辆，可以装两刀车 6 辆半，所以支架车进口的成本都很高。

4. 事故拼装车

事故拼装车就是把几辆大事故车辆或报废车辆各自有用的零件拆卸下来，清洗干净，配以新的配件并翻新喷漆的车。事故拼装车存在很大的安全隐患。

5. 改舵车

改舵车就是出厂时转向盘在车辆右侧，为了走私销售而私自改为转向盘在左侧的车辆，其多为日本车，如图 3-7 所示。

图 3-7 改舵车

如果符合以下条款中的一条，则为改舵车的可能性为 99%；如果符合以下条款中的两条，则可以肯定为改舵车。

1）车速表上的单位为 km/h，最大读数为 180km/h（典型的日本版）。

2）在车辆的正后方平视，反光镜左边高、右边低，坐在车内驾驶时两个反光镜很难调整到合适的位置，视线很别扭。

3）音响的开关在右侧（后换的音响是来自于右舵车拆下的音响除外）。

4）自动空调的开关和温度旋钮在右边。

5）前排乘员侧座位的配量比驾驶人侧的高，例如只有前排乘员侧有电动座椅，有两个电动座椅但驾驶人侧调整不了高低而前排乘员侧可调整，腰部支承调整只有前排乘员侧配备等。

二、车身外观的检查

二手车外观检查是二手车技术状况检查的首要步骤，这项检查不仅仅是看看外表而已，其实是查看车辆是否为事故车。检查重点按照附录 D 中附图 D-3 和附表 D-5、附表 D-6 的要求检查 26 个项目。应使用车辆外观缺陷测量工具与漆面厚度测试仪结合目测法对车身外观进行检测。

检查时，可从车辆正前方、两侧和后方（包括行李舱内部）等处查起。检查板件配合间隙是否一致、漆面是否有缺欠、板件是否有钣金痕迹和两侧腰线是否有钣金痕迹等。

1. 车辆正前方检查

将车辆放置在平整的路面，检查车辆轮胎气压是否标准，在车辆前方约 5m 处观察车辆左、右的高度差是否过大，如图 3-8 所示。过大的车身高度差异意味着两侧悬架弹簧、车架有变形，要重点检查两侧纵梁。检查前部部件的配合间隙，是否有维修痕迹。

图 3-8　车身左、右两侧高度检查

2. 车辆两侧检查

通过目测检查车辆两侧腰线是否有维修痕迹，如图 3-9 所示。打开两侧车门，观察 A、B、C 柱是否有维修痕迹，检查是否有不规则的焊接点，喷漆留下的漆雾等，如图 3-10 所示。

图 3-9　车身左、右两侧腰线检查

3. 车辆后方检查

车辆后方检查重点检查行李舱盖配合间隙是否均匀、标准，如图 3-11 所示。然后打开行李舱盖，检查后翼子板是否有维修痕迹，检查行李舱盖是否有钣金痕迹等。

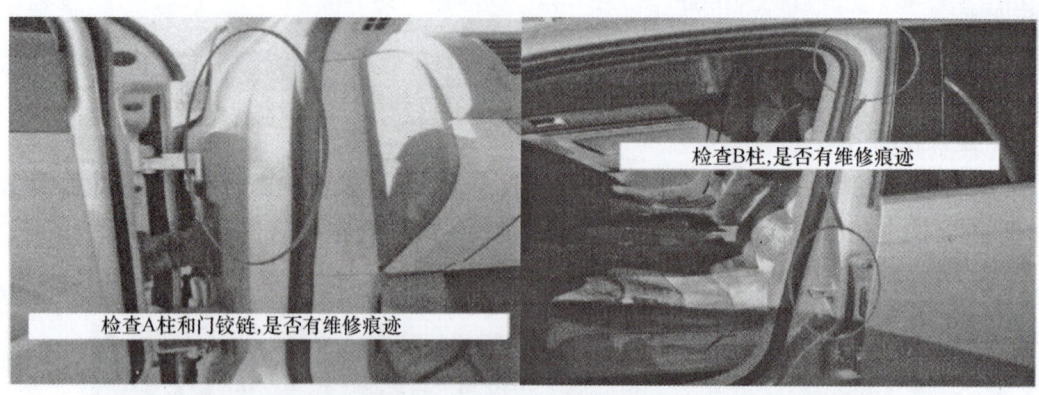

图 3-10　车身 A、B 柱的检查

图 3-11　行李舱盖装配间隙检查

4. 车身漆面检查

一辆新车车身上漆面的成本可达到整车成本的 5% 以上，车漆的好坏不仅反映车况、维护和使用状况的好坏，更直接影响二手车的评估结果和交易价格。正确认识车身漆面的鉴定评估方法是二手车外观鉴定的重要组成部分。

（1）目测法检查　目测法检查包括油漆色差检查、车身平整度检查和补漆质量检查。

1）油漆色差检查。新补的油漆往往色彩不同于原车漆色，一般经电子配漆配出的漆色比原车的漆色要鲜艳，而人工调出的漆色多比原漆色调要暗淡些。如果车龄较长，补漆往往比较多，因而整个车身各个部位颜色都有差异，甚至找不出原车的漆色。经多次修补后的漆面厚度较厚，且小磁铁不易吸附上去，说明该地方已填补过；或轻轻敲打钣金件表面，声音较清脆的地方为原车钣金件，声音较浑厚的地方为后期修补过。

注意：观察板件色差要同时观察相邻两个板件的色差，如翼子板与发动机舱盖对比、车门与翼子板对比等。

2）车身平整度检查。当车辆有大面积撞伤部位时，补腻子的面积会比较大，腻子打磨时往往磨不平,因而补过漆的车身表面在侧面迎光看上去如微微的波浪一样,且凹凸不一。

注意:车身平整度检查除了目测外,还可以通过手感判别是否有凹凸感。

3) 补漆质量检查。补过的漆往往存在以下质量问题:丰满度不如原车的油漆,油漆表面有流痕,表面有不规则的小麻坑,表面有小麻点等。

通过对上述漆面质量进行检查,可以判断一辆车被撞面积有多大,车身可能受过多大的损伤。假如发现油漆表面有龟裂现象,如果车辆未被撞过,那么该车至少已使用了10年或10年以上。

(2) 用检测仪检查　漆膜厚度可以用漆膜厚度测试仪进行精确测定。覆层厚度的测量方法主要有楔切法、光截法、电解法、厚度差测量法、称重法、X射线荧光法、β射线反向散射法、电容法、磁性测量法及涡流测量法等。这些方法中前5种是有损检测,测量手段繁琐、速度慢,多适用于抽样检验。目前,磁性测厚仪操作简便、坚固耐用,不用电源,测量前无需校准,价格也较低,所以应用最广。CM1150两用漆膜厚度仪如图3-12所示,常用于航天航空器表面、车辆、家电、铝合金门窗及其他铝制品等表面漆的检查。

图3-12　用漆膜厚度仪检查漆面厚度

车身漆面的检查

(3) 漆面常见缺陷及检验标准　对于二手车,磕磕碰碰总会有的,修补漆面在所难免,而在涂装过程中,难免会出现缺陷。评估师要掌握分析缺陷的产生机理,并具备对各类缺陷进行补救的技能。涂装过程中常见的缺陷有渗色、鼓泡、起云、开裂、灰尘、表面无光、起皱、咬底、流淌、砂纸痕、橘皮、塑料件脱漆和细裂纹等。

汽车油漆质量检验标准如下:

1) 表面不能有明显尘点(通过近处观察油漆表面来检验)。

2) 不能有砂纸印和原始灰印(由远至近多角度观察)。

3) 不能有抛光印和抛穿现象(近看油漆面有无抛穿,远看光泽有无明显变化)。

4) 边角位修补到位或无漏喷。

5) 面漆色漆完全遮盖中涂漆或无走珠现象(0.5m处观察)。

6) 银粉漆、珍珠漆无走花、起云(2m远处观察)。

7) 沾在拉手、玻璃、门边和装饰件等的油漆和抛光蜡清除干净。

8) 修补工件表面的光泽与原车基本一致(远看,多角度观察)。

9) 修补后漆纹与原车匹配,无明显"橘皮"现象。

(4) 对补漆的二手车鉴别　二手车在使用过程中,难免要受到磕、刷、碰,甚至撞车等交通事故的影响。如何从漆面上鉴别车辆是否发生过上述事故,是鉴别漆面的主要目的。

如果车辆漆面或钣金发生损坏，必然要进行修补，常见的修补分为局部做漆和全车做漆。

由于小的磕碰剐蹭造成的车身漆面损坏，采用局部做漆。另外，就是车身局部受损后需要钣金，之后也要做漆。

漆面老化、磕碰剐蹭和发生事故时，需要对全车进行做漆。

补漆二手车的鉴别方法如下：

1) 看光线反射和色差。通过车身反射光的明暗对比来判断是否做漆。一般做漆的地方反射光很暗，但一些高档车都是在厂家指定的特约维修站烤漆，计算机配色、配漆、配亮油，做漆的质量非常好，不容易察觉。对于金属漆，可以检查漆面金属含量的多少。做漆质量不好的车会产生色差，也比较明显，可以看出来。

2) 用手感觉顺滑性。做漆的地方感觉会不顺滑，同时车身的不平整也可以感觉出来。

3) 观察有无砂纸打磨的痕迹。刮完腻子用砂纸打磨后会留有痕迹，有很多或粗或细的条纹，和做漆周边完好的原车漆部分是不同的。

4) 敲打车身来判断。钣金的部位声音要低沉一些，由于刮腻子的薄厚程度和原车漆是不一样的。

5) 注意边沿、装饰条及橡胶密封性，看是否有残留油漆痕迹和"流漆"痕迹。

6) 打开发动机舱盖，检查有无残留油漆以及和车身油漆的色差。

(5) **车辆颜色对二手车价格的影响**　购买新车时，车辆的价格不受颜色影响，价格统一。二手车的车辆颜色直接影响车辆的价格，而且不同车辆受影响程度不同。同型号、同配置的二手车，由于颜色不同能够卖出不同的价格，所以在车辆评估时，车辆的颜色是不可忽视的。

买卖二手车的人，无论是经销商还是消费者，在评估二手车价格时都会把车辆颜色考虑进去。对于经销商来讲，车辆的颜色好，消费者认可，车辆便容易出售，价格自然高；如果车辆颜色属于个性化颜色，就会出现车辆积压销售不出去，即使出售得出去，库存时间会比较长，占用资金时间也比较长。对于消费者来讲，买辆大众喜欢颜色的车辆容易再次出售。

(6) **修复费用确定**　二手车漆面状况对交易价格影响较大，二手车买卖当中漆面维修是常见工作。各地喷漆费用的计算方法各不相同，有的以面积乘以单价计算，有的以常见覆盖件单件计算。喷漆工时费应包含喷漆需要的原子灰、漆料、油料和辅助添加剂等材料费。

1) 喷漆面积的确定。局部喷漆范围以最小范围喷漆为原则（即以该部位最近的接缝、明显棱边为断缝收边），例如翼子板腰线上部损伤时以腰线以上的面积计算，而不是整个翼子板全部面积。

2) 喷漆单价的确定。常见的面漆大多以进口或合资品牌为主，如杜邦、新劲和PPG等品牌。面漆的种类与名称繁多，但大致可归结为喷漆和瓷漆。漆种的鉴别较为简单，可用原车加油口盖直接通过计算机分析判断汽车原面漆的种类。也可以现场用蘸有硝基漆稀释剂（香蕉水）的白布摩擦漆膜，观察漆膜的溶解度。如果漆膜溶解，并在白布上留下印迹，则是喷漆；反之，则为瓷漆。如果是瓷漆，用砂纸在损伤部位的漆面轻轻打磨几下，鉴别是否涂了透明漆层，如果砂纸磨出白灰，就是透明漆层；如果砂纸磨出颜色，就是单级有色漆层。最后借光线的变化，用肉眼看一看颜色有无变化，如果有变化则为变色漆。通过上述方法，可以将汽车面漆分为4类：硝基喷漆、单涂层烤漆、双涂层烤漆和变色烤漆。

虽然各地喷漆费用的计算方法各不相同，但单位面积的涂饰费用基本相同。结合河北

4S店的定价标准制订的各漆种收费参考价值见表3-1。

表3-1 单位面积的涂饰费用

项目	轿车喷漆单价/元					客车喷漆单价/元		货车喷漆单价/元	
	微型	普通型	中级	中高级	高级	普通	豪车	车厢	驾驶室
硝基喷漆/m³						100		50	100
单涂层烤漆/m³	200	250	300	400	500	200	300		200
双涂层烤漆/m³	300	350	400	500	600		450		
变色烤漆/m³			550	650	750				

3) 常见覆盖件的喷漆费。在实际工作中，常以覆盖件单件计算方法确定喷漆费用。

表3-2列举了部分车型常见覆盖件的喷漆费用，可以根据车辆的类型、维修厂类别选择合适的喷漆标准。

表3-2 部分车型常见覆盖件的喷漆费用

部件价格/元	车型								
	奔驰S320	宝马X5	奥迪A6	帕萨特	丰田4500	捷达04款	夏利三厢	奇瑞QQ	微型车系
全车喷漆	11500	10000	4200	3200	4500	2800	1800	1600	1600
发动机舱盖	1200	720	550	550	600	450	350	300	150
大顶	1200	700	500	480	500	380	350	300	300
行李舱盖	900	800	400	380	450	350	300	300	300
前保险杠	800	480	400	400	450	360	150	200	100
后保险杠	850	450	400	400	450	360	150	200	100
前翼子板	600	300	240	240	250	200	150	150	100
前门	800	420	240	240	260	240	200	300	150
后门	800	480	280	260	260	240	200	300	200
后翼子板	900	500	280	280	300	240	200	100	180
后围板	400	300	200	180	180	150	150	100	100
散热器框架	300	150	120	90	100	80	80	80	50
前纵梁(单侧)	300	150	150	120	150	100	100	80	50
大底防腐	400	500	200	200	200	180	150	120	120

注：车身划痕全车喷漆在不同修理厂对应的金额基础上适当下调（7%左右）。

三、事故车的辨别

二手车买卖中最怕买到事故车，这样的车辆一旦鉴定不出来，就会对交易价格产生极大的影响，损害鉴定机构或者购买者的利益。

1. 事故车常用鉴别方法

1) 从侧面看有没有波浪形漆面、光泽不均匀等现象，如果出现此类现象，有可能是事故车做了喷漆处理。查看车身是否有喷漆的痕迹。如果是局部喷漆比较容易辨别，一般后喷的漆与原漆颜色会有差别；如果是整车喷漆，应查看车门、车窗镶条、排气管和轮毂是否有喷漆的痕迹，特别是打开发动机舱盖查看发动机舱盖内、发动机两侧漆的颜色与车身漆颜色是否一致。

2）查看车头，重点检查膨胀水箱框架有没有更换。膨胀水箱框架正面没有原厂标签的，很可能是发生事故造成水箱框架更换的。此外，要认真查看膨胀水箱、散热网、前照灯和格栅等有没有更换。

3）查看车尾。查看尾灯有没有更换，放备胎位置有无变形。

4）查看左右前照灯罩、转向灯罩和雾灯罩的新旧程度、颜色是否一致。如果不一致，可能是碰撞过。打开发动机舱盖查看前端是否有变形的地方。如果车辆碰撞过并更换过前脸、前照灯罩、转向灯罩和雾灯罩等，说明此车碰撞较为严重。

5）注意行李舱内有无异味或发霉；行李舱盖的密合度是否良好，若一边大一边小，则该车车尾可能被撞过。

6）轻度追尾、重度追尾和翻车事故车的鉴别。

轻度追尾是经常发生的事故之一。检查车辆是否追过尾得从车身的前部入手。首先打开发动机舱盖，检查发动机舱盖的边缘胶条，如果发现胶条不平整或者触摸感偏软，则应该是修复过发动机舱盖。

车身的车架和副车架是判定是否发生过重度追尾事故的主要部件。如果发现车架上有焊接口则可以肯定该车发生过重度撞击。在减振器上的两个旋状小箱子上的胶应该是原厂胶，如果非原厂胶，则应是发生过追尾事故。此外，膨胀水箱框架上的铆钉应该全都是由机器敲打进去的，材料为铁，如果已换为铝制铆钉，也可判定为发生过事故。

要想知道是否为翻车事故车很简单：维修人员在修复完毕之后肯定要为其做喷漆处理，那么敲击车顶部，正常情况会是特别清脆的声音；如果声音发闷则是因为做过漆，那基本上就可以肯定是翻车的事故车。

经严重撞击的车辆如符合以下任何一条，即属事故车：一是全车车架有被撞击痕迹（即使经修复），检查方法是查看整个底盘脏污程度应大致相同，不应有一部分特别干净，车架也应平直；二是膨胀水箱支架有碰撞损伤（即使经修复或更换）；三是车身后翼子板被切割更换。翼子板与车厢及车体的连接处应平整，其上的焊点应略呈圆形及略微凹陷，若是焊点呈凸出状，则为重新烧焊的痕迹。事故车如图 3-13 和图 3-14 所示。

图 3-13　事故车（迎宾踏板皱褶）

图 3-14　事故车（明显的焊接痕迹）

2. 事故车辨别举例

下面结合一辆越野车的鉴定过程来详细了解如何辨别事故车。

越野车在使用中由于路况复杂，车身很容易受到损伤，因此在挑选二手车时就需要特别注意检查车身外部的事故痕迹。图3-15中依次标注出了这辆车的A、B、C柱。通过对这3个柱的检查，可以了解到车身的基本事故情况。

由于车辆维修中对于事故痕迹的掩盖通常是进行表面处理，所以只要仔细观察那些平时不容易看得到的地方，就可以发现问题。检查密封胶条覆盖的地方非常重要，因为这些部位都是钢板焊接的部位。车辆受到撞击后，修复往往会在这些地方留下比较明显的痕迹。如果修复的时间较长，那么这些痕迹处还有可能出现锈蚀。在图3-16中，可将车辆的前、后门门框密封胶条取下一段，胶条覆盖的地方就可以露出，而取下的部分正好是A、B、C这3根柱子所在的位置。这样的

图3-15　A、B、C柱

检查非常重要，图3-16中标注的位置是内外层钢板连接的地方。在生产时，这些接缝处通常是焊接的，所以仔细观察，可以看到平滑的接缝每间隔一段就有一个直径7 mm左右的冲压焊点。正常情况下，这个位置应该非常平滑，焊点清晰，深浅一致，间隔均匀，而在车辆侧面发生事故后，这些连接区域会发生变形。事故车辆的修复主要以钣金为主，烧焊敲打后使变形褶皱的部件恢复原来的形状，但由于金属的记忆性，使得这些部位在烧焊敲打后仍会留下很多痕迹。需要注意的是，有些车辆在制造时会在密封胶条内部涂抹乳白色的软胶，这是为了更好地使密封胶条和连接钢板密合，并不是维修后留下的痕迹。

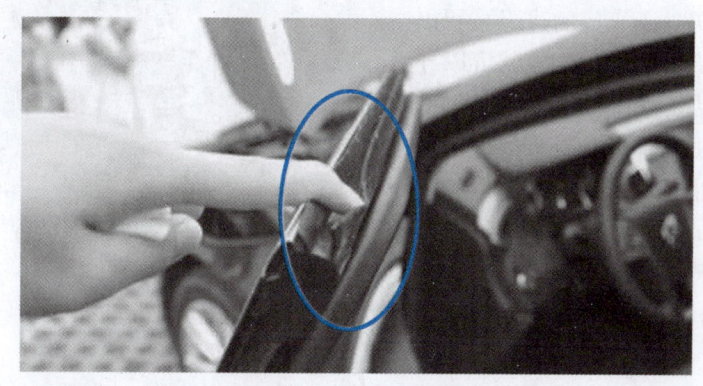

图3-16　检查前门框密封胶条位置

检查完车辆的三柱后，接下来检查车门。车门是车辆厢体中的重要部件，侧面的碰撞事故一定是先碰撞车门，而力度较大的碰撞事故会伤及立柱或车厢整体。因此，车门的完整程度就变得尤为重要。对于越野车来说，车门受伤的概率更大。在坑洼路段行驶中，较大的障碍物极有可能在车辆通过时伤及车门。车门检查主要是以车门变形和修复检查为主。如图3-17所示，检查的重点首先是在车门四周的边缘位置。很多碰撞事故发生后，这些位置

会发生严重变形,维修的办法除了更换车门外就是烧焊敲击,使车门最大限度地恢复原来的形状。但对于这样小面积的部件烧焊敲击尤其需要高超的技艺,而且在车门四周有很多附件,例如密封胶条、小迎宾灯、散热风口和装饰部件等,这些附件都给维修带来不小的难度。因此,很多车辆的受损车门修复后,使用一段时间,维修过的位置就会出现脱漆和锈蚀等现象,所以只要仔细在各个车门之间进行对比就可以发现。

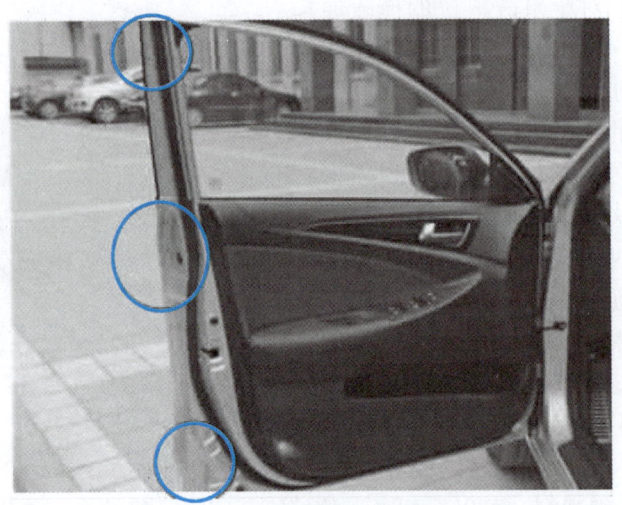

图 3-17　车门四周的边缘部位

如图 3-18 所示,圆圈中的钢板有两个凸起的圆形,其中较小的一个上面还安放有一个圆柱形的减振胶垫。在它的下方,有一个椭圆形的开口,而这个开口实际上是排水用的。因为其位置处于车门的边缘,所以受损伤的概率非常高,轻微的碰撞就可以导致这个部位的变形甚至断裂。在钣金修复时,类似这样的钢板上的开口是最难处理的。由于开口处的褶皱很难恢复到原来的形状,所以对于这些位置的检查一定要仔细。需要注意的是,有些车辆由于使用年限较长,平时维护不当,排水口处很容易发生锈蚀。这样的情况虽然不是事故造成的,但也会影响车辆的整体价格。

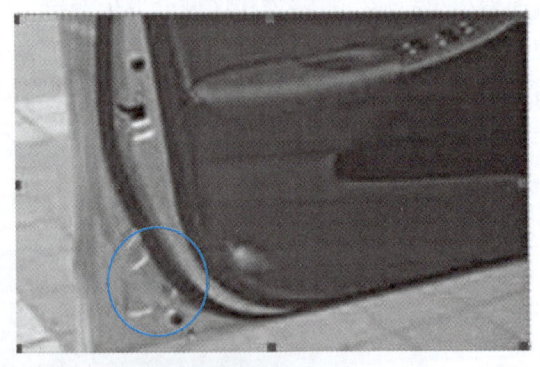

图 3-18　钢板上椭圆形的开口

检查完车辆的侧面后应检查发动机舱。对于车辆的事故判断,重要的是判断事故本身对车身车体造成的伤害程度。这里对发动机舱的检查,只针对事故进行判断,而对于发动机性能等方面的检查不过多关注。

在图 3-19 中有一大一小两个椭圆。这两个椭圆分别圈中了发动机舱内部的两大重要部件:后立面和小横梁。下面较大的椭圆标注出的是车辆的小横梁,是构成发动机舱舱体的重要部件。在小横梁上固定了左、右翼子板及内衬,左、右前照灯,水箱框架和进气格栅等非常重要的部件。由于小横梁所处的位置是车辆的最前端,在车辆发生碰撞时也就最容易受到损伤。上面较小的椭圆标注的是发动机舱的后立面，也就是平时所说的"防火墙""前墙"。其之所以称为"防火墙"，是因为在这道钢板之后，就是驾驶舱了，也就是说这道钢板是发动机舱与驾驶舱的隔板，也是正对车辆乘员的最后一道防线。当车辆发生事故时，后立面受损的轻重程度与车上乘员受伤的轻重程度是成正比的。

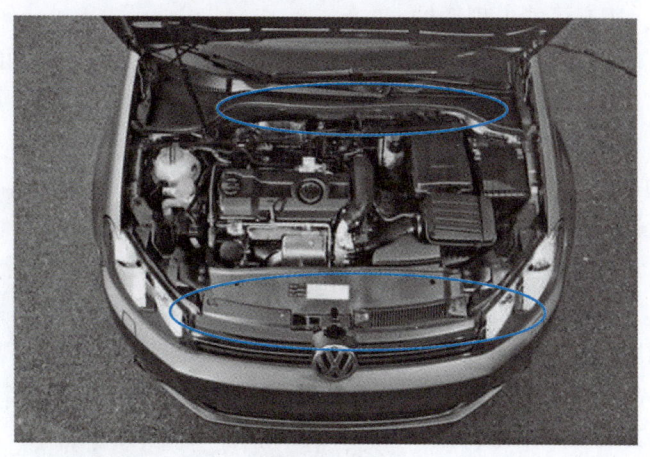

图 3-19　车辆的后立面和小横梁

小横梁属于发动机舱的主要连接框架，其两端与翼子板相连，而连接处可以看到梁体上有很多联接件（螺钉、螺栓）和冲压的规则空洞。这些部件都能够为判断小横梁的完整性提供依据。判断方法主要是根据螺栓的扳拧痕迹和冲压空洞的圆润平滑程度以及梁体上的着漆和平顺度等进行判断。由于越野车大都是高车身，发动机舱也都比较大，而过高的车身和过大的发动机舱造成了驾驶人的视觉盲区，所以很多越野车在使用过程中都容易发生边角剐蹭或碰撞的事故。因此，在鉴定二手越野车时，对于这些边角就要尤为注意。

图 3-20 所示的是小横梁上的另一个主要连接部件——膨胀水箱框架。由于主水箱和小横梁都处于车辆的最前端，使得在车辆事故中受损伤的概率大大提高。膨胀水箱框架最常见的修复方法就是更换，而更换膨胀水箱框架一定会在框架固定螺栓上留下痕迹。因此在图中圆圈所示的位置要尤其注意检查。

图 3-20　小横梁上的水箱连接框架

一般来说，固定支架连接小横梁的一端是螺栓直接固定，而连接膨胀水箱的另一端由螺栓和减振胶套组合固定。通过观察螺栓的扳拧痕迹和胶套的完整程度，可以辨别出支架是否被拆卸过。圆圈所示的位置是小横梁连接膨胀水箱框架的部位，这一部位在碰撞事故中经常会发生变形、扭曲，通常的维修方法是烧焊和敲击使之恢复原形，但敲击后会留下比较明显的痕迹，时间长了，还有可能出现锈蚀。

下面来检查后立面。后立面的两端连接左、右翼子板与内衬，应该是车辆最不容易受损伤的位置（这是正对车上乘员的最后一道防护钢板，普通的碰撞事故是不会伤到这个深度的）。

图 3-21 中左边圆圈所示的部位就是后立面与翼子板连接的部位，这个位置的钢板连接通常都会在焊接的同时涂上减振阻尼胶。车辆正常使用时，这种阻尼胶能起到减振作用，但对于大的颠簸或碰撞事故，减振阻尼胶会断裂或脱落。图 3-21 中右侧圆圈所示位置是车辆的铭牌。由于后立面位于车辆的中部，平时不容易损坏，所以很多车型将车辆铭牌和车架号（VIN）固定、镌刻在后立面上。

图 3-21 后立面与翼子板连接和车辆铭牌位置

图 3-22 所示为车右前翼子板内衬的局部。越野车的翼子板内衬一般都具有面积大和部件多等特点，不利于检查。图中所示的内衬还是比较容易看清的，尤其是最右侧箭头所指的一条不规则线，这个位置就是后立面与翼子板内衬连接的部位，可以看到减振阻尼胶的存在。内衬的平整程度在判断事故车辆中起至关重要的作用。另外，这个区域的所有固定螺栓都要仔细检查，因为这些都是可以证明内衬板是否进行过拆卸的证据。

图 3-23 所示为行李舱上沿与舱门结合处的局部放大。这里对合叶的检查尤其重要，完好的合叶连接处应该是平顺光滑的，而且各个螺栓应该非常紧固，表面着漆均匀，无扳、拧痕迹。

图 3-22 车右前翼子板内衬的局部

图 3-23 行李舱上沿与舱门结合处的局部放大

四、盗抢车的辨别

实际工作中,二手车评估师有时会遇到一些来源不明或者是被盗抢的车辆,所以掌握一些盗抢车辆的鉴别方法是很有必要的,也有助于二手车评估师在工作中维护自己的合法权益,避免经济损失或法律纠纷。

1. 检查随车证照及真伪

行驶证等随车证照是车辆的身份证明,而行驶证及车辆登记证书上登记的发动机号、车架号等是车辆身份的唯一凭证。因此,对于二手车一定要审查实际车辆与行驶证上的牌照、车型及发动机号和车架号是否完全一致。如果发现可疑的地方,就需要详细调查。

2. 检查牌照号码与车辆的新旧程度是否相符

遇到车辆牌照与车辆新旧程度不相符的情况时,可以到车辆管理部门核查该牌照所属的车辆情况,看看是否是原车牌照。如果牌照号码与车辆种类、型号不同,则这辆车肯定存在问题。

3. 检查车锁、车钥匙、点火装置及转向盘

对于二手车,应检查点火开关和车锁,看是否完好,有无更换痕迹,并检查车钥匙,看是否是原配。犯罪分子往往采用破坏车门锁、转向盘锁和点火开关的方法将车盗走,然后换上新锁。在卸锁和换锁的过程中,肯定会在车锁、转向盘边缘或车门附近留下撬、划的痕迹,这都需要仔细查看。

4. 检查车玻璃

砸碎车玻璃进入车内进行盗窃,是犯罪分子经常使用的手段之一,因此在观察二手车时,一定要查看车玻璃是否损坏或更换过。

检查车玻璃

汽车的所有原装玻璃都是相同型号的,而后配的车玻璃一定和原车玻璃有差异,这个差异可能体现在玻璃色泽上,也可能体现在车窗品牌或型号上。另外,在打碎玻璃后,犯罪分子用钢丝钩开车门锁时可能会使前门的玻璃密封条松动或损坏。

5. 查看车身颜色

为了掩人耳目,很多犯罪分子将被盗抢汽车的原漆铲掉并重新喷漆,改变颜色后既不容易被普通人发现,也方便销赃。尽管车身颜色变了,但在发动机舱边缘、行李舱内侧、保险杠内侧以及其他边缘处仍能发现原车的底色。一旦发现车辆有全车重新喷漆的痕迹,那么就需要慎重查验。

6. 查看发动机号和车架号有无改动痕迹

在识别发动机号和车架号有无改动时,可以遵循"看、摸、刮、敲、洗"5种方法,即

1)查看发动机号和车架号是否有焊接和凿改的痕迹。

2)手摸发动机号和车架号处,感觉号码周围是否有大的起伏和凸起,如果有则是改动过。

3)用铁片、螺钉旋具等硬物刮发动机号或车架号部位。正常号码是先打在金属板上后喷漆处理,刮起来不易损坏,焊接的车号则是用腻子在金属板上堆出号码再喷漆。

4)用橡胶锤敲几下号码周围,被焊接的车号可能有不牢固的地方,会出现裂缝和脱落现象。

5)如果发现车辆出厂时间较久,而车架号部分的漆比较新,则可以用化油剂清洗车架号,新上的漆就会脱落,车号被打磨的痕迹就能显现出来。

7. 检查前风窗玻璃所贴票证

检查前风窗玻璃右上角是否贴有车检、税票等票证，这是判断车辆是否是赃车的方法之一。犯罪分子在销赃过程中，怕有人通过票证看出问题，往往将各种票证刮掉。

8. 到公安交管部门查询

如果以上所有方法都无法判断车辆是否是赃车，可以到公安交管部门，进入被盗抢车辆查询系统，将可疑车辆的发动机号和车架号输入系统进行检索。

单元三　二手车车身内部勘验

 **知识目标**

- 了解车身内部勘验的重要性。
- 掌握车身内部勘验的工作项目。
- 掌握内饰翻新的辨别方法。

 **能力目标**

- 能够熟练地对二手车的内饰进行勘验。
- 能够对内饰翻新车进行辨别。

 **思政元素融入**

- 加强职业道德教育，树立诚信评估、全心全意为人民服务的信念。
- 加强职业行为教育，做到二手车技术状况鉴定的信息公平、公正、公开。

建议采用案例教学、理论讲授、实训练习、小组展示互评、线上测试等形式完成课程内容。

 **相关知识**

汽车内部是体现车辆乘坐舒适性的重要部分。鉴别二手车，尤其是轿车，对车内布置应该仔细检查，以保证被评估车辆鉴定结果准确。

鉴定过程可以从以下几个方面入手：坐在驾驶座上感觉乘坐是否舒适、视野是否开阔；检查操作系统，如用手晃动转向盘，上下不应有窜动间隙；观察车内布置是否大方美观，色彩柔和，座椅、安全带、安全气囊和仪表盘外观是否完好，无破损、裂纹等损伤；车内门窗玻璃升降自如（这一点根据评估人员主观感受判断）；从车内色彩、布局、乘坐、操作是否方便轻松来判断是否舒适；检查车辆的视野、车内噪声、振动的大小、车内音响和空调等是否正常。

一、检查内饰件是否老化

由于车辆内饰件的材料以塑料和真皮等为主，容易老化，鉴定时应特别注意。一些车辆由于库存时间较长或者商家长期烈日或者潮湿的环境下存放，内饰件的老化较明显，所以要特别加以注意。检查内饰件的要点是：一看仪表台的塑料件是否有陈旧或者变形脱色的情况，二看座椅的面料是否有老化变色或者磨损的现象。具体内容如下：

二手车内饰的检查

1）车窗玻璃应升降自如，上升能到顶、下降能到底，侧滑窗开关应轻松自如、推拉顺畅和密封良好。

2）仪表板上各种仪表应齐全有效，不反光，不被任何物体遮挡，象形图案能准确理解，易于识别。

3）用手晃动转向盘，上下不应有间隙，左右自由行程不应过大，表面手感要好。

4）座椅表面应清洁完好，无破损、划伤。前排座椅可前后自由移动，并有多个位置可固定，供乘员自由选择适当的乘坐位置。

5）坐好后，手放在转向盘上，左脚踏离合器踏板，应感觉轻松自如，并有一小段自由行程；右脚踩下制动踏板不放，其应保持一定高度，若其缓慢下移，则表示制动系统有泄漏现象；加速踏板不应有犯卡、沉重和不回位的现象，当脚放在加速踏板上时，应自然舒适（这样才能保证长途驾驶不疲劳）。

6）车门、车内的软化内饰板应装卡到位，手推下去不应松脱。

7）打开发动机舱盖，先检查水箱补充液、清洗液、动力转向液、润滑油和制动液面是否正常。若不正常，应怀疑有泄漏。液罐外表要干净，无水痕、油渍，液面在最高与最低刻度之间为正常。蓄电池的极柱与导线的连线应可靠、良好，用手扳动时无松动现象。

8）查看安全气囊。配备有安全气囊的二手车，如果在发生意外时安全气囊已经报废，若重装一个（尤其是原装的）价格非常高，因此很多二手车商在卖车时干脆不再安装，而一般人如果不把整个装置拆下来是不会发现的，所以在鉴定的过程中如果有必要，要通过专业手段进行查看。

9）查看有无水浸痕迹。雨季经常会发生汽车水浸事件，每年都会有不少汽车被水浸过，而这种汽车的电路很快就会"毛病"百出。鉴定过程要注意：一是要注意水位线，最好把车辆举升起来查看车底部位；二是要注意新换的地毯及座位皮套，把地毯一角翻起来查看下面的痕迹，仔细闻一闻有没有发霉的气味；三是注意生锈的痕迹，查看车门的铰链部分、车内地毯之下、座位下的钢铁部分及备用轮胎的固定锁部位有没有生锈的痕迹。

二、内饰翻新的辨别

车况良好的车辆内饰一般很干净。仪表台的各个部件和门板上的配件均无损坏，地胶、脚垫和座套一应俱全。但是，二手车主在买卖之前会进行内饰的翻新、清洗，掩盖二手车的真实车况。对此，要着重了解辨别方法。首先把座套拿下来，查看原车的座椅是否有漏洞等损坏，左、右两个座椅是否是成对的，地胶和脚垫是否是用低廉劣质的材料制成的。其次仔细查看仪表台和门板上的配件是否有新旧之分、颜色反差。新一些的就是后换上去的副厂配件。副厂配件通常很便宜，但是跟正厂配件相比尺寸会稍有差异。装上这些副厂配件会出现缝隙、颜色稍有差异，使用起来很不顺畅等，可动一动出风口、升降一下车窗玻璃等来感觉一下。

单元四　二手车发动机及发动机舱内部勘验

知识目标

- 了解发动机及发动机舱勘验的重要性。
- 掌握发动机勘验的工作项目。

能力目标

- 能够判断发动机的故障原因。
- 能够对发动机舱外观进行勘验。
- 能够对发动机的不同运转状态进行勘验。

思政元素融入

- 加强职业道德教育，树立诚信评估、全心全意为人民服务的信念。
- 加强职业行为教育，做到二手车技术状况鉴定的信息公平、公正、公开。

建议采用案例教学、理论讲授、实训练习、小组展示互评、线上测试等形式完成课程内容。

相关知识

发动机是汽车的"心脏"，是车辆正常行驶的重要保障。一辆二手车发动机性能的好坏不仅关系到车辆的正常使用，而且对车辆的剩余价值和交易结果有着举足轻重的作用。发动机部分的检查在二手车鉴定过程中是一个最重要的环节。

如果把一辆车的生命周期分为磨合期、成熟期和衰退期，那么通常磨合期在 1 万 km 以内，而后进入成熟期。现在一般轿车如果驾驶和维护良好，可能行驶到 30 万 km 以上才进入衰退期。这里所指的"衰退"指汽车核心部件——发动机的衰老。

一、发动机出现故障的可能因素

1. 不按期维护

通常人们总是喜欢在车辆改装上投入大量资金，但却容易忽视发动机的定期维护。经研究发现，车辆因发动机维护不良造成的故障占总故障的 50% 以上。可见，发动机维护对延长车辆使用寿命能起到至关重要的作用。

因此，在二手车鉴定的时候，如果卖方能够提供 4S 店的正规维护记录及证明，对提高二手车的评估价格是非常有帮助的。

2. 机油变质或机油滤芯堵塞

不同等级的机油在使用过程中油质都会发生变化。车辆行驶一定里程之后,其性能就会恶化,从而可能会给发动机带来种种问题。为了避免这些故障的发生,应该结合使用条件定期更换油,并使油量适中,一般以液面到达机油尺上、下限之间为宜。

当机油从机油滤芯的细孔通过时,把油中的固体颗粒和黏稠物会积存在滤清器中。当滤清器堵塞,机油不能顺畅通过滤芯时,会胀破滤芯或打开安全阀,从旁通阀通过,把脏物带回润滑部位,使发动机磨损加快,内部的污染加剧。因此,机油滤芯的定期更换同样重要。

3. 空气滤芯堵塞

发动机的进气系统主要由空气滤芯和进气道两部分组成。根据不同的使用情况,要定期清洁空气滤芯,其方法为用高压空气由里向外吹,把滤芯中的灰尘吹出。由于空气滤芯为纸质的,所以吹的时候要注意空气的压力不能过高,以免损坏滤芯。空气滤芯一般在清洁3次后就应更换新的,清洁周期可以根据日常行驶区域的空气质量确定。

4. 进气管道过脏

如果车辆经常行驶于灰尘较多、空气质量较差的路况区域,就应该注意清洗进气管道,保证进气的畅通。进气管道对于发动机的正常工作非常重要,如果进气管道过脏,就会导致充气效率下降,从而使发动机不能在正常的输出功率范围内运转,加剧发动机的磨损和老化。

5. 曲轴箱油泥过多

发动机在运转过程中,燃烧室内的高压未燃烧气体、酸、水分、硫和氮的氧化物经过活塞环与缸壁之间的间隙进入曲轴箱中,与零件磨损产生的金属粉末混合在一起形成油泥。少量的油泥可在油中悬浮,而当油泥量大时就会从油中析出,堵塞滤清器和油孔,导致发动机润滑困难,从而加剧发动机的磨损。此外,机油在高温时氧化会生成漆膜和积炭,粘结在活塞上,使发动机油耗增大、功率下降,严重时使活塞环卡死而拉缸。

6. 燃油系统维护不善

燃油系统的维护包括更换汽油滤芯、清洗喷油器以及供油管路。燃油在通过油路供往燃烧室燃烧的过程中,不可避免地会形成胶质和积炭,从而在油道、喷油器和燃烧室中沉积下来,干扰燃油的流动,破坏正常空燃比,使燃油雾化不良,导致发动机出现喘抖、爆燃、怠速不稳和加速不良等现象。使用燃油系统清洗剂清洗燃油系统,能够使发动机始终保持最佳状态。

7. 散热器生锈、结垢

散热器生锈、结垢是最常见的问题。锈迹和水垢会限制冷却液在冷却系统中的流动,降低散热的作用,导致发动机过热,甚至造成发动机的损坏。冷却液氧化还会形成酸性物质,腐蚀散热器中的金属部件,造成散热器破损、渗漏。定期使用散热器强力高效清洗剂清洗散热器,除去其中的锈迹和水垢,不但能保证发动机正常工作,而且可延长散热器和发动机的整体寿命。

8. 冷却系统不良

汽车发动机最常见的故障,如活塞拉缸、爆燃、缸体冲床内漏、产生严重的噪声和加速动力下降等,都是由于汽车发动机的工作温度异常,压力过大,冷却系统状况不良而造成的。冷却系统状况不良将直接导致发动机不能在正常的温度下工作，从而产生上述的故障现象。

二、发动机外观检查

有些发动机及发动机舱的问题通过外观可以直接地显现出来，外观检查主要遵循由上及下、由外及内的顺序进行检查。

1. 发动机舱盖内部检查

发动机舱的勘验

发动机舱盖内是隐藏秘密最多的地方。打开发动机舱盖后，首先仔细查看发动机舱盖的内侧有没有烤过漆，发动机舱盖上方和发动机舱盖边缘及内侧油漆过渡是否自然。如果有烤过漆的痕迹，说明发动机舱盖撞击损坏过。其次，查看发动机机体下方的两条纵梁或两内侧副梁。正常情况下，这些地方都应留有圆形点焊的痕迹，若点焊形状大小不一，则此车有可能遭受过撞击。另外，防水胶条是否平顺也是判断车辆是否受到碰撞的依据。查看发动机的外部是否堆积机油和灰尘，如果很多，说明车主平时不注意维护车辆，但若特别干净也需要注意，可能是卖主特意将发动机进行了清洗。

2. 检查散热器

首先从保险杠内侧查看散热器的新旧程度。如果散热器的新旧程度与车龄明显不符，就有可能是车辆前部发生撞击更换过散热器。其次打开散热器盖，查看冷却液液面上是否有粉屑、油污等杂物飘浮。如果有油污漂浮，可能是机油渗入到冷却液内。如果有锈蚀的粉屑，说明散热器内的锈蚀情况很严重。这都表示该车的发动机状况不是很好。最后检查散热器的上、下两处胶管有无裂痕，散热器盖关闭是否紧密。试车后，查看散热器盖是否沾有油迹。如果有，则表示气缸垫有漏气。

3. 检查发动机舱及下方

首先检查发动机舱及下方有无油污。若有油污，则说明可能是发动机的中央部分（如气门室盖垫处或油底壳处）漏油，而发动机漏油会给日后的维修造成很多麻烦。其次，取出机油尺观察机油是否浑浊或起水泡。通常机油颜色无色透明为最佳，机油液面过高表示可能烧了气缸垫，而过低可能是机油窜入燃烧室，与汽油一起被烧掉了，意味着需要大修。

4. 感觉发动机的性能

发动机起动后，当踩下加速踏板时若感觉其反应很慢，则有可能是燃油或起动系统有故障。加速踏板响应要迅速，发动机转速反应应良好，声音浑厚。

三、发动机起动系统检查

发动机起动是发动机正常运转的首要条件。起动系统在车辆的使用过程中有可能发生起动困难或者无法起动的故障，因此在检查过程中要围绕着这两个现象进行检查。

1. 起动前的准备

目前市场上多数是免维护蓄电池，查看蓄电池的时候，注意检查蓄电池窥视口内液体颜色是否变白，蓄电池是否过老、年限过期。

2. 起动状况的检查

在正常情况下，用起动机起动发动机时，应在3次内起动成功。起动时，每次时间不超过 10s，再次起动时间要间隔 15s 以上。若发动机不能正常起动，则说明发动机的起动性能不好。如果由于发动机曲轴不能转动而导致发动机无法起动，其主要原因可能是蓄电池电量不足或起动机工作不良，也可能是发动机运转阻力过大。检查发动机起动阻力时，应拆下全部火花塞或喷油器，人工转动曲轴，检查运转阻力是否合适。另外，要防止在温度太低时起动。

如果起动时曲轴能正常转动，但发动机起动仍很困难，对于汽油发动机，其原因主要可能是点火系统点火不正时，火花塞火弱或无火；燃油系统工作不良，使混合气过稀或过浓；气缸压缩压力过低等。对于柴油发动机，除气缸压缩压力过低外，燃油中有水或空气，输油泵、喷油泵和喷油器工作不良，燃油系统管路堵塞等，都可能导致发动机起动困难。

四、发动机无载荷检查

1. 怠速检查

怠速工况下，发动机应在规定的转速范围内稳定地运转。如果怠速转速过高或运转不稳定，则是发动机怠速不良。如果是汽油发动机，怠速不良的主要原因有点火正时、气门间隙、配气正时或怠速调整不当，真空漏气，曲轴箱通风单向阀不密封或阻塞、怠速时不能关闭；废气再循环装置或燃油蒸发排放装置不正常；点火系统或供油系统工作不正常；气缸压力过低或各缸压缩压力不一致等。

如果是柴油发动机，怠速不良的主要原因是供油正时、气门间隙、配气正时或怠速调整不当；燃油中有水、气或黏度不符合要求；各缸柱塞、出油阀偶件及喷油器工况不一致或调速器锈蚀、松旷、弹簧疲劳，供油拉杆对应的拨叉或齿扇松动等，导致各缸喷油量或喷油压力不一致；气缸压力过低或各缸压缩压力不一致等。

2. 检查急加速

待冷却液温度、油温正常后，改变节气门开度检查发动机在各转速下运转是否平稳，改变转速时应过渡圆滑。迅速踩下加速踏板，发动机转速提高，观察发动机转速是否能够反应灵活，发动机应无"放炮""回火"等现象。当加速踏板踩到底时，迅速释放加速踏板，发动机转速应该迅速降低，但不能熄火。

检查过程中，注意机油压力、冷却液温度应符合规定值。

3. 检查发动机是否窜油、窜气

打开机油加注口，缓缓踩下加速踏板，如果窜气严重，就可以观察到油雾气。若窜气不严重，可以将一张白纸放在离机油加注口约 50mm 处，然后加速，白纸上会有油迹，严重时油迹面积较大。

4. 检查排气颜色

正常的汽油机在工作时排出的气体应是无色的。当柴油机带载荷运转时，排气颜色一般为浅灰色；当载荷略重时，则为深灰色。如果排气颜色为蓝色，说明机油窜入燃烧室，气缸内有机油燃烧。若机油油面正常，就是活塞环与气缸壁间隙过大或气缸进气不畅，致使机油吸入燃烧室。如果排气管冒黑烟，就是因为混合气过浓、点火时刻过迟等原因。如果冒白烟并喷水，表明燃烧状况良好，发动机状态良好。

如果感觉不出来颜色上的差异，可以在距离排气管 50mm 处用手掌来感觉。如果排出来的是蓝烟，则手掌上会有雾状机油；如果是黑烟，则手掌会被熏黑；如果是白烟，则手掌上

会有水雾一样的烟。

五、发动机声音辨别方法

鉴于现在中高档车辆的隔声效果良好,在嘈杂的环境中,不容易辨别出发动机的异响声。因此,建议将车辆置于比较安静的位置后认真倾听发动机的声音。

起动发动机,在起动过程中,电动机不应出现尖啸声,发动机怠速"突突"声应均匀平稳,无异常响声。然后,轻踩加速踏板,让发动机转速缓缓提高,在此过程中应无杂声;发动机转速超过最高功率点转速后,声音一般都比较明显,但如果出现金属摩擦声,就可能有异常情况。当快速踩下加速踏板后,发动机动力提升的声音应顺畅无阻。

六、发动机积炭的辨别

积炭的危害严重,它是鉴定二手车发动机状况最重要考虑的因素之一。积炭可以分为气门、燃烧室积炭和进气管积炭两种。

汽车鉴定时,对于进气管积炭的诊断非常简单,只要把节气门拆下就可以很清楚地看到积炭的程度了。但是对于气门积炭的诊断较难,一般在专业的维修店里有以下 3 种诊断方法:

(1) 解体法　就是把发动机拆开,检查是否有积炭产生。这样很直观,但是耗时耗力,而且不管什么部件每拆装一次都会影响其性能,减短其使用寿命。

(2) 内窥镜检查　把火花塞或喷油器拆下,用内窥镜来观察气门积炭的程度。这种方法很方便,但是内窥镜的成本较高,而且其在维修中的使用频率较少,不是所有的维修企业都配置了该设备。

(3) 观察反馈电压变化　用诊断计算机来读取氧传感器反馈电压的变化,以此间接检测积炭的存在。通常,正常氧传感器反馈电压在 0.3~0.7V 范围内波动,而且应该在 10s 之内有 8 次极大值和极小值的交替变化。一旦气门产生了积炭,则氧传感器的反馈电压波动会变大,例如由原来的 0.3~0.7V 变成 0.1~0.9V,而且这个电压的中心值会变大,同时变化的频率会减缓。用诊断计算机读取氧传感器反馈电压变化的方法省时省力,但是如果车本身的控制系统有故障,就不能很准确地作为判断依据,还会误导没有经验人员的故障诊断思路。另外,这种诊断方法只能针对闭环电喷汽车使用,因为只有闭环控制的系统才配备氧传感器。

单元五　二手车底盘勘验

知识目标

◆ 了解底盘勘验的重要性。
◆ 掌握底盘勘验的工作项目。

能力目标

◆ 能够正确、熟练地对二手车底盘进行勘验。

思政元素融入

◆ 加强职业道德教育，树立诚信评估、全心全意为人民服务的信念。
◆ 加强职业行为教育，做到二手车技术状况鉴定的信息公平、公正、公开。
建议采用案例教学、理论讲授、实训练习、小组展示互评、线上测试等形式完成课程内容。

相关知识

在二手车鉴定评估过程中，对车辆底盘的检测和评估是非常重要的。在车辆底盘上，可以看出车辆在使用过程中不易察觉的痕迹。因为在车辆出现事故时，车辆底盘往往只会做修复处理，即使是更换零件，也比较容易辨认，所以只要是事故车，仔细检测底盘便能找出痕迹，利于做出准确的评估。

像美国、日本等二手车交易量比较大的国家，在检测二手车时一般是依据底盘检测数据来给车辆定价的。在我国，目前二手车底盘检测设备并没有普及，只有极少数的二手车鉴定评估公司拥有这样的设备，大多数情况只是通过二手车评估师的感官判断的。

首先，检查车辆车架有无二次焊接或开裂、弯曲的痕迹，如果车辆发生较严重的事故，车架就会出现开裂或者弯曲现象，如果进行维修就会出现修复的痕迹。即使是修复效果很好，但是由于在修复的过程中多采用了局部修复的方法，所以很容易从老化程度上分辨出与车辆出厂时的不同之处。其次，检查车辆各处有无漏油现象，可以检查发动机、变速器、制动系统、减振器和排气管等部位。

通常，已经使用了7~8年或更久的车辆，底盘出现凹凸不平的现象属正常情况。若只使用了2~3年的车辆底盘并不平整、刮花痕迹较严重，就应考虑其车况，至少，这从一个侧面暴露出原车主在驾驶时不太注意车辆保护。

一、油底壳和机油滤清器

装有发动机护板的车辆需要拆下护板才能看到油底壳和机油滤清器。仔细观察油底壳上是否有大量油液。如果漏油，需要尽快到维修站维修，因为机油一旦大量漏出，将严重影响润滑系统的正常工作。

漏油现象可能是因为产品（配件）质量、材质或工艺不佳和结构设计存在问题而引起的，但装配不当，部件表面不清洁，衬垫破损、位移或未按操作规程规范进行安装也会导致漏油情况的出现。此外，紧固螺母拧力不均、滑丝断扣或松动脱落等导致工作失效，密封材料长期使用后磨损过限、老化变质和变形失效等也会引发漏油现象。

当然，在二手车鉴定前，车主可能已将底部的油迹擦拭掉，所以要仔细观察是否有曾经渗油的痕迹。渗油的位置会在车辆行驶过程中沾上灰尘，产生油泥。

另外，通过检查机油滤清器的新旧程度，可以大概推断出上次维护的时间。车辆日常维护中最重要的一项就是更换机油滤清器，它属于易耗品，所以要尽可能多地注意。对于没有安装发动机护板的车辆，由于少了护板的保护而使油底壳和机油滤清器暴露在外，需要更加仔细地检查。还要注意机油感应塞部分，这个部分是容易产生渗油的部件，因此应留意发动机下方有无油泥或渗油迹象。

二、发动机护板

发动机、变速器壳体勘验

发动机护板的作用是保护发动机，但不是任何车辆都配备。发动机裸露在底盘之外的是其油底壳部分，而外露的形式给它带来了受到路面障碍物损坏的可能性。护板是避免这种损伤的有效防护，不能因为其是护板，就忽视了对它的检查。

三、变速器壳体

变速器一般不需要护板保护而直接暴露在外，检查的时候要特别注意它是否漏油，尤其是自动档车型。变速器漏油几乎都是因为内部油封损坏，这时候需要把变速器拆下更换油封，工作量比较大。这样的车辆对鉴定结果会有极大的影响。

四、排气总成

排气尾管的检查

一般家用轿车的横置式发动机都是采用后进、前排的形式。在发动机机舱内只能看到排气管的一小部分，它的大部分是固定在底盘上的，但可以通过对排气管总成的观察，找到是否有锈蚀的痕迹及破损的情况。通常情况下，排气管是比较容易被污水及废气腐蚀的，一旦出现这种情况，就要考虑焊补或更换部分部件及其修复的成本。

顺着排气管总成向车尾检查，观察在排气管尾段的消声器上是否出现焊补的痕迹。在正常使用情况下，发动机排出高温废气，通过排气管排至车尾，并最终排出。发动机产生的废气中含有 HC、NO_x、CO 和微粒等，而高温下的水汽慢慢排向尾段排气管，冷凝后形成水，这些水长期会腐蚀尾段消声器。排气管尾段的消声器出现腐蚀渗漏后，排气的声音会变成不规则的"噗噗"声。解决的办法是更换尾段排气管或者焊补。

减振器、轮胎的勘验

五、减振器

减振器是汽车使用过程中的易损配件，减振器工作的情况直接影响汽车行驶的平稳性和其他机件的使用寿命，因此应使减振器经常处于良好的工作状态。可用下列方法检验减振器的工作状态是否良好：

1）使汽车在道路条件较差的路面上行驶 10km 后停车，用手摸减振器外壳。如果不够热，说明减振器内部无阻力，减振器不工作，可加入适当的减振器油，再进行试验。若外壳发热，则为减振器内部缺油，应加足量减振器油；否则，说明减振器失效。

2）用力下压保险杠，然后松开，如果汽车有 2~3 次跳跃，则说明减振器工作良好。

3）当汽车缓慢行驶而紧急制动时，若汽车振动比较剧烈，说明减振器存在故障。

4）拆下减振器将其直立，并把下端连接环夹于台虎钳上，用力拉压减振杆数次，此时应有稳定的阻力，往上拉（复原）的阻力应大于向下压时的阻力，如果阻力不稳定或无阻力，可能是减振器内部缺油或阀门零件损坏，应进行修复或更换零件。

六、防尘套

由于整个部件要承载车辆转弯时的动态变化，需要绝对防尘，所以防尘套只能采用橡胶制作，而且反复转向或过度转向会加剧防尘套的损坏。经验丰富的驾驶人都知道转向时转向盘不能"打死"，这是为了保护转向机，也是为了保护防尘套。防尘套的更换相对比较复杂，需要拆卸轮胎、制动盘等部件后才能更换。检查过程中要注意检查防尘套是否破裂，并用手抻开防尘套，看有无开裂痕迹。

七、轮胎

举升车身观察轮胎的磨损情况（4只轮胎都要观察），特别要观察轮胎内侧的情况。轮胎是汽车唯一与地面接触的部分，而且连接着悬架、减振、转向和制动等部件，所以对其的检查尤为重要。轮毂要仔细检查，如果轮毂发生磕碰造成缺陷，则对评估结果有不良影响。

1）如果轮胎花纹中间磨损严重，则很可能是胎压长期过高导致的；如果轮胎花纹两侧磨损，说明车主经常在胎压过低的状态下行驶。

2）检查前轮时，如果左、右轮胎的磨损不均匀，则有可能是前束或外倾角不正确，也可能是转向器间隙过大，或转向机构连接松旷导致的。

3）检查二手车轮毂轴承。可以把车辆举升起来或者驶上地沟，用手转动车轮，查看车轮转动是否平稳无噪声。

另外，有些车主使用的轮胎品牌不同，轮胎的摩擦系数不同，花纹也不同，造成安全隐患。轮胎的花纹对轮胎的摩擦系数影响很大，花纹不同使汽车在行驶中轮胎的磨损程度不同，从而造成汽车的制动阻力不一致，导致防侧滑等系统始终保持工作状态，对汽车本身有很大的损害。二手车鉴定过程中对这方面问题要加以重视。

八、转向系统

汽车转向系统常见的故障主要是转向盘转动过大、操纵不稳定、前轮摆动、跑偏和转向沉重等。由于转向系统关系到车辆行驶的安全和稳定，所以转向系统的检查在二手车鉴定中必不可少。其具体检查步骤如下：

1）将车辆停放在平坦路面上，左右转动转向盘，从中间位置向左或向右转动时，转向盘游动间隙不应该超过15°。如果是带助力的车辆，最好在起动发动机后做检查，也就是常见的"原地打轮"。

2）可以用两手握住转向盘，上下左右摇动，此时应没有松旷感。如果感觉很松，就需要调整转向轴承、横拉杆和直拉杆等。

3）在路试时做几次转弯测试，检查在转动转向盘时是否有沉重感。如果有，则可能是横拉杆、前车轴和车架弯曲变形，以及万向节轴承缺油等原因造成的。

4）如果在路试时发现前轮摆动、转向盘抖动（即"摆振""转向盘打摆"），最有可能是转向系统的轴承过松、横拉杆球头磨损松旷、轮毂轴承松旷、车架变形或者是前束过大造成的。

单元六　二手车车辆路试

知识目标

- 了解二手车路试的重要性。
- 掌握二手车路试的流程和工作项目。
- 掌握二手车路试常见的故障。

能力目标

- 能够熟练地按照正确流程对二手车进行路试。
- 能够对路试二手车的常见故障进行辨别。

思政元素融入

- 加强职业道德教育，树立诚信评估、全心全意为人民服务的信念。
- 加强职业行为教育，做到二手车技术状况鉴定的信息公平、公正、公开。
- 树立改革创新意识，培养精益求精的"工匠精神"。

建议采用案例教学、理论讲授、实训练习、小组展示互评、线上测试等形式完成课程内容。

相关知识

二手车路试检查是二手车现场勘察的一个重要的勘察项目，它不仅能发现一些静止车辆不容易发现的细微问题，还可以极为真实地反映出车辆的技术状态。

一、路试前的准备工作

现代汽车功能越来越多，控制也越来越复杂，但主要的车身内部操作按钮和仪表指示灯是不变的。因此，检查各仪表灯光及功能按钮是必不可少的一项工作。

1. 指示灯的检查

将点火开关转到一档，所有的指示灯都会亮起。此时，不要着急发动车辆，首先检查各指示灯工作是否正常，包括 ABS、蓄电池、驻车制动灯和发动机故障灯等。在发动车辆前，ECU 系统会自动检测车辆各项指标并通过指示灯反映出来。冷却液温度表是一个容易忽视的环节，尤其是在冬天，冷车状态下冷却液温度较低时一定要特别注意冷却液温度高低，否则就需要检查防冻液是否需要更换。通常，车辆运行状况可以通过仪表板上的指示灯来判断，下面为几种灯亮时的含义。

（1）仪表板的机油灯亮起　此时有两种可能性，一是机油量不足，发动机无法受到机

油完全润滑，但正常情况下机油并不会大量消耗，所以有可能是机油外泄；二是机油泵压力不足，此时应尽快熄火，以免车辆在没有机油润滑的状况下继续运转造成发动机受损。

（2）仪表板上水位灯亮　由于膨胀水箱中的水不会无缘无故减少，应该是冷却系统发生了故障，有两种可能性，一是系统某处有漏水现象，二是温度太高，冷却系统压力升高将水挤出。

（3）制动液液面灯亮起　这可能是制动系统漏油，或者是制动片过度磨损，最好立即停止行驶，否则有可能因制动失灵而造成危险。另外，ABS灯亮起表示制动系统没有防抱死作用，但仍有制动功能，必须入厂维修。

2. 灯光的检查

人们选购二手车时，通常在白天，因此检查车灯的环节通常会被忽视。其实在白天也可以进行车灯的检查。如果室外光线过强，可以把车辆行驶到面对墙面的位置，打开灯光检查是否有故障、变光是否正常，有无明显的左、右灯光光线高低不一致、远近差别过大等现象。

不同车型车灯颜色通常有所不同。新款豪华汽车的车灯颜色在白天也呈明显白色，中档汽车车灯的颜色在白天则呈略微黄色。豪华汽车车灯颜色偏黄，或中档汽车车灯颜色显得较黄，就表明其灯光穿透力比较弱，会对夜间行车安全造成一定影响。

3. 空调的检查

无论是什么季节鉴定二手车，冷、暖风的检查都不能忽视。在夏天往往觉得空调制冷就可以了，但也要把按钮调到暖风看看是否能正常工作。如果没有冷风或是制冷不明显，则应检查空调系统是否不工作、泄漏，需要清理或者加氟；若暖风有故障，则应该检查膨胀水箱情况。

空调出风口温度检查

4. 音响的检查

查看各扬声器是否有声音，CD工作情况及收音机的效果，各个音箱是否有异响。虽然这些都是功能键，但检查做到细致入微，对准确给出鉴定结果的帮助是很大的。

5. 其他检查

其他检查就是车辆中控锁、备用钥匙和各座椅调整按钮及刮水器等的检查。这些小细节都是在路试过程中顺便检查的。要上路试车自然能够拿到车钥匙，但仍要查看是否有备用钥匙，而车辆是否加装过防盗系统、防盗系统的品质如何、各中控锁工作是否正常等。

不要到真正需要打开刮水器的时候再去测试它是否能正常工作，这些都是试车时应该检查的，尤其是两厢车后窗玻璃的刮水器是否完好，往往容易被忽视，而且要注意喷洒"玻璃水"的管道是否通畅，有的使用年限长的车这个通道容易老化或不通，从而给行驶带来不便。

座椅调整也很重要。每个驾驶人有自己习惯的驾驶位置，因此应仔细检查各座椅是否可以自如调节，尤其是那些自动调节的座椅。若调节不畅，则手动调节座椅往往是因为零件老化，而自动调节座椅可能是按钮的功能受损。

二、开始路试

路试时间最好控制在10~15min。首先原地空档踩几下加速踏板，让转速提升到4000~5000r/min，听听发动机声音是否明快，看看转速表显示是否即时。观察放松加速踏板后转速表是否能迅速下降并保持在正常怠速。注意，如果转速下降超过怠速值并伴随有车抖动或熄火，那么车辆就存在明显的故障。

1. 离合器检查

在衡量二手车整体价值方面，离合器并非关键部分，对价格的影响也不大，但在鉴定二手车时，应该做必要的检查，做到对车况心中有数。在检查离合器时，一定要注意以下几个方面：

1）起动汽车，把离合器踏板踩到底，查看挂档的时候有没有感觉到困难，或是变速器齿轮有没有出现异常的声响。另外，试着不要人为抬起离合器，挂档后看车辆会不会自动行驶，如果可以，说明该车的离合器分离不够彻底。

2）检查离合器是否会出现打滑现象。因为如果离合器出现打滑，车辆就会有起步困难、加速无力、重载上坡时有明显打滑甚至发出难闻气味等现象。检查离合器是否打滑还有一个小窍门，那就是起动汽车，挂上一档，慢慢抬起离合器，如果汽车没有往前行驶，但是发动机也没有熄火，这就表明离合器存在打滑的现象。

3）检查离合器自由行程。其行程用钢直尺在踏板处测量，先测出踏板最高位置高度，再测出踩下踏板感到有阻力时的高度，两个数值的差就是该车离合器行程数值。如果不符合要求，就需要及时调整。

4）在起动车辆，踩下离合器时，要仔细听离合器是否有异响。如果有异响，就说明离合器内部零件有损坏。

2. 手动变速器检查

对手动变速器的检查，往往通过挂档、换档、听声音、检查泄漏情况来判断是否存在故障。

首先，试着进行挂档，检查各档位是否能顺利挂上，有没有感觉到挂档困难。如果发现变速器挂档时不能到位，或有异常的声响，或者挂上档之后很难挂回空档，这就大大影响了车的价格。出现此类问题的二手车一定要及时进行修理，排除故障。

其次，在进行挂档检查后，熄灭发动机，用手摇动变速杆。如果变速杆很松，能任意摆动，这可能是定位销出现问题造成的；如果变速杆没有出现这类问题，但挂档的时候依然很困难，则可能是同步器出现问题造成的。

最后，起动汽车进行行驶测试。在行驶中，如果出现变速杆自动跳回空档，这有可能是齿轮和齿套出现了严重的磨损，致使轴承松动，轴向间隙过大造成的。另外，在挂档时出现异响，这有可能是齿轮工作时撞击造成的，其原因是变速器壳体有损伤，或者是部分齿轮有损伤造成啮合过程中的撞击。

3. 加速系统检查

首先，从起动开始。原地起步加速行驶，猛踩加速踏板看提速是否灵敏；在坡路上检查车辆提速是否有力。如果表现不佳，则说明发动机功率不足。车辆使用时间长，磨损加剧，就会造成功率损失，这是不可避免的。

其次，在路试时，如果有条件，就应检查高速行驶时最高车速和理论参数的差别，差距不应过大。在路试时，应该有目的地选择能够长距离加速的开阔路段。通过各档位高转速运转，查看提速响应及响应时间。多数情况下，能感觉到加速时车有响应或无异响，则车辆的加速系统工作正常。

最后，在测试加速系统的同时可以针对车辆（手动档）各档位间是否清晰、离合器响应是否正常进行检测。在油离配合时有无异响或抖动现象，变速器有无撞击声音或在爬坡过程吃力等都应是检查的重点。

4. 转向及行驶系统检查

在宽敞路面以 15km/h 速度行驶，向左、右转动转向盘，查看转动是否灵活，有无回正力矩，并且在放开转向盘时不应跑偏。

以 30km/h 速度行驶，挂空档后，通常轿车滑行距离不应少于 150m，不应有明显的阻滞情况。

在 40km/h 速度时，突然松开加速踏板，接着猛踩加速踏板，检查主减速器是否发出较大的声响。

5. 制动系统检查

在行驶过程中保证安全的一个重要方面就是车辆的制动系统。因此，对制动性能的路试检查是必不可少的。

以 20km/h 的速度行驶，急踩制动踏板然后松开，不应出现跑偏迹象；制动时不应有异响；松开转向盘制动，车辆应能保持原来的行驶方向；在车速达到 50km/h 时紧急制动，车辆应能立即减速，不应有跑偏迹象；检查驻车制动，在有坡度的路面拉起驻车制动器手柄看有无溜车现象。

装有 ABS 的汽车，当汽车以 30~40km/h 的速度在各种路面上全力制动时，车轮不应抱死，直至汽车快要停住为止。特别是在紧急制动情况下，看 ABS 有无响应，并且要看测试制动时车辆有无跑偏现象，这是容易忽视的一个环节。

6. 减振系统检查

进行减振系统检查时，可以把车辆驶到不平整路面，或多弯的路面。行驶中，如果有强烈的颠簸感觉，甚至发出沉闷的响声，都说明减振系统有问题，极有可能是减振器损坏或者漏油所致。

特别是改装车辆，由于其改装时往往会更换减振系统，使车辆在转弯时有较小的离心角，检查的时候要加以注意。

最后，找一段较差的路面行驶，检查汽车是否有异响或有硬物碰撞的声音。

三、路试后检查

试车后，应再次打开发动机盖，检查有无泄漏情况，如水、气、油等。检查膨胀水箱、水泵、气缸体、油底壳、机油盖、减振器周围以及连接部位是否有泄漏情况。

单元七　二手车仪器勘验

知识目标

- ◆ 了解二手车仪器勘验的重要性。
- ◆ 掌握主要的仪器及其检测方法和内容。

◆ 掌握事故车的辨别方法。

能力目标

◆ 能够熟练使用各种仪器设备对二手车的动力性、制动性、操纵稳定性进行检测。
◆ 能够熟知仪器测量的标准,并准确判断二手车工况。

思政元素融入

◆ 加强职业道德教育,树立诚信评估、全心全意为人民服务的信念。
◆ 加强职业行为教育,做到二手车技术状况鉴定的信息公平、公正、公开。
◆ 树立改革创新意识,培养精益求精的"工匠精神"。

建议采用案例教学、理论讲授、实训练习、小组展示互评、线上测试等形式完成课程内容。

相关知识

二手车鉴定过程中,有一些数据或结论不易得出,凭借经验或者表象不足以产生准确的结论。因此,还需要对车辆进行仪器检查来得出更精确的结论。

当然,仪器勘察一般给出的是数据结论,但由于二手车不同于新车,所以在车辆数据性能上不能一概而论。

一、二手车动力性能仪器检测

1. 汽车动力性

汽车动力性检查是指在良好、平直的路面上行驶时,汽车由所受到的纵向外力决定的、所能达到的平均行驶速度。汽车动力性评价指标为最高车速、加速能力、最大爬坡度、发动机最大输出功率和底盘输出最大驱动功率。

汽车动力性直接影响汽车平均技术速度,动力性越好,汽车以最快的运输速度完成运输工作的能力越高。因此,动力性是汽车的重要使用性能之一。

动力性代表了汽车行驶可发挥的极限能力。在评价汽车动力性时,由于汽车用途和使用条件的不同,要求也不一样。例如经常在公路上行驶的汽车,起主要作用的是汽车最大速度,而加速度的要求居于次位;城市内行驶的汽车正好相反,由于城市内交通繁忙,汽车在行驶中需要经常制动、停车和起步,汽车加速性能便成为评价这类汽车的主要指标。

2. 汽车的动力性检测方法

汽车动力性的检测方法包括道路试验和室内台架试验。汽车动力性室内台架试验的方式,主要是用无外载测功仪检测发动机功率,底盘测功机检测汽车的最大输出功率、最高车速和加速能力。

室内台架试验不受气候、驾驶技术等客观条件的影响,只受测试仪本身测试精度的影响,测试条件易于控制,所以汽车检测站广泛采用汽车动力性室内台架试验方式。

(1) 汽车底盘输出功率的检测方法

1) 在动力性检测之前，必须按汽车底盘测功机说明书的规定进行试验前的准备。台架举升器应处于举升状态，无举升器者，滚筒必须锁定；车轮轮胎表面不得夹有小石子或坚硬物。

2) 汽车底盘测功机控制系统、道路模拟系统、引导系统和安全保障系统等必须工作正常。

3) 在动力性检测过程中，控制方式处于恒速控制，当车速达到设定车速（误差±2km/h）并稳定5s后（时间过短，检测结果重复性较差），ECU才可读取车速与驱动力数值，并计算汽车底盘输出功率。

4) 输出检测结果。

(2) 发动机功率的检测方法　用发动机无外载检测仪检测发动机功率，方法简单，检测快捷，在规范操作的前提下，可对发动机动力性检测与管理提供有效依据。其检测方法具体步骤如下：

1) 起动发动机并预热至正常状态，同时，接通无外载测功仪电源，连接传感器。

2) 按仪器使用说明书进行操作。

3) 从测功仪上读取（或计算）发动机的功率值。

二、二手车制动性能仪器检测

车辆的制动性能检测主要是在检测站内进行，应用一些专业检测设备而得出检测结果数据。

检测方法包括台试检测和道路试验检测（以满载的测试结果为准）。

三、二手车车轮侧滑检测

侧向滑移量的大小与方向可用汽车前轮侧滑试验台来进行检测。

为了消除前轮外倾带来的不良后果，在安装前轮时，人为地使两轮中心平面不平行。在沿前进方向上，两轮前端距离小于后端距离。

四、汽车前照灯检测

前照灯的技术状况可用屏幕法和前照灯校正仪检测。本书主要介绍前照灯校正仪的使用方法。

1. 前照灯发光强度的检验标准

《机动车运行安全技术条件》（GB 7258—2017）规定，机动车每只前照灯的远光光束发光强度应达到表3-3的要求。测试时，其电源系统应处于充电状态。

表3-3　前照灯远光光束发光强度要求　　　　　　　　　　（单位：cd）

车辆类型	新注册车			在用车		
	一灯制	两灯制	四灯制	一灯制	两灯制	四灯制
三轮汽车	8000	6000	—	6000	5000	—
最大设计车速小于70km/h的汽车	—	10000	8000	—	8000	6000

(续)

车 辆 类 型		新注册车			在用车		
		一灯制	两灯制	四灯制	一灯制	两灯制	四灯制
其他汽车		—	18000	15000	—	15000	12000
普通摩托车		10000	8000	—	8000	6000	—
轻便摩托车		4000	3000	—	3000	2500	—
拖拉机运输机组	标定功率>18kW	—	8000	—	—	6000	—
	标定功率≤18kW	6000	6000	—	5000	5000	—

注：1. 四灯制指前照灯具有 4 个远光光束。采用四灯制的机动车其中两只对称的灯达到两灯制的要求时视为合格。
2. 允许手扶拖拉机运输机组只装用一只前照灯。

2. 前照灯发光强度和光轴偏斜量的检测

（1）检测前的准备

1）前照灯校正仪的准备。在不受光的情况下，调整光度计和光轴偏斜量指示计是否对准机械零点。若指针失准，可用零点调整螺钉调整。

检查聚光透镜和反射镜的镜面上有无污物。若有，可用柔软的布料或镜头纸擦拭干净。检查水准器的技术状况。若水准器无气泡，应进行修理或更换。若气泡不在红线框内，可用水准器调节器或垫片进行调整。

检查导轨是否沾有泥土等杂物。若有，应扫除干净。

2）被检车辆的准备。清除前照灯上的污垢，轮胎气压应符合汽车制造厂的规定，前照灯开关和变光器应处于良好状态，汽车蓄电池和充电系统应处于良好状态。

（2）检测方法　由于前照灯校正仪的品牌、形式不同，所以其检测发光强度和光轴偏斜量的具体方法也不尽相同。这里仅介绍投影式和自动追踪光轴式前照灯校正仪的检测方法。

1）投影式前照灯校正仪的检测方法。将被检汽车尽可能地与前照灯校正仪的轨道保持垂直方向驶近校正仪，使前照灯与校正仪受光器相距 3m。用汽车摆正找准器使校正仪与被检汽车对正。打开前照灯，移动校正仪，使光束照射到受光器上。

投影屏刻度检测法要求先使光轴偏斜量指示计的指示为零，然后根据投影屏上前照灯影像中心所在的刻度值读取光轴偏斜量，再根据光度计的指示值读取发光强度值，如图 3-24 所示。

光轴刻度盘检测法要求转动光轴刻度盘，使投影屏上的坐标原点与前照灯影像中心重合，读取此时光轴刻度盘上的指示值（即为光轴偏斜量），再根据光度计上的指示值读取发光强度值，如图 3-25 所示。

2）自动追踪光轴式前照灯校正仪的检测方法。将被检汽车尽可能地与前照灯校正仪的轨道保持垂直方向驶近校正仪，使前照灯与校正仪受光器相距 3m。用汽车摆正找准器使校正

灯光检测

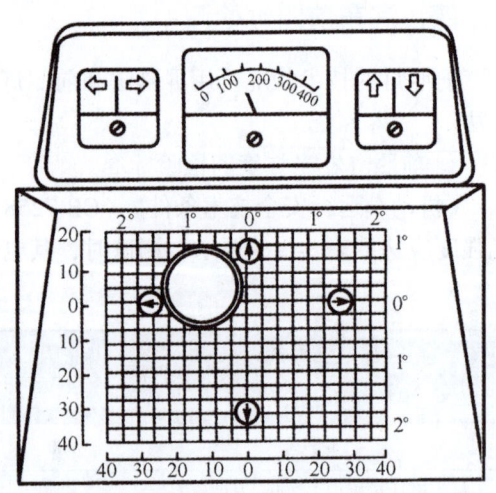

图 3-24　投影屏刻度检测法检测结果示意图

与被检汽车对正。打开前照灯，接通校正仪电源，用控制器上的上下、左右控制开关移动校正仪的位置，使前照灯光束照射到受光器上。按下控制器上的测量开关，受光器随即追踪前照灯光轴，根据光轴偏斜指示计和光度计的指示值，即可得出光轴偏斜量和发光强度值。

检测完一只前照灯后，用同样的方法检测另一只前照灯。检测结束，前照灯校正仪沿轨道或沿地面退回护栏内，汽车驶出。

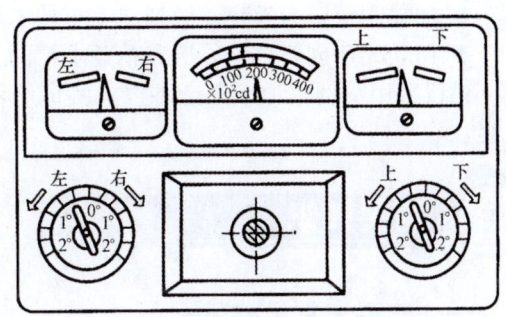

图 3-25　光轴刻度盘检测法检测结果示意图

五、四轮定位检测

一般新车在驾驶 3 个月后就应做四轮定位，以后每行驶 1 万 km、更换轮胎或减振器以及发生碰撞后都应及时进行四轮定位。

检测步骤：

1) 对悬架和转向系统进行彻底的检查。许多定位问题是由于这些部件的磨损或损坏造成的。在调整定位之前应先更换这些有缺陷的部件，并检查轮胎压力和装载度。

2) 确认车轮定位仪器是准确的。定位仪器的定期维护是很重要的，应检查定位仪器的显示、水平举升机的表面、移动转盘和后部的滑动盘等。

3) 车辆安置在定位举升机上。车辆的中心和举升机中心重合，前轮和转盘的中心重合。

4) 安装车轮夹具和传感头，进行轮毂补偿测量。当轮毂补偿测量偏差太大时，检查夹具是否安装妥当。

5) 开始定位前，将每个车轮夹具和传感头总成安装在车轮的轮毂上。

6) 安装完毕后，按照说明书的操作要求进行操作。

单元八　二手车常见故障及维护

知识目标

◆ 了解二手车常见的故障。
◆ 掌握二手车的日常维护作业项目。

能力目标

◆ 能够对二手车的常见故障进行辨别。
◆ 能够对二手车进行日常的维护作业。

思政元素融入

◆ 加强职业道德教育，树立诚信评估、全心全意为人民服务的信念。

- ◆ 加强职业行为教育，做到二手车技术状况鉴定的信息公平、公正、公开。
- ◆ 树立改革创新意识，培养精益求精的"工匠精神"。

建议采用案例教学、理论讲授、实训练习、小组展示互评、线上测试等形式完成课程内容。

相关知识

一、二手车常见故障

汽车都有常见故障，一般指出现次数多、频率高，但不会对车辆整体性能造成致命伤害的故障。汽车常见故障包括：发动机打不着火、起动困难、发动机功率下降、燃油、机油消耗量大、发动机异响（例如气门敲击声）、离合器分离不彻底、底盘传动系统发出噪声、加速时间和距离太长、行驶速度降低、转向、制动失灵、出现漏油、漏水、漏气现象、电器设备、照明灯光和其他辅助电气设备失灵等。

很多二手车由于自然劣化、原车主操作不当等原因，也会出现上述问题，但二手车经销商在收购车辆之后进行翻新时，会排除常见故障，这对二手车本身是一种增值。这些故障的成因如下：

1. 自然劣化

有些二手车辆在长期使用过程中，各个配合零部件之间互相磨损，或是介质腐蚀，材料疲劳、老化和变形。这些是自然劣化的影响，都会使某些零件失效，并引起机件间相互影响，造成恶性循环。自然劣化在10年左右的二手车常见故障中所占比例最大。

2. 设计制造先天不足

设计制造先天不足，就是车辆本身设计结构不合理、不严谨，材料选取不符合要求，强度不足，使用的零部件有制造缺陷，精度不够等。这些属于"先天不足"，必定会给车辆上路行驶造成隐患。

3. 维修维护不当

不同品牌、不同车型的车辆，生产厂家会根据结构、材料的不同，规定相应的维护措施。有些车主不认真维护车辆，不按照规范技术要求执行，使车辆技术状况不佳，加速故障的产生。例如，添加不符合要求的润滑油就会增加配合件的磨损，甚至造成烧瓦、抱轴和拉缸等故障。

4. 操作不当

原车主不正确的驾驶习惯动作以及错误的操作，会对车辆造成故障隐患，例如脚始终踩在离合器踏板上、急加速或急制动等。另外，长期超载、超速行驶，长期在恶劣路况环境和气候条件下行车，都会造成机件松动、损坏，使车辆使用寿命缩短。

二、二手车维护

二手车维护指保持和恢复二手汽车的技术性能，保证二手车具有良好的使用性和可靠性。及时正确地维护会使二手车的使用寿命延长，安全性能提高，既省钱又免去许多修车的烦恼。但是，时下"以修代保"的观念在驾驶人中仍旧存在，从而导致由于缺少维护或维护不当引起的交通事故屡有发生。因此，及时正确地维护是延长二手车使用寿命、提高二手车估值和保证行车安全的重要环节。

1. 二手车维护的分类

平时所说的二手车维护，主要是从保持二手车良好的技术状态、延长二手车的使用寿命方面进行的工作。其实维护的内容非常广泛，概括起来，主要包括以下3个方面：

（1）车体维护　车体维护又称为二手车美容，其主要目的是清除车体外和车体内的各种氧化和腐蚀，然后加以保护。它主要包括：车漆维护、坐垫、地毯维护，保险杠维护，仪表台维护，电镀加工维护，皮革塑料维护，轮胎、轮毂维护，风窗玻璃维护，底盘维护和发动机外表维护等。

（2）车内维护　车内维护是为了使车"永葆青春"，其目的是让二手车行驶几十万km无大修，保证二手车处于最佳的技术状态。它主要包括润滑系统、燃油系统、冷却系统、制动系统和喷油器的维护等。

（3）车体翻新　车体翻新，如深划痕的诊断、修复，多材料保险杠修复，轮毂（盖）的硬伤修复，皮革、化纤的材料翻新，发动机的颜色翻新等。

另外，二手车维护还分为定期维护和非定期维护两大类。定期维护包括日常维护、一级维护和二级维护，非定期维护包括磨合期维护和季节性维护。二手车维护的主要工作是清洁、检查、紧定、调整和润滑等内容。

2. 二手车维护注意事项

二手车维护不同于新车维护，但基本内容类似。首先要明确维护和修理的区别，这样有助于更好地执行二手车维护。

（1）维护和修理的区别

1）作业技术措施不同。维护以计划预防为主，通常采取强制实施的作业，而修理是按计划视需要进行的作业。

2）作业时间不同。维护通常是在车辆发生故障之前进行作业，而修理通常是在车辆发生故障之后进行作业。

3）作业目的不同。维护通常是降低零件磨损速度，预防故障发生，延长二手车使用寿命，而修理通常是维修出现故障或失去工作能力的机件和总成，恢复二手车良好的技术状况和工作能力，延长使用寿命。

（2）维护与修理的关系　二手车维护和二手车修理是密切相关的，修理中有维护，维护中有修理。在车辆维护过程中可能发现某一部位或机件将要发生故障或损坏的前兆，可利用维护时机对其进行修理，而在修理的过程中，对一些没有损坏的机件也要进行维护。

3. 二手车维护的主要内容

（1）润滑系统的深化维护　润滑系统的主要作用是对二手车发动机的各个部件进行有效的润滑，以防过度磨损。正常情况下，二手车每行驶5000~10000km就需清洗一次，如遇到发动机噪声过大、加速无力和冷却液温度过高时也需清洗一次。其主要目的是清洗发动机内部的油泥和其他沉积物，避免润滑油高温下的氧化稠化，减少发动机部件的磨损，延长发动机工作寿命，提高发动机动力。

（2）燃油系统的清洗维护（即清洗喷油器、气门积炭）　正常情况下，二手车燃油系统每行驶10000~15000km需清洗一次，或当发现发动机喘抖、迟滞和加速不良、冒黑烟、无力和费油时清洗一次。其主要目的是清除系统内部的胶质和积炭。

（3）冷却系统的清洗维护　正常情况下，二手车冷却系统在冬夏换季时应清洗一次，正常行驶中每6~8个月清洗一次，或者遇冷却液温度过高、漏水和"开锅"时清洗一次。其主要目的是清除导致发动机过热的痕迹和水垢，防止有害的腐蚀发生，避免并制止密封件和散热器的渗漏，彻底更换旧的冷却液。

（4）**变速器的清洗维护（自动变速器）** 正常情况下，二手车变速器每行驶 20000～25000km 清洗一次，或遇变速器打滑、油温偏高、换档迟缓和系统渗漏时清洗一次。其主要目的是清除有害的油泥和漆膜沉积物，恢复密封垫和 O 形密封圈的弹性，使变速器换档平顺，提高动力输出，彻底更换旧的自动变速器油。

（5）**动力转向系统的清洗维护** 二手车动力转向系统每行驶 40000～45000km 需要清洗一次，或遇转向困难和系统渗漏，更换动力转向机配件后清洗一次。其主要目的是清除系统中有害的油泥和漆膜，消除低温时的转向困难现象，制止并预防动力转向液的渗漏，消除转向噪声，彻底更换旧的动力转向液。

（6）**制动系统的清洗维护** 二手车制动系统每行驶 50000km 需要清洗一次，或遇 ABS 反应过早、过慢时清洗一次。其主要目的是清除系统中有害的油泥和漆膜，消除超高温或超低温时工作失灵的危险，有效防止制动液变质，彻底更换旧的制动液。

思考题

1. 二手车交易过户所需要的凭证和证件有哪些？
2. 如何辨别二手车是否出现过严重的事故？二手车钣金检查有哪些要点？
3. 二手车底盘检查主要包括哪些内容？
4. 二手车路试的流程有哪些？
5. 在二手车鉴定过程中，哪些现象能说明发动机工作性能不良？

项目四 二手车价格评估

 **项目引入**

受×××的委托，××××（鉴定评估机构）对一辆初次登记日期为2013年8月的奥迪A6 2.8L的家用二手轿车进行了鉴定，现需要对此车进行评估工作。

 **项目分析**

二手车价格不像新车有明确的定价，一辆汽车由成品出厂到使用报废的各个阶段，每一辆车都是有唯一性的，所以它们价值不相同。因此，对二手车的价格评估具有很重要的意义。汽车评估方法和其他资产评估方法一样，都是依照《国有资产评估管理办法》的规定进行的。

目前广泛采用的评估方法有重置成本法、现行市价法、收益现值法、清算价格法及成本折旧法。当然，不同的评估目的采用的评估方法不同，结果也不同。

本项目主要对各个评估方法的使用条件、影响因素、计算方法以及各评估方法的对比分析等进行介绍。

单元一 二手车价格评估的基本问题

 **知识目标**

- ◆ 掌握二手车价格评估的基本要素。
- ◆ 了解二手车价格评估的业务类型。
- ◆ 了解二手车价格的影响因素。

 **能力目标**

- ◆ 能够根据二手车的使用条件和技术状况，对二手车的价格进行初步评估。

思政元素融入

- 加强职业道德教育，树立诚信评估、全心全意为人民服务的信念。
- 加强职业行为教育，做到二手车技术状况鉴定的信息公平、公正、公开。
- 做到二手车价值评估创新、公正。
- 培养严谨、认真的工作态度。

建议采用案例教学、理论讲授、实训练习、小组展示互评、线上测试等形式完成课程内容。

相关知识

一、二手车价格评估的基本要素

二手车评估是指从事二手车鉴定评估业务的专业人员，按照特定的目的，遵守国家法律法规或行业标准、程序，运用科学的分析计算方法，在充分掌握市场行情和价格走势的情况下，对二手车进行证件和手续的检查、技术鉴定和价格计算，并以自身的商业信誉和专业知识设法让买卖双方接受的二手车价格估算过程。二手车价格估算过程包括4个环节，即车辆证件和手续检查、车辆技术状况鉴定、估算价格和出具车辆鉴定评估报告。

二手车价格评估由六大基本要素组成，即价格评估的主体、客体、目的、程序、标准和方法。

1. 价格评估的主体

价格评估的主体指二手车价格评估者，即二手车鉴定评估机构的专业评估人员。

2. 价格评估的客体

价格评估的客体指价格评估的对象，即被评估的机动车辆。

3. 价格评估的目的

价格评估目的指二手车将发生的经济行为，例如是为了交易、抵押、确定保险额、清产核资和定损等，还是为了提供车辆担保、司法鉴定、法律诉讼和价格咨询等业务。二手车价格评估的目的决定着评估标准和方法的选择。

4. 价格评估程序

价格评估程序指二手车鉴定评估工作的每个具体步骤，按照其内在逻辑关系而形成的排列顺序。二手车价格评估程序体现了二手车鉴定评估业务的规范性。

5. 价格评估标准

价格评估标准指对二手车价格评估采用的计价标准。这些标准对应不同的参考价值的角度。

6. 价格评估方法

价格评估方法指用于估算二手车交易价格的方法。

二、二手车价格评估的专业特点

机动车辆有如下特点：

1) 单位价值大，使用时间长，是属于法人或私人的重要固定资产，在评估中必须予以重视。
2) 技术性强，使用范围广，车辆属于有形资产，同时也是无形资产的载体。
3) 使用寿命对车辆的残值影响极大。车辆结构和技术性能的复杂性使鉴定评估专业人员难以准确地估算出某些差异对车辆剩余价值的影响程度。
4) 使用管理严格，税费高。车辆实行严格的注册登记和户籍管理制度，需定期进行强制性技术检测。

由于机动车辆的上述特性，决定了二手车价格评估业务的特点。

1) 二手车价格评估以技术鉴定为依据。机动车在长期的使用过程中，由于运动零件的相互摩擦和各种静、动载荷以及自然力的作用，处于不断的磨损和变形过程中。随着使用里程和使用年限的增加，车辆的有形损耗和无形损耗加剧，而其损耗程度的大小，因使用强度、使用条件和维护水平的不同而相差很大，这些差异只有通过专业的技术鉴定才能细分出来。因此，评估车辆的实物状态和整车性能指标以及各项贬值参数都是最基本的评估依据。

2) 二手车价格评估需考虑手续费用等因素。由于国家对车辆实行户籍管理制度，使用税费附加值高。因此，对二手车进行价格评估时，除了估算其实体价值外，还需要考虑户籍管理手续和各种使用税费构成的支出。

三、二手车价格评估的目的和任务

二手车价格评估的目的是正确反映机动车的价值量和变动，为将要发生的经济行为提供公平的价格尺度。其主要有以下 5 个目的：

1. 确定二手车交易价格

根据二手车买卖双方的委托，为二手车的交易价格提供参照依据。对国有车辆资产的产权交易活动，必须委托二手车评估机构对车辆资产进行清查、鉴定和评估，以避免国有资产的流失。

2. 二手车所有权的转让

当二手车在交易市场上买卖时，买卖双方由于在专业知识和市场行情上掌握的差异，他们对交易价格的期望是不同的。因此，需要鉴定评估专业人员对交易车辆的技术状况进行鉴定，并针对可能出现的疑问进行解释，为买卖双方提供一个真实可靠的参考价格。

3. 银行贷款抵押底价

银行为了确保放贷的安全，要求贷款人以机动车作为贷款抵押物。放贷者为了贷款安全，需要对二手车进行价格评估，确定车辆抵押物的底价。这种贷款的安全性在一定程度上取决于对抵押评估的准确性。因此，二手车价格评估工作关系到金融系统的安全。

4. 法律诉讼咨询服务

当事人遇到机动车辆诉讼时，可以委托鉴定评估专业人员对车辆进行评估，这有助于诉讼各方正确了解车辆的现时市场价值，为司法裁定提供真实准确的法律依据，维护相关人员的合法权益。

5. 确定车辆拍卖底价

对于公务车辆、抵押车辆、执法机关罚没车辆、企业清算车辆、海关获得的抵税和放弃车辆等，都要对车辆进行价格评估，为拍卖车辆提供拍卖底价。

除此之外，还有企业或者个人的产权变动，如合资、合作及联营等，都要进行资产评估，其中包括对机动车辆的价格评估等。

四、二手车价格评估的业务类型

二手车价格评估业务类型指价格评估的业务性质。按照价格评估服务对象的不同，价格评估的业务类型分为交易类和咨询服务类两种。交易类业务是二手车鉴定评估机构服务于二手车市场内部的二手车交易活动，是一种以收取鉴定评估服务费为主要收入来源的有偿服务；咨询服务类业务是二手车鉴定评估机构服务于二手车市场外部的二手车交易活动，是按照各地方政府有关管理部门对二手车价格评估制定的有关规定实行有偿服务。

五、二手车价格评估的价值概念

二手车价格评估中的价值指在公平和公正的市场条件下的交换价值或市场价值。二手车评估价值从形式上是鉴定评估专业人员判定和估算的价值，但其真实体现的是产权交易时发生的交易价值，而交易价值的真正决定者是买卖双方。

六、二手车价格评估的基本假设

二手车价值受多方面的影响，只能掌握或依靠不全面的事实进行分析、推理和预测。因此，为了提高二手车评估理论和方法的科学性，需要设定一些特定的假设条件，基于这些条件，将二手车置于一定的市场环境和使用环境中，为推理、预测和估算价格设定一定的边界条件。二手车评估的价值是市场价值。在以市场价值为基础的二手车评估理论中，基本假设包括继续使用假设、公开市场假设和清算价格假设。

1. 继续使用假设

继续使用假设指二手车还能按照现行用途继续使用，或转换用途继续使用。继续使用的条件是车辆具有值得利用的剩余价值和剩余使用寿命，而且能够在剩余使用寿命中发挥应有的功能和作用，满足所有者在经营、工作或生活上期望的收益或便利；车辆所有权明确，车况完好；车辆从经济和法律上准许转做他用。

2. 公开市场假设

公开市场假设指二手车交易市场具有充分竞争和充分发挥完善的市场条件。在这个市场环境下，交易活跃，买卖双方彼此平等。在公开市场假设条件下，二手车的交易价值受到市场机制的制约，并由市场行情决定，反映市场价格趋势。

3. 清算价格假设

清算价格假设指被评估车辆的所有者在某种压力下，被强制要求在规定的时间内通过与买方协商或以拍卖的方式在市场上公开出售。这种情况下的二手车评估不是在公开市场条件下进行的，由于出售市场时间限制，造成买方市场局面，二手车的估价可能大大低于市场上的评估值。

七、二手车价格评估的工作原则

二手车价格评估的工作原则是对鉴定评估机构及其专业技术人员评估行为的规范。为了保证价格评估结果真实、客观和公正，被交易双方认可，二手车鉴定评估机构和鉴定评估专业人员要遵守以下原则。

1. 公平性原则

公平性原则是二手车鉴定评估专业人员应该遵守的一项最基本的道德规范。鉴定评估专业人员的思想作风和工作态度应该公正无私,评估工作应该做到公正、公平和公道。

2. 独立性原则

独立性原则指二手车鉴定评估人员应该依据国家的有关法律法规以及可靠的技术参数,对被评估车辆的价格独立地做出评定。坚持独立性原则是保证评估结果具有客观性的基础。

3. 客观性原则

客观性原则指二手车鉴定评估专业人员要认真进行调查研究,去伪存真,排除偶然和人为因素的干扰,使评估结果具有充分的事实依据。

4. 科学性原则

科学性原则指在二手车评估过程中,必须根据评估的目的选择适用的评估标准和方法,保证评估结果真实准确。

5. 专业性原则

专业性原则要求鉴定评估专业人员接受过专门的职业培训,经职业技能鉴定合格后取得职业证书,持证上岗。

6. 可行性原则

可行性原则又称为有效性原则,指二手车评估价格要真实反映现行市场价格,充分考虑各方面的影响因素。

八、二手车价格评估的操作程序

二手车价格评估操作程序指对具体的评估车辆,从接受立项、受理委托到完成评估任务,出具鉴定评估报告全过程的具体步骤和工作环节。二手车交易市场发生的二手车价格评估业务一般分为以下4个阶段。

1. 前期准备工作阶段

二手车价格评估的前期准备工作主要包括业务接待、实地考察和签订估价委托书;根据价格评估的要求,向委托方收集有关资料和了解情况等。

2. 现场工作阶段

现场工作阶段主要是检查手续、核查实物、验证委托人提供的资料和鉴定车辆技术状况。

3. 评定估算阶段

评定估算阶段一方面要继续收集欠缺的资料,另一方面要对收集的数据资料进行筛选整理,根据评估目的选择适用的估价标准和评估方法,本着客观、公正的原则对车辆进行评定估算,确定评估结果。

4. 自查及撰写评估报告阶段

对整个评估过程进行自查,对价格评估的依据和参数进行全面核对,在核对无误的基础上,撰写鉴定评估说明和报告,最后登记归档。

九、二手车价格评估的计价标准

二手车评估的计价标准指鉴定评估专业人员测评二手车价值的观察角度。观察角度不同,反映出的二手车价值也会有所不同。一般来说,选定的二手车价值观察角度是与二手车的使用和市场状况相一致的。分别从市场行情、新车价格、盈利能力或限制拍卖的角度测评二手车的价值，便产生了二手车评估的 4 个基本计价标准，即现行市价标准、重置成本标准、收益现值标准和清算价格标准。

1. 现行市价标准

现行市价标准指二手车的价值主要由市场行情来决定的计价标准。其中，市场行情取决于公开、公正的市场环境。现行市价标准的基本特征如下：

1）市场存在充分的竞争，买卖双方没有实施垄断或威胁，双方都有足够的时间、自由和能力来了解市场实情，根据自己的意愿做出判断和选择。

2）市场具有足够多的已实现交易的参照样本，通过这些参照样本为被评估车辆的价格评估提供价值尺度。

2. 重置成本标准

重置成本标准指在评估基准日的现时市场条件下，以市场上相同车型新车的最低价格作为参照基准，并在此参照基准上扣除被评估车辆因为使用、存放和技术进步及社会经济环境变化而对其价值的影响，从而得出根据现行市价以及车辆的新旧程度估算被评估车辆市场价值的计价标准。其中，被评估车辆的重置成本指市场上与被评估车辆相同车型的新车在评估基准日的最低价格。重置成本标准的基本出发点如下：

1）二手车的评估价格应该低于其重置成本。

2）二手车的新旧程度决定着其评估价格与重置成本的差额，成新率越高，差额越小。

3. 收益现值标准

收益现值标准指根据被评估车辆未来预期获利能力的大小估算其市场价值的计价标准。收益现值的原则是以适当的折现率将被评估车辆的未来收益折成现值，并以此现值作为被评估车辆的交易价格。收益现值指为获得将来能够带来预期收益的二手车产权所支付的货币总额。收益现值标准的前提条件是车辆还具备一定的剩余经济使用寿命，而且投资者购买车辆的直接目的是获得预期收益。

4. 清算价格标准

清算价格标准指被评估车辆在非正常市场上限制拍卖时估算其价值的计价标准。清算价格标准的基本特征为被评估车辆的所有者在外部压力下被迫在规定的时间内将车辆出售。这种交易行为是在非公开市场条件下进行的。二手车的现行市价可看作公平市场价格，而清算价格是一种拍卖价格。由于出售时间和范围的限制，拍卖价格一定低于现行市价。

十、二手车出售方式

把车直接卖给二手车经纪公司或者二手车经销商是大多数消费者的选择。车辆办理过户手续给二手车经纪公司或车商，就算交易完成。对于消费者来说省事、方便，但二手车经纪公司给出的价格比较低。经纪公司会根据车辆是否热销、维修是否方便、配件供应、车辆本身配置和车况等因素来估计车价。

此外，各大品牌专卖店都推出了二手车置换业务。消费者用已拥有的二手车来置换新车，将卖旧车和买新车两个过程合并成了一个过程。但采用这种将新车与旧车价格进行捆绑的方法，旧车实际出售的价格可能偏低。

另一种二手车出售方式是采取寄卖方式。卖车方与选定的二手车经营公司签订协议，委托帮忙保管代卖车辆或者寻找购买方。这种方式对于卖家来说，车辆直接出售给最终买家，

但是不用直接接触买家，相对省心省时省事，价格也合理。

十一、影响二手车价格的因素

二手车买卖不同于新车，大部分购买二手车的人的购车原因就是便宜，价格自然是最核心的问题。但是不同品牌、不同年限的车辆在经过不同车主的使用之后，车况千差万别，很难把握合理的交易价格。决定二手车价格的主要因素如下：

1. 车辆事故

车辆是否出现过大的事故是最核心的问题。这种车经销商不愿意收，消费者不愿意买，所以这种车的出售价格只能比一般车价低很多。

2. 车辆凭证

车辆的各项凭证是否齐全也是关键。在二手车交易中，车辆凭证如果出现问题可能和买到事故车的性质同样严重，经纪公司也很忌讳这种车。

3. 使用年限

车辆的使用年限直接决定着一辆车的使用寿命，一般二手车 3 年内的折价最大，为新车价格的 20%～30%。

4. 新车价格

同品牌新车的价格波动是参考标准，二手车价格一般随着新车价格波动。如果要卖的二手车同品牌新车价格波动大，二手车价格自然受影响。

5. 车辆配置

一辆汽车配置的高低影响消费者的购买意愿，从而间接影响车价。有的车主在车辆上加装了很多配置，但不一定加了配置就加价，还要看所加的配置是否满足购车人的需求。

6. 车辆外观

良好的车辆外观对消费者的购车心理影响非常重要。有无修理痕迹以及车辆颜色是否符合大众消费者的喜好，外观是否整齐、鲜亮，都会对二手车的价格造成影响。

7. 市场存量

畅销的二手车往往会断货，同类二手车品牌在二手车市场库存的多少会引起价格波动，因为"物以稀为贵"。

8. 内在维护

车辆机械和电器设备的好坏同样重要，也是一辆车具有使用价值的基础。这方面跟车主是否勤于维护车辆有关系，车辆性能好全靠这些设备的维护，即使行驶里程多、年份久，车况依然良好，也能卖到高的价格。

9. 市场因素

淡、旺季车价大不同。一般来说淡季易买不易卖，二手车的价格在淡季都已经触底，经纪公司的库存也大，有的已经基本停止收车。

单元二　二手车的成新率计算

知识目标

◆ 了解二手车成新率的意义。

- 掌握二手车成新率的计算方法。
- 掌握不同二手车成新率计算的适用范围。

- 能够根据二手车的具体状况，正确选择合适的成新率计算方法。

- 加强职业道德教育，树立诚信评估、全心全意为人民服务的信念。
- 加强职业行为教育，做到二手车技术状况鉴定的信息公平、公正、公开。
- 做到二手车价值评估创新、公正。
- 培养严谨、认真的工作态度。

建议采用案例教学、理论讲授、实训练习、小组展示互评、线上测试等形式完成课程内容。

成新率是反映二手车新旧程度的指标，是二手车价格计算中一个重要的数据。二手车成新率表示二手车的功能或使用价值占全新机动车的功能或使用价值的比率，或表示为二手车的现时状况与机动车全新状态的比率。它与有形损耗一起反映了同一车辆的两个方面。车辆的有形损耗也称为车辆的实体性贬值。它是由于使用磨损和自然损耗形成的。成新率和有形损耗率的关系是：成新率=1-有形损耗率。

在二手车鉴定估价的实践中，重置成本法是二手车鉴定估价的首选办法，要想较为准确地评估车辆的价值，成新率的确定是关键。成新率是重置成本法的一项重要的指标，如何科学、准确地确定该项指标，是二手车评估的重点和难点。因为成新率的确定不仅需要一定的客观资料和检测手段，而且在很大程度上依靠评估人员的学识和评估经验来进行判断。

一、使用年限法计算成新率

1. 方法介绍

使用年限法是通过确定被评估二手车的剩余使用年限的比值来确定二手车成新率的一种方法。其计算公式为

$$C_y = [(Y_g - Y)/Y_g] \times 100\%$$

式中　C_y——使用年限成新率；

　　　Y——二手车实际已使用年限（按月计算）；

　　　Y_g——车辆总使用年限（按月计算）。

使用年限法估算二手车的成新率是基于如下假设：二手车在规定的剩余使用寿命内，实体性的损耗与时间呈线性递增关系，二手车价值的降低与其损耗大小成正比。因此，可以利用被评估二手车的实际已使用年限与该车型规定使用年限的比值来判断其实体贬值率，进而

估算被评估车辆的成新率。

因此，用使用年限法确定的二手车成新率，仅仅反映了汽车的时间损耗及时间折损率，与使用情况（包括管理水平、使用水平和维护水平）和使用强度无关，但计算方便。

2. 已使用年限与规定使用年限

（1）已使用年限　使用年限的计量是以汽车正常使用为前提的，包括正常的使用时间和使用强度。已使用年限指二手车在正常使用强度条件下，开始使用到评估基准日所经历的时间。所以说，使用年限法计算的成新率实际上反映的是车辆的时间消耗及时间折旧率，与车辆的日常使用强度和车况无关。

但是，对于日常使用强度较大的车辆，在统计已使用年限指标时，可以适当乘以一定的系数。例如，对于某些以双班制运行的车辆，其实际使用时间为正常使用时间的两倍，即该车辆的已使用年限应是车辆从开始使用到评估基准日所经历时间的两倍。

对于二手车而言，它的经济使用寿命指标既有规定使用年限，也以行驶里程数为指标。为了准确地反映出已用年限的使用强度，规定如下：

$$折算年限 = 总行驶里程 / 年平均行驶里程$$

这样算出的使用年限既能反映出汽车的使用情况和使用强度，又包括了运行条件和某些停驶时间较长汽车的自然损耗。实际计算中，评估基准日期一般以月为单位计算实际使用年限，即将已使用年限和规定使用年限换算成月数。

（2）规定使用年限　车辆规定使用年限指《机动车强制报废标准规定》中对被评估车辆规定的使用年限，是指机动车的合理使用寿命。各类汽车规定的使用年限见表 4-1。

表 4-1　各类汽车规定的使用年限

车辆类型与用途				使用年限/年
载客汽车	营运	出租客运	小、微型	8
			中型	10
			大型	12
		租赁		15
		教练	小型	10
			中型	12
			大型	15
		公共客运		13
		其他	小、微型	10
			中型	15
			大型	15
		专用校车		15
	非营运	小、微型客车，大型轿车，轮式专用机械		无
		中型客车		20
		大型客车		20

一般就轿车而言，通常认为其规定使用年限为 15 年。若某些车辆使用年限有变动，以车管所公布的为准。

3. 使用年限法的前提条件

使用年限法计算成新率的前提条件是车辆在正常使用条件下，按照正常使用强度（年平均行驶里程）使用。

一般认为，普通家用轿车的年平均行驶里程为2万km左右。

二、行驶里程法计算成新率

1. 方法介绍

行驶里程法是通过确定被评估二手车的尚可行驶里程与规定行驶里程的比值来确定二手车成新率的一种方法。其计算公式为

$$C_s = [(S_g - S)/S_g] \times 100\%$$

式中　C_s——行驶里程成新率；

　　　S——二手车实际累计行驶里程；

　　　S_g——车辆规定的行驶总里程。

这个公式反映了二手车使用强度对其成新率的影响。

2. 累计行驶里程与规定行驶里程

二手车累计行驶里程指被评估二手车从开始使用到评估基准时间所行驶的总里程。规定行驶里程指规定的汽车行驶总里程（报废里程）。

车辆规定的行驶里程指《机动车强制报废标准规定》中规定的该车型的行驶里程。各类汽车规定的行驶里程见表4-2。

表4-2　各类汽车规定的行驶里程

车辆类型与用途			行驶里程参考值/万km
载客汽车	营运	出租客运 小、微型	60
		出租客运 中型	50
		出租客运 大型	60
		租赁	60
		教练 小型	50
		教练 中型	50
		教练 大型	60
		公共客运	40
		其他 小、微型	60
		其他 中型	50
		其他 大型	80
		专用校车	40
	非营运	小、微型客车，大型轿车，轮式专用机械	60
		中型客车	50
		大型客车	60

行驶里程较使用年限更真实地反映了二手车使用强度及使用过程中实际的实体损耗，反映了二手车使用强度对其成新率的影响。总行驶里程越大，车辆的实际有形损耗越大。

3. 行驶里程法的前提条件

行驶里程法的基本依据是车辆的行驶里程，所以要尤其注意车辆的行驶里程是否被更改，要确保车辆的行驶里程准确无误。

三、部件鉴定法计算成新率

部件鉴定法（也称为技术鉴定法）是对二手车评估时，按其组成部分对整车的重要性和价值量的大小来加权评分，最后确定成新率的一种方法。其基本步骤如下：

1）将车辆分成若干个主要部分，根据各部分建造成本占车辆建造成本的比重，按一定百分比确定权重。

2）以全新车辆各部分的功能为标准，若某部分功能与全新车辆对应部分的功能相同，则该部分的成新率为 100%；若某部分的功能完全丧失，则该部分的成新率为 0。

3）根据若干部分的技术状况给出各部分的成新率，分别与各部分的权重相乘，即得到某部分的权分成新率。

4）将各部分的权分成新率相加，即得到被评估车辆的成新率。

采用部件鉴定法计算成新率按下式计算：

$$C = \sum C_i \beta_i$$

式中　C——成新率；

　　　C_i——第 i 项部件成新率；

　　　β_i——第 i 项部件价值权分。

汽车各主要总成、部件的价值权重值见表 4-3。

表 4-3　汽车各主要总成、部件的价值权重值

序号	部件名称	价值权重值		
		轿车	客车	货车
1	发动机及离合器总成	0.26	0.27	0.25
2	变速器及万向传动装置	0.11	0.10	0.15
3	前桥、前悬架及转向系统总成	0.10	0.10	0.15
4	后桥及后悬架总成	0.08	0.11	0.15
5	制动系统	0.06	0.06	0.05
6	车架	0.02	0.06	0.06
7	车身	0.26	0.20	0.09
8	汽车电器	0.07	0.06	0.05
9	轮胎	0.04	0.04	0.05
	合　计	1.0	1.0	1.0

表 4-3 中数据仅供评估人员参考用。在实际评估时，评估人员应根据被评估车辆各部分价值量占整车价值的比重调整各部分的权重值。

当用部件鉴定法计算加权成新率时，部件成新率的取值一般不能超过采用公式计算得出的整车成新率。

采用部件鉴定法判断车辆各组成部分权重难以掌握，特别是各车型及各种品牌，其车辆

各组成部分权重是不同的,因此它费时费力;但其评估值更接近客观实际,可信度高。它既考虑了二手车的实体性损耗,也考虑了二手车的维修换件会增大车辆的价值。这种方法一般用于价值较高的二手车辆评估。

四、整车观测法计算成新率

整车观测法是通过评估人员的现场观察和技术检测,对被评估车辆的技术状况进行鉴定和分级,以确定成新率的一种方法。

使用这种方法的注意事项如下:

1)运用整车观测法应观察、检测或搜集的技术指标主要包括车辆的现时技术状态、车辆的使用时间及行驶里程、车辆的主要故障经历及大修情况、车辆的外观和完整性等。

2)运用整车观测法估测车辆的成新率,要求评估人员必须具有一定的专业水平和相当的评估经验。这是运用整车观测法正确判断车辆成新率的基本前提。

3)整车观测法的判断结果没有部件鉴定法准确,一般用于中、低价值车辆成新率的初步估算,或作为利用综合分析法确定车辆成新率的参考依据。

家用轿车实体状态与成新率之间的对应关系见表4-4。

表4-4 家用轿车实体状态与成新率之间的对应关系

车辆等级	车况定义	技术状况描述	成新率(%)
1	很新	登记后≤1年,行驶里程≤2000km,没有缺陷,没有修理和买卖的记录	100~90
2	很好	登记后≤3年,行驶里程≤60000km,有轻微不明显的损伤,漆面、车身和内部仅有小瑕疵,没有机械问题,无需更换部件或进行任何修理,无不良记录	89~75
3	良好	登记后≤5年,行驶里程≤10万km,重新油漆的痕迹是好的,机械部分及易损件已更换,在用状态良好、故障率低可随时出车使用	74~55
4	一般	行驶里程≤16万km,有一些机械方面的明显缺陷,需要进行某些修理或更换一些易损部件,可以随时出车,但动力性下降,油耗增加	54~35
5	尚可使用	处于运行状态的旧车,油漆灰暗,锈蚀严重,有多处机械的明显缺陷,可能存在不容易修复的问题,需要较多的维修换件,可靠性很差,使用成本增加	34~15
6	待报废处理	基本到达或达到使用年限,按照《机动车安全技术条件》检查,能使用但不能正常使用,动力性、经济性和可靠性下降,燃料费、维修费和大修费用增长速度快,车辆效益与支出基本持平,甚至下降,排放污染和噪声污染达到极限	14~5
7	报废	使用年限已达到报废期,只有基本材料的回收价值	4~0

表4-4中所列的数据都是经验数据,只能供评估人员参考,不能作为唯一标准。在需要使用整车观测法确定二手车的成新率时,可以参照表4-4进行确定,也可以根据实际情况进行具体的分析和判断。

五、综合分析法计算成新率

综合分析法是以使用年限法为基础，综合考虑对二手车价值影响的多种因素，以调整系数 K 确定成新率的一种方法。其计算公式为

$$C = [(Y_g - Y) / Y_g] K \times 100\%$$

式中　C——综合分析成新率；

　　　Y——二手车实际已使用年限（按月计算）；

　　　Y_g——车辆总使用年限（按月计算）；

　　　K——调整系数。

鉴定估价时要综合考虑的因素有：车辆的实际运行时间、实际技术状况；车辆使用强度、使用条件、使用和维护情况；车辆原始制造质量；车辆大修、重大事故经历；车辆外观质量等。

车辆无须进行项目修理或换件的，可采用表 4-5 推荐的调整系数，用加权平均的方法进行微调；车辆需要进行项目修理或换件的，或需进行大修的，应综合考虑表 4-5 列出的影响因素，确定一个综合调整系数。

表 4-5　二手车综合分析法成新率调整系数

影响因素	因素分级	调整系数	权重（%）
技术状况	良好	1.0	30
	较好	0.9	
	一般	0.8	
	较差	0.7	
	很差	0.6	
维护保养	良好	1.0	25
	较好	0.9	
	一般	0.8	
	较差	0.7	
制造质量	进口车	1.0	20
	国产名牌	0.9	
	国产普通车	0.8	
车辆用途	私用	1.0	15
	公务、商用	0.9	
	营运	0.7	
使用条件	良好	1.0	10
	一般	0.9	
	较差	0.8	

表 4-5 中每一项进行打分，分别乘以各自的系数，再相加，就可得出被评估二手车的调整系数 K。

在使用综合分析法计算二手车成新率时应注意以下事项：

1) 车辆技术状况系数是基于对车辆技术状况鉴定的基础上对车辆进行的分级,然后取调整系数来修正车辆的成新率。技术状况系数取值范围为 0.6~1.0,技术状况好的取上限,反之取下限。

2) 车辆使用和维护状态系数反映了使用者对车辆使用和维护的水平。不同的使用者,对车辆使用和维护的实际执行情况差别较大,因而直接影响到车辆的使用寿命和成新率。使用和维护状态系数取值范围为 0.7~1.0。

3) 车辆原始制造质量系数应在了解车辆品牌价值的基础上慎重确定。对于罚没走私车辆,其原始制造质量系数可视同国产名牌产品。原始制造质量系数取值范围为 0.8~1.0。

4) 车辆工作性质系数的确定考虑车辆工作性质不同,其繁忙程度不同,使用强度也不同。车辆工作性质可分为私人工作和生活用车,机关企、事业单位的公务和商务用车,从事旅客、货运和城市出租的营运车辆。普通轿车一般为私人工作和生活用车,每年最多行驶约 2.5 万 km;公务和商务用车每年不超过 4 万 km,而营运出租车每年行驶有些高达 12 万 km。显然,工作性质不同,其使用强度差异较大。车辆工作性质系数取值范围为 0.7~1.0。

5) 车辆工作条件系数代表了车辆工作条件对其成新率的影响。车辆工作条件分为道路条件和特殊使用条件。

道路条件可分为好路、中等路和差路三类。好路指国家道路等级中的高速公路、一级、二级和三级道路,好路率大于 50%;中等路指符合国家道路等级的四级道路,好路率为 30%~50%;差路指国家等级以外的路,好路率小于 30%。

特殊使用条件主要指特殊自然条件,包括寒冷、沿海、风沙和山区等条件。车辆长期在道路条件为好路和中等路行驶时,工作条件系数分别取 1 和 0.9;车辆长期在差路或特殊使用条件下工作时,工作条件系数取 0.8。

采用综合分析法计算成新率复杂、费时和费力,但它充分考虑了影响车辆价值的各种因素,评估值准确度较高,适合使用于中等价值的二手车辆。

六、综合成新率法

使用年限法、行驶里程法和部件鉴定法计算的成新率分别称为使用年限成新率、行驶里程成新率和现场查勘成新率。这 3 个成新率的计算只考虑了二手车的一个因素,因而它们各自反映的机动车的新旧程度是不完全也是不完整的。

为了全面地反映二手车的新旧状态,在对二手车进行鉴定评估时,可以采用综合成新率来反映二手车的新旧程度,即将使用年限成新率、行驶里程成新率和现场查勘成新率分别赋以不同的权重,计算三者的加权平均成新率。这样,就可以尽量减小使用单一因素成新率计算给评估结果带来的误差。其计算公式如下:

$$N = N_1 \times 40\% + N_2 \times 60\%$$

式中 N——综合成新率;

N_1——二手车理论成新率;

N_2——二手车现场查勘成新率。

另外,$N_1 = \eta_1 \times 50\% + \eta_2 \times 50\%$,$\eta_1$ 为机动车使用年限成新率,$\eta_1 =$ [(机动车规定使用年限-已使用年限)/机动车规定使用年限] $\times 100\%$;η_2 为机动车行驶里程成新率,$\eta_2 =$ [(机动车规定行驶里程-已行驶里程)/机动车规定行驶里程] $\times 100\%$,η_2 由评估人员根据

现场查勘情况确定。

可见，综合成新率的确定必须以现场技术查勘、核实为基础。实际操作时，把被评估车辆的基本情况、技术状况的主要内容和查勘鉴定结论编制成车辆状况调查表，由评估人员查勘后填写。

七、各种成新率估算方法的适用条件

使用年限法和行驶里程法一般适用于价值较低车辆的评估；综合分析法一般适用于中等价值车辆的评估；部件鉴定法适用于价值较高车辆的评估；整车观测法主要用于中、低等价值二手车的初步估算，或作为综合分析法鉴定估价要考虑的主要因素之一。

八、车辆大修对成新率的影响

一辆机动车经过一段时间的使用后（或停用受自然力的影响）会产生磨损，而磨损的补偿就是修理。当某零部件完全丧失功能而又无法修理时，必须换件以恢复其功能作用。当车辆主要总成的技术状况下降到一定程度时，需要用修理或更换车辆零部件的大修方法，以恢复车辆的动力性、经济性、工作可靠性和外观的完整美观性。大修对车辆的追加投入从理论上讲增加了车辆的使用寿命，对成新率的估算值可适当增加。但是，使用者对车辆的技术管理水平低，不能根据车辆的实际技术状况，做到合理送修、适时大修；有些维修企业维修设备落后，维修安装技术水平差；有些配件质量差。因此，经过大修的车辆不一定都能很好地恢复车辆使用性能。有些高档进口车辆经过大修以后，不仅难以恢复原始状况，而且有扩大故障的可能性。

鉴于上述分析，对于重置成本在 7 万元以下的二手车或老旧车辆，一般不考虑其大修对成新率的增加问题；对于重置成本在 7 万～25 万元的车辆，凭车主提供的车辆大修结算单等资料可适当考虑增加成新率的估算值；对于 25 万元以上的进口车或国产高档车，凭车主提供的车辆大修或一般维修换件的结算清单等资料，分析车辆受托维修厂家的维修设备、维修技术水平和配件来源等情况，或者对车辆进行实体鉴定，考察维修对车辆带来的正面作用或者可能出现的负面影响，酌情决定是否增加成新率的估算值。

单元三　重置成本法计算二手车价格

知识目标

◆ 了解重置成本法计算二手车价格的影响因素。
◆ 掌握重置成本法的计算方法。
◆ 了解重置成本法的优点和缺点。

能力目标

◆ 能够根据二手车的实际情况，正确选择重置成本法进行二手车价格计算。

◆能够分析重置成本法的优点和缺点。

 **思政元素融入**

- ◆ 加强职业道德教育，树立诚信评估、全心全意为人民服务的信念。
- ◆ 培养职业创新意识，灵活应对各种不同情况。
- ◆ 做到二手车价值评估公平、公正。
- ◆ 培养严谨、认真的工作态度，为他人着想的工作作风。
- ◆ 树立正确的人生观、价值观。

建议采用案例教学、理论讲授、实训练习、小组展示互评、线上测试等形式完成课程内容。

 **相关知识**

重置成本法指在现时条件下重新购置一辆全新状态的被评估车辆所需的全部成本（即完全重置成本），减去该被评估车辆的各种陈旧贬值后的差额作为被评估车辆现时价格的一种评估方法。

重置成本法作为一种二手车评估的方法，是从能够重新取得被评估二手车的角度来反映二手车的交换价值的，即通过被评估二手车的重置成本反映二手车的交换价值。只有当被评估的二手车处于继续使用状态时，取得被评估二手车的全部费用才能构成其交换价值的内容。二手车继续使用包含着其使用有效性的经济意义，只有当二手车能够继续使用且在持续使用中为潜在投资者带来经济利益或生活方便，重置成本法的成本才能为潜在投资者和市场承认及接受。从这个意义上讲，重置成本法主要用于继续使用前提下的二手车评估。

一、重置成本法的特点及影响因素

1. 特点

用重置成本法评估车辆时，充分地考虑了车辆各方面的损耗，反映了车辆市场价值的变化，对交易双方来讲都公平合理；当确定成新率时，能综合考虑车辆的技术状况、配备以及车辆使用情况，评估过程有理有据，交易双方对评估结果的信任度较高，但是评估工作量较大，确定成新率时主观因素影响较大，且对极少数的进口车辆，不易查询到现实市场报价，因此很难确定车辆的重置成本。

2. 影响因素

1）市场价值的影响。
2）车辆有形损耗的影响。
3）车辆无形损耗的影响。
4）外界因素对车辆的影响。

二、重置成本法的理论依据

重置成本是购买一辆全新的与被评估车辆相同的车辆所支付的最低金额。在市场经济条件下，任何一个理性的人在购买某件物品时所愿意支付的价格，不会超过购买与其具有同等效用的全新物品的购置成本。也就是说，重置被评估汽车的成本是购买一辆全新的、与被评估汽车功能效用相同的汽车所需支付的最低金额。被评估汽车的评估值是其重置成本扣除各种因素所造成的贬值后的结果。这就是重置成本法的理论依据。

按重新购置所用的材料和技术的不同，可将重置成本区分为复原重置成本和更新重置成本。

1. 复原重置成本

选用与被评估汽车相同的材料、制造标准、设计结构和技术条件，以现时价格复原购置相同的全新汽车所需的全部成本称为复原重置成本，简称为复原成本。

2. 更新重置成本

更新重置成本是利用新材料、新技术和新设计等，以现时价格购置与被评估汽车相同或相似功能的全新汽车所支付的全部成本，简称为更新成本。

在进行重置成本计算时，如果同时可以取得复原成本和更新成本，应选用更新成本，因为科技的进步需要在评估中得到体现。

三、基本计算公式

应用重置成本法评估二手车价值的计算公式有以下两种。

被评估车辆的评估值＝重置成本−实体性贬值−功能性贬值−经济性贬值

此种计算方法综合考虑了二手车的现行市场价值和各种影响二手车价值量变化（贬值）的因素，最让人信服和易于接受。但造成这些贬值的影响因素较多，且有一定的不确定性，所以准确地确定二手车的贬值是不容易的。

被评估车辆的评估值＝重置成本×成新率

此种计算方法是基于成新率的评估法，这种方法能综合考虑各种贬值对二手车价值的影响，是一种定性和定量相结合的评估方法，比较适合中国人评判二手物品的思维模式，是目前市场上应用最为广泛的一种评估方法。

四、影响车辆价值量变化的因素

所有汽车的价值都是变量，它随着汽车的使用、闲置以及其他因素的变化而变化，且总的趋势是贬值。除了市场价格和供需关系变化的因素之外，造成汽车贬值的影响因素主要有以下几点。

1. 实体性贬值

汽车的实体性贬值也称为有形损耗，指汽车在存放和使用过程中，由于自然力的作用（包括物理和化学作用）而发生的实体价值损耗。例如汽车零部件因使用而造成的磨损，因长期闲置而造成的锈蚀等。

确定被评估汽车实体性贬值，可以通过检查被评估汽车的新旧程度，部件的损耗程度以及仪表、内饰的磨损程度来判断。如果用损耗率来衡量，则全新车的损耗率等于零，报废车的损耗率等于100%，而其他车的损耗率介于二者之间。

2. 功能性贬值

功能性贬值也称为无形损耗，指由于科技的进步而导致的贬值。科技的进步使得新的具有同等功能的汽车价格降低，从而导致原来的汽车贬值。

3. 经济性贬值

经济性贬值指由于外部经济环境变化所造成的贬值。影响汽车价值的外部经济环境包括国家宏观经济政策、环境保护政策、市场需求以及通货膨胀等。经济性贬值虽然是因为外部的经济环境变化，而不是由汽车本身因素所引起的，但是在经济环境瞬息万变的今天，其影响不可忽视。

五、应用重置成本法的前提条件

重置成本法是二手车评估中的一种常用方法。尤其是在二手车交易市场发展不完善的地方，应用现行市价法在客观条件上受到一定限制时，可考虑采用重置成本法进行评估。但是，应用重置成本法需具备以下两个基本条件：

1）被评估汽车可重新购置或者装配。

国产汽车或者是在国内生产的合资品牌汽车不难满足此项要求。对于进口量小、车型陈旧或已停产的部分进口汽车，满足此项要求比较困难。但如果能够找到功能相同或相似的汽车替代，也可认为满足了此项要求。

2）被评估汽车因各种因素而引起的贬值可以量化。

要求实体性贬值和功能性贬值可以在科学检测的基础上予以量化，经济性贬值可以用数值来测量和计算。

六、重置成本的估价计算过程

1. 重置成本的确定

当应用重置成本法进行二手车评估时，无论是国产车辆还是进口车辆，一律采用国内现行市场价作为确定重置成本的基础，同时将车辆购置附加费等大额税费计入重置成本中。当确定重置成本时，应以评估基准日在汽车所在地收集到的相关价格资料为准。

确定重置成本的具体方法有很多，主要有以下几种：

（1）**重置核算法**　重置核算法也称为细节分析法或直接法。即根据重建或购置被评估汽车所消耗的材料数量、工时数和各种费用等，细分后，按现时单价逐一计算，最后汇总得出被评估汽车的重置成本。

在计算消耗的材料费用、人工费用以及其他各种费用成本时，可将其分为直接成本和间接成本两部分。直接成本指购置全新汽车时所花费的直接计入购置成本中的支出部分，如按现行市场价计算的买价，加上汽车的运输费、消费税、人工费和车辆购置附加费等。间接成本指购置汽车所发生的管理费和登记费等。两者相加即得到重置成本：

$$汽车重置成本 = 直接成本 + 间接成本$$

（2）**指数调整法**　指数调整法也称为物价指数法，指以被评估汽车的原始价值为基础，通过价格变动指数来推算被评估汽车重置成本的方法。其计算公式为

$$汽车重置成本 = 被评估汽车原始成本 \times （评估汽车时物价指数/购买汽车时物价指数）$$

物价指数分为定基物价指数和环比物价指数两种。

定基物价指数指按时间顺序编制的物价指数数列中，都以某一固定时期作为基期，从而反映物价的长期动态。环比物价指数指物价指数以其相邻的前一时期为基期，从而反映物价

的逐期变化程度。

运用指数调整法需注意以下几点：

1）必须检查被评估汽车的购买原价。如果账面不清，汽车的原价不明确，则不能使用指数调整法。

2）当确定物价指数时，一定要注意数据的权威性和可靠性。若有相关分类物价指数，则应选择相应分类物价指数。

3）若选用的物价指数与评估基准日之间有时间差异，应根据物价指数变化趋势做适当的调整。

当被评估汽车无法取得现时市价时（如淘汰的车型、进口车辆等），采用指数调整法是比较现实可行的。

（3）**功能价格指数法** 功能价格指数法是将与被评估汽车用途、功能相同或相似的新车作为参照汽车，通过被评估汽车与参照汽车生产能力的相对比例来调整估算被评估汽车的重置成本。其计算公式为

重置成本=参照汽车价值×（被评估汽车生产能力/参照汽车生产能力）

例如：评估某辆货车，其额定载质量为 8t。现在市场上同型号、额定载质量为 10t 的新货车的价格为 9 万元。按照功能价格指数法计算，被评估货车的重置成本为

重置成本=9×（8/10）万元=7.2 万元

2. 确定实体性贬值

汽车实体性贬值的测算方法主要有以下两种：

（1）**观察法** 观察法是汽车专业技术人员通过对被评估汽车实体进行实际观测和技术鉴定取得汽车的有形损耗率，以有形损耗率来推断被评估汽车的新旧程度，从而计算汽车的实体性贬值。其计算公式为

汽车实体性贬值=汽车重置成本×有形损耗率

如果用成新率，即

汽车实体性贬值=汽车重置成本×（1-成新率）

（2）**使用年限法** 使用年限法是根据被评估汽车的实际已使用年限与汽车的总使用年限之比来确定被评估汽车的损耗率。其计算公式为

汽车实体性贬值=汽车重置成本×（汽车实际已使用年限/汽车总使用年限）

如果新的《机动车强制报废标准规定》正式取消部分汽车的使用年限规定，则使用年限法不能应用在这些汽车的实体性贬值测算中。

3. 确定功能性贬值

功能性贬值细分为两种：一种是由于科技的进步，劳动生产率得到提高，使得目前再生产同样功能汽车的成本下降，从而造成原来的汽车贬值；另一种是由于科技的进步，出现了性能更加优良的汽车，使得原来的车型落后了，从而造成原来的汽车贬值。前一种功能性贬值称为一次性功能贬值，而后一种称为营运性功能贬值。

（1）**一次性功能贬值的测定**

1）对于市场上能买到，厂家继续生产的全新汽车，可直接采用当前市场价格作为其评估值，这样的评估值已经包含了功能性贬值因素。

2）若被评估汽车已经淘汰或停产，无法得到其当前的实际市场价，则只能采用参照汽

车的价格，按现行市价法进行估算。估算时需要注意的是：参照汽车功能通常比被评估汽车有所改进和增加，所以价值通常要高于被评估汽车。

（2）营运性功能贬值的估算　营运性功能贬值的估算步骤如下：

1) 选定参照汽车，将其与被评估汽车进行对比，找出营运成本有差别的内容和差值。

2) 确定被评估汽车尚可使用的年限。

3) 查明应上缴的所得税率及当前的折现率。

4) 通过计算"超额收益"或"成本降低额"得出营运性功能贬值。

例如：一辆额定载质量为5t的货车，营运成本为满载油耗27L/100km，维修费为3.1万元/年，求其功能性贬值。选择的参照车辆同样是额定载质量为5t的货车，重置成本一样，营运成本为满载油耗26L/100km，维修费为3万元/年。

按每日营运150km，每年出车250天，油价为6元/L计算，被评估汽车每年超额油耗费用为（27-26）/100×150×250×6元=2250元，超额维修费为（3.1-3）万元=0.1万元=1000元，则每年总超额营运成本为（2250+1000）元/年=3250元/年。

所得税按33%税率计算，则每年超额营运成本净额为3250×（1-33%）元/年=2177.5元/年。

取折现率为11%，并假设被评估车继续运行5年。可查表得11%折现率5年的折现系数为3.696。最终可得被评估车辆营运性功能贬值为2177.5×3.696元=8048.04元。

4. 确定经济性贬值

经济性贬值是由于各种外部因素（比如经济政策、市场竞争和价格等）的变化造成的被评估汽车的贬值。例如汽车因积压或不能充分发挥功能而造成的贬值。汽车经济性贬值的计算公式为

经济性贬值=汽车重置成本×(1-被评估汽车实际生产能力/被评估汽车设计生产能力)

由于影响经济性贬值的因素多而复杂，实际操作中难以把握，所以在二手车评估时只能统筹考虑或不考虑经济性贬值。

5. 求取被评估汽车的评估值

确定了以上的重置成本、实体性贬值、功能性贬值和经济性贬值后，便可计算被评估汽车的评估值。

评估值=重置成本-实体性贬值-功能性贬值-经济性贬值

此种计算方法中，除了要准确了解二手车的更新重置成本和实体性贬值外，还必须计算其功能性贬值和经济性贬值，而这两个贬值因素要求估价人员对未来影响二手车的运营成本、收益乃至经济寿命有较为准确的把握，否则难以评估二手车的市场价值。

若能全面、综合地分析被评估汽车，确定其成新率，则可用下式来计算被评估汽车的评估值：

评估值=重置成本×成新率

此种计算方法较充分地考虑了影响汽车价值的各种因素，可操作性强，是二手车评估中经常使用的一种价格计算方法。

七、注意事项

1) 运用重置成本法计算时要注意几个匹配。运用重置成本法计算时，应明确估价时

间,即估价基准日,重置成本的选取应是基准日时的重置成本,而不一定是估价作业日期的重置成本。因为估价基准日和估价作业日期有时往往不一致,即估价基准日可能和作业日期一致也可能在估价作业日期之前或之后。同样,规定使用年限是估价基准日时的国家标准规定的年限,而不一定是作业日期国家标准规定的年限。

2)运用重置成本法时应区分不同定义年限和使用性质。在实际运用重置成本法时,车辆的生产日期或出产日期、车辆的购买日期、车辆初次登记的上牌日期往往相近,在有些情况下,车辆的出产日期和车辆的初次登记日期相差较大,即车辆出产后3~5年才登记上牌,甚至更长,而一般是以车辆的初次登记日期为计算起点,因此在估算成新率时,往往估算得较高,这应引起评估人员的高度重视。

3)应严格区分不同性质的车辆,严格按照汽车报废标准执行,绝不能将规定使用年限混淆。特别是要区分营运车辆和非营运车辆,只要评估车辆进行过一天营运,也要按营运车辆计算。同时,要搞清营运车辆的概念,对政策界限比较模糊的车辆,如租赁车辆和驾校用的车辆等,应及时查清车辆在公安交管部门上牌的底档资料,确定其性质,分清使用年限。

4)在评估的现场勘察阶段时,特别是对年份较早的进口车辆,车辆的出厂年份可以从车辆识别代码推算出来。

5)重置成本法评估中一般不考虑残值,若要考虑应按照《中华人民共和国报废汽车回收管理办法》国务院令第307号第十九条的规定:报废汽车的收购价格按照金属含量折算,参照废旧金属市场价格计价。

6)在评估已经停产的车辆时需要注意以下3个方面:

① 确定重置成本要找价格参照物。二手车估价一般都要有同款新车价格作为参考,应根据二手车的使用年限和使用情况等进行折价。评估已经停产的车辆时也要找一个可以参考的车辆作为参照物,这时可以找与该车属于同一档次的新车价格作为参考。

② 配件信息非常重要。二手车不同于新车,购买后很多零件需要更换,维修的次数也相对增多,所以配件的供应情况和价格也要了解清楚。一般情况下,在购买后需要对二手车一些易磨损零部件进行更换,更换过程中有一笔不小的费用支出,在评估车辆时这些费用也要考虑。车辆的维修保养费用及配件的价格,对二手车价格影响也很大。例如,一辆维修保养费用高、配件难找、价格高的车辆,在二手车市场上比较难销售,价格也相对较低。

③ 二手车价格除受车况影响外,受市场行情的影响也很大。评估二手车要紧密结合市场行情,了解市场的供需情况,尤其是已经停产的车型,更要结合市场行情。

以上3点是评估停产二手车时应该注意的问题,但不同车辆有所不同,二手车评估师在评估时除考虑以上问题外,还需要具体车辆具体分析,从而评估出公正、合理的二手车价格。

八、重置成本法的优缺点

1. 重置成本法的优点

1)比较充分地考虑了车辆的各方面损耗,反映了车辆市场价格的变化,评估结果更趋于公平合理,在不易估算车辆未来收益,或难以在市场上找到可类比对象的情况下可以广泛应用。

2)可以采用综合分析法确定成新率,将车况和配置以及车辆使用情况用适当的调整系数表示出来，比较清晰地解析了车辆残值的构成，可以广泛应用于价值较高的中高档车辆评估。

2. 重置成本法的缺点

1）评估工作量大，确定成新率时主观因素影响较大。
2）对极少数的进口车辆，不易查询到现时市场报价。
3）一些已经停产或者自然淘汰车型，难于准确地确定重置成本或重置成本全价。

九、案例分析

案例一：

刘先生于 2011 年 11 月用 23 万元购置了一辆奥迪轿车作为家庭用车，于 2018 年 10 月在本地二手车交易市场交易。评估人员检查后确认该车初次登记日期为 2011 年 12 月，基本作为市内交通工具用，累计行驶 12.9 万 km，维护情况一般，路试车况不理想。2018 年该车的市场新车价格为 21.8 万元。请用综合分析法计算成新率，并给出该车的评估值。

答：
1）根据题意，采用重置成本法估算该车价格。
2）该车已使用 6 年 11 个月，共 83 个月，规定使用年限为 15 年，共 180 个月。
3）计算综合调整系数。该车技术状况较差，调整系数取 0.7，权重 30%；该车维护保养一般，调整系数取 0.8，权重 25%；该车制造质量属国产名牌，调整系数取 0.9，权重 20%；该车工作性质为私用，调整系数取 1.0，权重 15%；该车工作条件较好，调整系数取 1.0，权重 10%。

综合调整系数为

$$K = 0.7 \times 30\% + 0.8 \times 25\% + 0.9 \times 20\% + 1.0 \times 15\% + 1.0 \times 10\% = 84\%$$

4）成新率：

$$C = \left(1 - \frac{83}{180}\right) \times 84\% \times 100\% \approx 45.3\%$$

5）重置成本为 21.8×（1+10%）万元＝23.98 万元。
6）评估值为 23.98×45.3%万元≈10.9 万元。

说明：新法规对于小型非营运客车规定的使用年限从 15 年延长到无期限使用，新法规对二手车价值评估没有造成巨大的影响，建议用重置成本法计算二手车价值时可按照旧法规的 15 年计算，并按当地市场价值微调。

案例二：

2012 年 2 月，某人购得一辆全顺 11 座客车，并上牌，该车属于改进型金属漆。经市场调查得知，全新普通漆全顺 11 座客车市场销售价格为 12.8 万元，而金属漆比普通漆高出 6000 元，该车综合调整系数取为 0.75，请评估该车在 2019 年 2 月的市场价格。

答：
1）根据题意，采用重置成本法评估该车价值。
2）该车已使用 7 年，共 84 个月，规定使用年限为 10 年，共 120 个月。
3）综合调整系数 $\beta = 0.75$。
4）成新率：

$$\gamma = \left(1 - \frac{84}{120}\right) \times 75\% \times 100\% = 22.5\%$$

5）重置成本：

$$R = (12.8 + 0.6) \times (1 + 10\%) 万元 = 14.7 万元$$

评估值 $P = 14.7 \times 22.5\%$ 万元 ≈ 3.3 万元。

案例三：

有一辆广本雅阁家用 2.4-iVTEC 轿车，初次登记日期为 2014 年 9 月，该车新车包牌价为 24.98 万元，经检查该车左后侧有轻微碰撞修复痕迹，前、后保险杠有喷漆痕迹，底盘中有多处轻微划伤，排气管中后段生锈，空调制冷系统需补充制冷剂，动力良好，其他基本正常。试用综合分析法求该车 2016 年 9 月的价值。

答：

1）根据题意，采用重置成本法评估该车价格。

2）该车已使用 2 年，共 24 个月，规定使用年限 15 年，共 180 个月。

3）计算综合调整系数。该车技术状况较好，有碰撞，调整系数取 0.8，权重 30%；该车维护保养正常，调整系数取 0.8，权重 25%；该车制造质量属国产名牌，调整系数取 0.9，权重 20%；该车工作性质为私用，调整系数取 1.0，权重 15%；该车工作条件较好，调整系数取 1.0，权重 10%。

综合调整系数：

$$\beta = 0.8 \times 30\% + 0.8 \times 25\% + 0.9 \times 20\% + 1.0 \times 15\% + 1.0 \times 10\% = 87\%$$

4）成新率：

$$\gamma = \left(1 - \frac{24}{180}\right) \times 87\% \times 100\% \approx 75.4\%$$

5）重置成本：$R = 24.98$ 万元。

6）评估值 $P = 24.98 \times 75.4\%$ 万元 ≈ 18.83 万元。

单元四　现行市价法计算二手车价格

知识目标

◆ 了解现行市价法计算二手车价格的影响因素。
◆ 掌握现行市价法的计算方法。
◆ 了解现行市价法的优点和缺点。

能力目标

◆ 能够根据二手车的实际情况，正确选择现行市价法进行二手车价格计算。

◆ 能够分析现行市价法的优点和缺点。

 **思政元素融入**

◆ 加强职业道德教育，树立诚信评估、全心全意为人民服务的信念。
◆ 加强职业创新意识，做到二手车价值评估公平、公正。
◆ 培养灵活仔细、严谨、认真的工作态度。

建议采用案例教学、理论讲授、实训练习、小组展示互评、线上测试等形式完成课程内容。

 **相关知识**

现行市价法又称为市场法或市场价格比较法。现行市价法是通过比较被评估车辆与评估基准地市场近期发生交易的类似车辆相同和相异之处，将交易价格做适当的调整，从而确定被评估二手车价值的一种评估方法。

现行市价法是评估学三大基本方法之一，也是二手车评估中最直接、最简单和最有效的一种评估方法，应用最为广泛。

现行市价法通过市场调查，选择一辆或几辆与被评估车辆相同或相似的车辆作为参照物，分析参照物的结构、功能、性能和市场环境等方面，并且与被评估车辆做对应比较，找出两者的相同与不同之处，分析这些相同与不同之处对被评估车辆价格的影响，经过调整后，计算出被评估车辆的市场价格。

一、现行市价法应用的前提

应用现行市价法，首先必须具备合适的参照车辆。要寻找到合适的参照车辆，就必须具备以下条件：

1）有一个成熟的、健康的和竞争完全充分的二手车交易市场。一方面，只有在这样的市场里，才会有大量二手车交易，也才可能找到与被评估车辆类似的车辆交易价格。另一方面，可参照的类似车辆交易越多，所得到的评估结果越准确，越有实际意义。

2）参照车辆与被评估车辆可比较的性能指标和技术参数等资料是可收集的，并且这些性能指标和技术参数对价格的影响因素既明确又可以量化。

3）找到的参照车辆是近期成交的，性能指标和技术参数是可比较的。近期成交指成交日期与被评估车辆的评估基准日接近。二手车评估一般要求参照车辆是在3个月内成交的，以保证参照车辆的成交价格具备较高的参照性。性能指标和技术参数可比较指车辆的类型、型号、成色、主要参数和价格条件等方面差别不大。

二、运用现行市价法评估的基本步骤

1. 收集资料

运用现行市价法评估二手车的第一步是考察被评估车辆，同时收集所有与其相关的资料。需要收集的资料包括被评估车辆的类型、型号、主参数、出厂日期和该车型是否在产

（如果在产，市场价格是多少）以及该车使用情况（包括使用性质、已使用年限、尚可使用年限和技术状况）等。

2. 选择参照车辆

在二手车评估中，通常需要选择3辆以上的参照汽车。所选择的参照汽车需根据评估的特定目的，按可比性原则选择二手车交易市场中的参照车辆。二手车评估中的可比性因素包括如下几个：

（1）车辆类型　在二手车评估中，只能选择同类车作为参照，如轿车对轿车，货车对货车等。同时，还需考虑车辆的型号和生产厂家，应尽量选择相同或者相近的汽车。

（2）主要技术参数　在二手车评估中，参照车辆只能选择主要技术参数与被评估车辆相近的。例如轿车需选排量相近的，货车需选载重质量相近的，客车需选座位数相近的等。

（3）功能　要求参照车辆与被评估车辆的功能相同或相近、配置相同或相近。

（4）车辆用途　只能选择使用性质相同的车辆作为参照车辆。例如，营运车不能作为非营运车的参照车辆，出租车不能作为租赁车的参照车辆，家用车不能作为公用车的参照车辆等。

（5）车辆成色　要求选择与被评估车辆使用年限和行驶里程相近的参照车辆。

（6）车辆技术状况　在二手车评估中，要求选择技术状况与被评估车辆相近的车辆作为参照车辆。

（7）交易动机和目的　交易的动机和目的不同，交易价格往往差别很大。例如车辆出售是以抵债为目的，那么此时的交易价格通常比正常的交易价格低许多。所以在选择参照车辆时，需选交易动机和目的与被评估车辆相同的参照车辆。

（8）交易时间　参照车辆的交易时刻与评估基准日不能差太久，一般要求小于3个月，否则其参照价值就差很多。随着我国汽车工业的飞速发展，汽车市场的竞争越来越激烈，汽车的价格波动也越来越大。新车市场的价格变化必然影响二手车市场的价格。所以，应该尽量选择与评估日期相近的成交车辆作为参照车辆。

（9）交易地点　我国地域差别比较大，各地区经济发展不平衡，物价也不一样。不同地区的二手车市场中，同样车辆的成交价格可能差异很大。为了保证评估结果准确和有效，选择的参照车辆交易地点与评估基准地最好在同一城市，至少应该在同一个经济区域。

（10）交易数量　交易的数量对交易的价格有很大的影响。在二手车评估中，应该选择交易数量与被评估车辆交易数量相近的参照车辆。

3. 分析被评估车辆与参照车辆的差异并进行价格修正

可以使用以下通用的公式：

$$P_0 = C_1 K_1 K_2 K_3 K_4 K_5 \cdots\cdots$$

式中　P_0——"参照车辆1"的修正价格；

　　　C_1——"参照车辆1"的交易价格；

　　　K_1——主要参数修正系数；

　　　K_2——功能修正系数；

　　　K_3——使用年限与行驶里程修正系数；

　　　K_4——技术状况修正系数；

　　　K_5——评估时间修正系数。

在二手车评估中，以上修正系数的确定通常需要依靠经验积累。

4. 计算评估值

有了各参照车辆的修正价格，将各参照车辆的修正价格进行平均，便可计算出被评估车辆的最终评估值。

$$评估值 P = (P_1+P_2+P_3+\cdots+P_0)/n$$

式中　P_1、P_2、P_3、…、P_0——分别为各参照车辆的修正价格。

三、现行市价法的具体计算方法

运用现行市价法的具体计算方法主要有直接比较法和类比调整法两种。

1. 直接比较法

直接比较法也称为直接法，即利用二手车市场中具有相同基本特征参照车辆的交易价格直接与被评估车辆进行比较，从而判断被评估车辆价值的方法。通常是直接将参照车辆交易价格作为评估价格。

在二手车评估中，完全相同的车辆是很难找到的。通常汽车类别相同、主要技术参数相同和结构性能相同就可以认定为具有相同基本特征。

2. 类比调整法

类比调整法也称为类比法，是现行市价法中最基本的评估方法之一。当在二手车市场中不能找到具有相同基本特征的参照车辆时，便不能采用直接法，如果能找到类似的参照车辆，可采用类比调整法。

类比调整法不要求参照车辆与被评估车辆一样，只要在车辆的主要方面基本相同或相似。类比调整法通过对比分析参照车辆与被评估车辆之间的差异，在参照车辆成交价格的基础上调整被评估车辆的价值。

在具体的二手车评估过程中，类比调整法通常有以下几种具体的计算方法：

（1）直接售价类比法　直接售价类比法即以参照车辆的成交价为基础，考虑参照车辆与被评估车辆在功能、市场条件和销售时间上的差异。此时

评估值=参照车辆成交价+功能差异值+时间差异值+……

或　　　　评估值=参照车辆成交价×功能差系数×时间差系数×……

（2）功能价值法　功能价值法即以参照车辆的成交价为基础，考虑参照车辆与被评估车辆的功能差异后进行调整，从而估算被评估车辆的价值。此时

评估值=参照车辆成交价×功能价格系数

（3）价格指数法　价格指数法即以参照车辆的成交价为基础，考虑参照车辆的成交时间与被评估车辆评估基准日的时间差异对车辆价值的影响，利用价格指数调整被评估车辆的价值。此时

评估值=参照车辆成交价×（1+物价变动指数）

（4）成新率价格法　成新率价格法即以参照车辆的成交价为基础，考虑参照车辆与被评估车辆新旧程度的差异，调整被评估车辆的价值。此时

评估值=参照车辆成交价×（被评估车辆成新率/参照车辆成新率）

（5）市价折扣法　市价折扣法即以参照车辆的成交价为基础，考虑被评估车辆在销售条件和销售时限等方面的不利因素，凭借评估人员的经验，设定一个折扣率来估算被评估车

辆的价值。此时

$$评估值=参照车辆成交价×（1-折扣率）$$

（6）**成本市价法** 成本市价法即以被评估车辆现行的合理成本为基础，利用参照车辆的成本价比率来估算被评估车辆的价值。此时

$$评估值=被评估车辆现行合理成本×（参照车辆成交价/参照车辆现行合理成本）$$

（7）**市盈率乘数法** 市盈率乘数法即以参照车辆的市盈率作为乘数（即倍数），与被评估车辆的收益额相乘，得到被评估车辆价值的方法。此时

$$评估值=被评估车辆收益额×参照车辆的市盈率$$

此方法局限于在营运车辆的评估中运用。

四、现行市价法的特点

运用现行市价法作为二手车评估，其中已经考虑了车辆的各种贬值因素，包括有形损耗、功能性损耗和经济性损耗。一般来说，市场价格是车辆各种因素对车辆价值影响的综合体现，有形损耗和功能性损耗对车辆造成的贬值作用都会在市场价格中体现。而经济性贬值表现为供求关系的变化对市场价格的影响。所以，在应用现行市价法时，不另行计算以上这些因素对评估值的影响。

1. 现行市价法的优点

1）现行市价法能客观、综合而又充分地反映汽车当前的市场状况，同时反映相关的配件及修理业目前的市场状况。因为评估的参数和指标直接来自市场，所以评估值能充分反映市场的现实价格。

2）因为来源于市场，所以评估结果容易被市场各方承认，具备较强的实际意义和实用价值。

2. 现行市价法的缺点

1）现行市价法需要有成熟、健康、活跃和竞争充分的二手车交易市场作为基础。我国的二手车交易近年来发展很快，但仍处于初级阶段，而且地区间存在巨大的差异，许多地方的二手车交易市场尚处于发育不够完善阶段，经常出现找寻参照车辆困难的情况，或者是找到的参照车辆与被评估车辆差异太大，使得运用现行市价法进行二手车评估受到很大制约。

2）应用现行市价法进行二手车评估，经常遇到影响汽车价值的因素多而复杂的困难。例如，即使是同一品牌、同一型号的汽车，不同的使用者、不同的使用环境以及不同的维护保养都会造成车辆个体间巨大的差异。而要求这些因素完全一样是不现实的，这给运用现行市价法进行二手车评估增加了很大的难度。

3）现行市价法对信息资料的数量和质量要求比较高。这一方面要求评估人员有丰富的评估经验和评估技巧，同时要求专业评估人员加强平时的数据收集和经验积累。

五、现行市价法的适用范围

现行市价法要求评估人员经验丰富，熟悉车辆的评估鉴定程序、鉴定方法和市场交易情况，采用现行市价法评估时间会很短。因此，现行市价法特别适合于成批收购、鉴定和典当；当单件收购估价时，还可以讨价还价，达成双方都能接受的交易价格。

六、案例分析

2016年8月，海南省海口市李先生有一辆一汽海马产的"福美来AT"家用轿车欲转让，委托海口市某二手车鉴定评估机构对该车进行评估。

二手车鉴定评估机构首先对该车的基本情况进行了了解：该车为2013年生产，行驶里程为8万km，正常维护，无重大事故记录，经计算机检测无故障，车况良好。

该车为海南省本地生产，在海口市及海南省的市场保有量较高，在二手车市场的交易量也比较大，适合运用现行市价法进行评估。评估机构接受委托后立即对海口市的二手车市场进行了调查，选取了三宗交易作为评估参照。

1）参照汽车一："福美来AT"轿车，2013年产，行驶里程为9万km，无重大事故记录，车况良好，成交时间是2016年7月，成交价格为6.2万元。

2）参照汽车二："福美来AT"轿车，2013年产，行驶里程为7万km，无重大事故记录，车况良好，成交时间是2016年6月，成交价格为6.8万元。

3）参照汽车三："福美来AT"轿车，2013年产，行驶里程为12万km，无重大事故记录，车况一般，成交时间是2016年8月，成交价格为5.8万元。

因为找到的参照汽车都是近期成交的，与被评估汽车的评估基准日非常接近，同时参照汽车的性能指标和技术参数与被评估汽车非常相近，所以参照车辆的成交价格具备较高的参照性，可以应用类比调整法中的直接售价类比法，然后计算出被评估汽车的评估值。计算过程如下：

假定轿车总共可累计行驶50万km，则各参照汽车成交价折算到行驶里程为8万km的修正值分别为：

"参照汽车一"修正值=6.2×(60−8)/(60−9)万元≈6.32万元

"参照汽车二"修正值=6.8×(60−8)/(60−7)万元≈6.67万元

"参照汽车三"修正值=5.8×(60−8)/(60−12)万元≈6.28万元

由此，可得到

被评估汽车的评估值=(6.32+6.67+6.28)/3万元≈6.42万元

单元五 收益现值法计算二手车价格

知识目标

- ◆ 了解收益现值法计算二手车价格的影响因素。
- ◆ 掌握收益现值法的计算方法。
- ◆ 了解收益现值法的优点和缺点。

能力目标

- ◆ 能够根据二手车的实际情况，正确选择收益现值法进行二手车价格计算。

◆ 能够分析收益现值法的优点和缺点。

思政元素融入

◆ 加强职业道德教育，树立诚信评估、全心全意为人民服务的信念。
◆ 加强职业创新意识，做到二手车价值评估公平、公正。
◆ 培养严谨、认真的工作态度，想他人之所想，急他人之所急。

建议采用案例教学、理论讲授、实训练习、小组展示互评、线上测试等形式完成课程内容。

相关知识

收益现值法是运用适当的折现率，通过将被评估汽车未来的预期收益折算成现值来计算被评估汽车价值的一种评估方法。收益现值法也属于三种基本评估方法之一，简称为收益法。

一、收益现值法的基本原理

从原理上讲，收益现值法是基于这样的事实，即人们想拥有某车辆，主要是考虑这辆车能为自己带来一定的收益，如果预期收益小，车辆的价格就不可能高；反之车辆的价格就高。当投资者投资购买车辆时，一般要进行可行性分析，只有在其预计的内部回报率超过评估时的折现率时才肯支付货币来购买车辆。应该注意的是，当运用收益现值法进行评估时，是以车辆投入使用后连续获利为基础的。在机动车的交易中，人们购车的目的往往不是在于车辆本身，而是车辆获利的能力。

二、应用收益现值法的前提条件

收益现值法通常用于营运汽车的评估。收益现值法的理论依据是效用价值论，即汽车价值的大小取决于汽车效用的大小。汽车的效用大，其评估价值相应就高。

应用收益现值法必须具备以下两个条件：

1) 被评估汽车的未来收益既是独立的又是能连续用货币计量的可预期收益。对于二手车评估，只有用于生产的营运性的汽车才存在独立的、连续的和可预测的收益，适合采用收益现值法。如果被评估汽车的未来收益不稳定或者不存在，比如非营运汽车，就不适用收益现值法。

2) 与未来预期收益相关的风险可以预测，并且能用货币衡量。通常来说，对于风险大的投资，要求的回报也高。预测二手车的预期收益时必须考虑风险因素。不同的风险系数，将预期收益折算成现值时所取的折现率不一样。

三、应用收益现值法的评估程序

1) 预测被评估汽车的未来收益。被评估汽车的未来预期收益指预期的正常收益，而不是实际收益。这里所说的预期正常收益是排除了实际收益中特殊的和偶然的因素所得到的正常收益。所以，应收集与被评估汽车未来预期收益有关的市场、财务、管理和风险等资料，分析影响收益的各种因素，并且进行测算，从而科学地预测预期收益。具体分为以下两步：

① 确定汽车的剩余经济寿命期。营运性的汽车都有使用年限的规定，二手车的剩余经济寿命期指从评估基准日到该车规定报废的年限，具体可参照评估时适用的《机动车强制报废标准规定》计算。

② 确定预期收益额。在运用收益现值法评估时，收益额的确定是关键。收益额指被评估汽车在使用过程中产生的收益。收益额的确定应把握以下两点：

a. 收益额的定义：收益额指汽车未来期望收益，是通过预测分析得到的，不是现在或者过去的实际收益值。

b. 收益额的构成：收益额可以由税后利润、税后利润与提取折旧之和、利润总额构成。具体选择哪种名目，需符合评估目的和特点。运用收益现值法对二手车进行评估时，预期收益额常选用税后利润。

2) 确定折现率。对于二手车来说，确定折现率，首先应明确折现的内涵。

折现就是将未来的收益按照一定的比率，折算成现在（评估基准日）的现值。这里有一个资金时间优先的概念，或者说是资金的时间价值，即资金在周转及扩大再生产过程中，随着时间的延长而增值，具体表现为利息或利润。因为资金有时间价值，所以，将来收益的价值低于现在收益的价值，并且，收益的价值随着时间的推迟而有规律地降低。

运用收益现值法评估二手车，就是要将其未来的、各个时期的收益按资金的时间价值，进行时间价值的计算后换算成现在（评估基准日）的现值。资金的这个时间价值计算过程就是折现的算术过程，其中使用的换算比率就是折现率。

换言之，折现是将一个特定的比率应用于一个预期的将来收益流（即可测的、连续的收益），从而得出当前的价值。从折现率本身来说，它是一种特定条件下的收益率，说明汽车取得该项收益的水平。收益率越高，汽车的评估值反而越低。因为在最终收益一定的情况下，收益率越高，意味着单位资产的增值率越高，资产的当前价值反而越低。

折现率的确定是运用收益现值法进行二手车评估遇到的比较棘手的问题，微小的差异就会导致评估结果很大的不同。确定折现率，不仅应定性分析，还应定量分析。折现率类似利率但不完全相同，利率是资金的报酬，只表示资产本身的获利能力，而与使用条件、使用者和用途没有直接的联系；折现率则与汽车，以及汽车所有者的使用效果和汽车的用途有关，包含对汽车进行管理的报酬。

一般折现率应包含无风险利率、风险报酬率和通货膨胀率。每个行业、企业都有具体的资金收益率。折现率可借以参照，但最后选择的折现率应不低于银行存款或国债的利率。

3) 采用一定的折现率将被评估汽车的未来预期收益折算成现值，确定汽车的评估值。二手车收益属于有期限收益，其评估可通过测算各期内的预期收益，将其折现后累计，即可得到评估值。

四、收益现值法的计算过程

收益现值法的评估值计算，实际上就是对被评估车辆未来预期收益进行折现的过程。被评估车辆的评估值等于剩余寿命期内各期的收益现值之和，其基本计算公式为

$$P_e = \sum_{t=1}^{n} \frac{A_t}{(1+i)^t} = \frac{A_1}{(1+i)} + \frac{A_2}{(1+i)^2} + \cdots + \frac{A_n}{(1+i)^n}$$

式中　A_t——未来第 t 个收益期的预期收益额，收益期有限时（机动车的收益期是有限的），A_t 中还包括期末车辆的残值（在估算时，残值一般忽略不计）；

　　　n——收益年期（剩余经济寿命的年限）；

　　　i——折现率；

　　　t——收益期，一般以年计。

当 $A_1 = A_2 = \cdots = A_n = A$ 时，即 t 从 $1 \sim n$ 未来收益分别相同为 A 时，则有

$$P_e = \sum_{t=1}^{n} \frac{A_t}{(1+i)^t} = \frac{A_1}{(1+i)} + \frac{A_2}{(1+i)^2} + \cdots + \frac{A_n}{(1+i)^n}$$

$$= A \cdot \left[\frac{1}{(1+i)} + \frac{1}{(1+i)^2} + \cdots + \frac{1}{(1+i)^n} \right]$$

$$= A \cdot \frac{(1+i)^n - 1}{i \cdot (1+i)^n}$$

式中　$\dfrac{1}{(1+i)}$——现值系数；

　　　$\dfrac{(1+i)^n - 1}{i \cdot (1+i)^n}$——年现值系数；

　　　t——收益期，一般以年计。

五、收益现值法评估参数的确定

1. 剩余经济寿命期

剩余经济寿命期指从评估基准日到车辆到达报废的年限。如果剩余经济寿命期估计过长，就会高估车辆价格；反之，则会低估价格。因此，必须根据车辆的实际状况对剩余经济寿命做出正确的评定。对于各类汽车来说，该参数按《机动车强制报废标准规定》确定是很方便的。

2. 预期收益额的确定

在收益法实际运用中，收益额的确定是关键。收益额指由被评估对象在使用过程中产生的超出其自身价值的溢余额。对于收益额的确定应把握收益额及其构成两点。

1）收益额指车辆使用带来的未来收益期望值，是通过预测分析获得的。无论对于所有者还是购买者，判断某车辆是否有价值，首先应判断的问题是该车辆是否会带来收益。对其收益的判断，不仅要看现在的收益能力，而且更重要的是预测未来的收益能力。

2）收益额的构成以企业为例，目前有三种观点：第一，企业所得税后利润；第二，企业所得税后利润与提取折旧额之和再扣除投资额；第三，利润总额。针对二手车的评估特点与评估目的，为估算方便，推荐选择第一种观点，目的是准确地反映预期收益额。为了避免计算错误，一般应列出车辆在剩余寿命期内的现金流量表。

3. 折现率的确定

要确定折现率首先应该明确折现的内涵。折现作为一个时间优先的概念，认为将来的收

益或利益低于现在的同样收益或利益,且随着收益时间向将来推迟的程度而有系统地降低价值。同时,折现作为一个算术过程,是把一个特定比率应用于一个预期的将来收益值,从而得出当前的价值。从折现率本身来说,它是一种特定条件下的收益率,说明车辆取得该项收益的收益率水平。收益率越高,车辆评估值越低。因为在收益一定的情况下,收益率越高,意味着单位资产增值率高,所有者拥有资产价值就低。

折现率的确定是运用收益现值法评估车辆时比较棘手的问题。确定折现率必须谨慎,因为折现率的微小差异就会带来评估值很大的差异。确定折现率不仅应有定性分析,还应寻求定量方法。折现率与利率不完全相同,利率是资金的报酬,折现率是管理的报酬。利率只表示资产(资金)本身的获利能力,而与使用条件、所有者和使用用途没有直接联系,折现率则与车辆以及所有者使用效果有关。

一般来说,折现率包含无风险利率、风险报酬率和通货膨胀率。无风险利率指资产在一般条件下的获利水平。风险报酬率指冒风险取得报酬与车辆投资中为承担风险所付代价的比率。风险收益能够计算,而为承担风险所付出的代价却不好确定,因此风险收益率不容易计算出来,只要求选择的收益率中包含这一因素即可。每个企业都有具体的资金收益率,因此在利用收益法对机动车评估选择折现率时,应该进行本企业、本行业历年收益率指标的对比分析。但是,最后选择的折现率应该不低于国家债券或银行存款的利率。在使用资金收益率指标时,应充分考虑年收益率的计算口径与资金收益率的口径是否一致。若不一致,将会影响评估值的正确性。

六、收益现值法的特点

1. 应用收益现值法的优点

1)应用收益现值法能够与投资决策相结合,比较适用于评估营运的汽车。
2)收益现值法能相对准确而又直观、贴切地反映被评估汽车的效用价值,易于被交易双方接受。

2. 应用收益现值法的缺点

1)评估时预期收益的预测难度比较大。
2)评估时容易受到主观性因素和未来不可预见因素的影响,应用的局限性比较大。

七、案例分析

案例一:

某企业拟将一辆10座旅行客车转让,某客户准备将该车用作载客营运车辆。按照国家规定,该车辆剩余年限为3年,经预测得出3年内各年预期收益的数据见表4-6。

表4-6 该车3年内各年预期收益

年份	收益额/元	折现率(%)	折现系数	收益折现值/元
第1年	10000	8	0.9259	9259
第2年	8000	8	0.8573	6854
第3年	7000	8	0.7938	5557

由表4-6可以确定评估值为

$$P_e = (9259+6854+5557) 元 = 21670 元$$

案例二：

某人拟购一辆二手桑塔纳轿车用于出租车经营，经调查得到以下数据：车辆2016年4月登记，累计行驶18.3万km，目前车况良好，能正常运行。如果用于出租，全年可出勤300天，每天平均毛收入450元。评估基准日是2018年2月24日。

从车辆登记日起至评估基准日止，车辆投入运行2年。根据行驶里程和车辆外观以及发动机等技术状况来看，该车辆原投入出租营运，还算使用、维护正常。根据国家有关规定和车辆状况，车辆剩余经济寿命为6年。预期收益额的确定思路是：将一年的毛收入减去车辆使用的各种税和费用，包括驾驶人员的劳务费等，以计算其税后纯利润。根据目前银行储蓄年利率、国家债券和行业收益等情况，确定资金预期收益率为15%，风险报酬率为5%，具体计算见表4-7。

表4-7 该车预计年收入和支出项目金额

预计年收入和支出项目	金 额
预计年收入	0.0450×300万元=13.5万元
预计年支出（每天耗油费用为75元，年工作日为300天）	0.0075×300万元=2.25万元
日常维修费	1.2万元
平均大修费用	0.8万元
牌照、保险、各种规费和杂费（每天付85元）	3.0万元
人员劳务费	1.5万元
出租车标付费	0.6万元
年毛收入	(13.5-2.25-1.2-0.8-3.0-1.5-0.6)万元=4.15万元
所得税（年收入3万~5万元，所得税率30%）	14.15×30%万元=4.245万元
年纯收入	4.15×(1-30%)万元≈2.9万元
折现率（车辆剩余使用寿命为6年，预计资金收益率为15%，风险率5%）	15%+5%=20%

假设每年的纯收入相同，则由收益现值法公式求得收益现值，即评估值为

$$P_e = A\frac{(1+i)^n - 1}{i(1+i)^n} = \frac{2.9 \times (1+0.2)^6 - 1}{0.2 \times (1+0.2)^6} = 12.83 \text{万元}$$

案例三：

被评估车辆甲每百公里耗油23L，平均每年维修费用为2.9万元，以目前新出厂的同型号车辆乙为参照物。乙车每百公里油耗为21L，平均年维修费为1.9万元。如果甲、乙两车其他方面的营运成本大致相同，甲车尚可使用4年，每年平均工作日为320天，每天运行200km，所得税为33%，适用折现率为10%，试计算评估车辆甲的营运性功能损耗。[油价为5.1元/升，已知(P/A, 10%, 4) = 3.1699]。

答：

1) 计算甲车每年超额耗油费用：

$$(23-21) \times 5.1 \times \frac{200}{100} \times 320 元 = 6528 元。$$

2）甲车的超额维修费用：(2.9-1.9)万元=1万元。

3）甲车的超额营运成本：(6528+10000)元=16528元。

4）税后超额营运成本：16528×(1-33%)元=11073.8元。

5）其年全现值系数：3.1699。

6）甲营运性功能性损耗：11073.8×3.1699元≈35103元。

案例四：

旅游公司欲出售一辆旅游客车（19座以上），该车系北京—天津线路长途旅游客车，公司欲将车与线路经营权一同对外转让，线路经营权年限与车辆的报废年限相同。已知该车于2002年10月注册登记并投入营运，投资回报率为15%，预期每年收入均为20万元，年营运成本均为6万元，适用所得税率为30%，试评估该车（含线路营运权）于2006年10月的价值[已知(P/A,15%,4)=2.85498，(P/A,20%,4)=2.58873，(P/A,15%,6)=3.78488，(P/A,20%,6)=3.32551]。

答：

1）根据已知条件，采用收益现值法评估该车及线路的价值。

2）该车为旅游客车，规定使用年限为10年，已使用4年。

3）该车为企业带来的年预期收益 A_0 = (20-6)万元=14万元。

4）税后净收益 $A = A_0 \times (1-30\%) = 14 \times 70\%$ 万元=9.8万元。

5）该车剩余使用年限 $n = (10-4)$ 年=6年。

6）该车评估值 $P = A \cdot (P/A, 15\%, 6) = 9.8 \times 3.78488$ 万元≈37.1万元。

单元六　清算价格法计算二手车价格

知识目标

- ◆ 了解清算价格法计算二手车价格的影响因素。
- ◆ 掌握清算价格法的计算方法。
- ◆ 了解清算价格法的优点和缺点。

能力目标

- ◆ 能够根据二手车的实际情况，正确选择清算价格法进行二手车价格计算。
- ◆ 能够分析清算价格法的优点和缺点。

思政元素融入

- ◆ 加强职业道德教育，树立诚信评估、全心全意为人民服务的信念。
- ◆ 加强职业创新意识，做到二手车价值评估公平、公正。
- ◆ 培养严谨、认真的工作态度。

◆ 反对拜金主义，杜绝行贿受贿、贪赃枉法的行为。

建议采用案例教学、理论讲授、实训练习、小组展示互评、线上测试等形式完成课程内容。

相关知识

清算价格法不属于评估学的基本方法，是以评估学的 3 种基本方法为基础，以清算价格为标准的一种方法。企业由于清算、破产和偿还债务或其他原因，被要求在规定的期限内（通常比较短促）将被评估物变现，这种在短期内将被评估物变现的价格就是清算价格。

清算价格法在原理上与现行市价法基本相同，所不同的是迫于企业急于将资产变现的时间压力，清算价格往往大大低于现行市场价格。正因为如此，清算价格法在二手车评估中的适用条件受到严格限制，只适用于企业由于破产、偿还债务或其他原因需要清算时资产中包含汽车部分的评估。

一、清算价格法的适用范围

（1）**破产** 当企业或个人因经营不善造成严重亏损，不能清偿到期债务时，企业应依法宣告破产。法院以其全部资产依法清偿其所欠的债务，不足部分不再清偿。

（2）**抵押** 抵押是指以所有者资产作为抵押物进行融资的一种经济行为，是合同当事人一方用自己特定的资产向对方保证履行合同义务的担保形式。提供资产的一方为抵押人，接受抵押资产的一方为抵押权人。当抵押人不履行合同时，抵押权人有权利将抵押资产在法律允许的范围内变卖，从变卖抵押物价款中优先受偿。

（3）**清理** 清理指企业由于经营不善导致严重亏损，已临近破产的边缘或因其他原因无法继续经营下去，为弄清企业财物现状，对全部资产进行清点、整理和查核，为经营决策（破产清算或继续经营）提供依据，以及因资产损毁、报废而进行清理、拆除等的经济行为。

在这 3 种经济行为中若要对机动车辆进行评估，可以清算价格为标准。

二、使用清算价格法的前提条件

以清算价格法评估车辆价格的前提条件有以下 3 个：
1）具有法律效力的破产处理文件或抵押合同及其他有效文件为依据。
2）车辆在市场上可以快速出售变现。
3）所卖收入足以补偿因出售车辆产生的附加支出总额。

三、决定清算价格的主要因素

1. 破产形式

若原来的所有者（卖方）丧失了对财产的处置权，没有讨价还价的余地，则以买方出价决定财产的售价，此时的清算价格非常低。若原来的所有者并未丧失对财产的处置权，则以双方议价决定财产的售价，此时的清算价格相对前者要高。

2. 债权人处置被评估物的方式

视当初的合同条款，决定债权人处置被评估物的方式，从而影响清算价格。

3. 清理费用

企业破产后，往往清理费用占较大比重。在应用清算价格法进行二手车评估时，需对此予以充分考虑。清算价格不能低于清理费用。

4. 拍卖时限

通常，拍卖的时限长，清算价格相对较高；反之，拍卖的时限短，清算价格相对较低。

5. 拍卖范围

拍卖范围对清算价格有比较大的影响。拍卖范围大，相应的清算价格高；反之，拍卖范围小，相应的清算价格则低。

6. 拍卖方式

对汽车来说，若与企业其他资产一起整体拍卖，可能比分割拍卖的价格高，相应的清算价格也高。

7. 参照汽车的市场价格

市场上类似汽车的价格高，则被评估汽车的清算价格也高。

四、清算价格法的具体评估方法

1. 现行市价折扣法

现行市价折扣法是首先用现行市价法对被评估汽车进行评估，确定一个初步的评估价格，然后根据快速变现的原则评定一个折扣率，用折扣率乘以前面得到的初步评估价格，最终得到清算价格的方法。折扣率需根据具体情况确定。

例如，经调查，一辆二手桑塔纳轿车在二手车市场上成交价为4万元。根据销售情况调查，折价20%可以当即出售，则该车辆清算价格为4×（1-20%）万元=3.2万元。

2. 重置成本折扣法

重置成本折扣法是先用重置成本法得到被评估汽车的初步评估价格，然后根据快速变现的原则评定一个折扣率，用折扣率乘以前面得到的初步评估价格，最终得到清算价格的方法。

3. 收益现值折扣法

收益现值折扣法是针对营运车辆，先用收益现值法得到被评估汽车的初步评估价格，然后根据快速变现的原则评定一个折扣率，用折扣率乘以前面得到的初步评估价格，最终得到清算价格的方法。

4. 意向询价法

意向询价法是根据向被评估车辆的潜在购买者询价的办法取得市场信息，最后经评估人员分析确定其清算价格的一种方法。用这种方法确定的清算价格受供需关系影响很大。例如，拟评估一台大型拖拉机的拍卖清算价格。评估人员经过对3个农场、2家农机公司和3个农机销售商征询，其估价平均值为6.1万元。考虑时令和其他因素，评估人员确定其清算价格为5.8万元。

5. 竞价法

竞价法是指由法院按照法定程序（破产清算）或由卖方根据评估结果提出一个拍卖底价，在公开市场上由买方竞争出价。

五、应用举例

一辆公司用的POLO1.6轿车，因为清偿债务将被拍卖。该车至评估基准日已使用了 2 年，行驶了 6 万 km，无事故记录，经过检测，技术性能良好。试评估该车的清算价格。

评估过程：

本次评估的目的是债务清偿，适用清算价格法，采用重置成本折扣法。

1）确定汽车的重置成本全价。根据市场调查，此车型当前的全新售价为 11.18 万元，按规定，此汽车购置税率为 10%，则重置成本全价为（11.18+11.18×10%）万元＝12.298 万元。

2）确定汽车的成新率。因为无事故，成新率与其新旧程度相符，可采用行驶里程折旧。按新的报废标准，被评估车总行驶里程为 60 万 km，目前已行驶 6 万 km，所以成新率为（1-6/60）×100%＝90%。

3）确定其在公平市场条件下的评估值。因其技术性能良好，所以其功能性损耗及经济性损耗很小，可忽略不计。所以，在公平市场条件下，被评估汽车的评估值为 12.298×90% 万元 ≈ 11.068 万元。

4）确定折扣率。根据市场调查，当折扣率取 0.6 时，可在规定的清算日前将车卖出，故取 0.6 折扣率。

5）确定清算价格。清算价格为 11.068×0.60 万元 ≈ 6.64 万元。

单元七　折旧法计算二手车价格

知识目标

- 了解折旧法计算二手车价格的影响因素。
- 掌握折旧法的计算方法。
- 了解折旧法的优点和缺点。

能力目标

- 能够根据二手车的实际情况，正确选择折旧法进行二手车价格计算。
- 能够分析折旧法的优点和缺点。

思政元素融入

- 加强职业道德教育，树立诚信评估、全心全意为人民服务的信念。
- 加强职业创新意识，做到二手车价值评估公平、公正。
- 反对拜金主义，杜绝行贿受贿、贪赃枉法的行为。

建议采用案例教学、理论讲授、实训练习、小组展示互评、线上测试等形式完成课程内容。

相关知识

一、定义及影响因素

1. 定义

折旧法是确定被评估车辆在预计的使用年限内由于时间的推移或使用而逐渐转移的价值。这部分价值从产品销售成本中逐年提取，存入建立的车辆折旧基金中，用于当旧车辆不能使用或不再使用时购置新的车辆，实现车辆的更新。

2. 特点

成本折旧评估法按计算方法的不同分为等速折旧法和加速折旧法两种。

等速折旧法将二手车的转移价值平均摊配于其使用年限中，它的优点是计算简单，容易理解。但是，这种方法没有考虑车辆在各个使用年度中使用成本的摊配比例，也没考虑车辆在各个使用年度中无形损耗（功能性损耗和经济性损耗）的摊配比例。

加速折旧法克服了等速折旧法的不足，充分考虑了各个使用年度负担的二手车使用成本的均衡性，同时也反映了由于技术进步带来的价值损耗情况。

3. 影响因素

1）计算方法的选择。
2）被评估车辆折旧年限的确定。
3）被评估车辆的技术状况。

二、适用范围

由于折旧法采用的是经济使用年限评估车辆价值，使二手车剩余价值相对比较小，这对二手车买方来说是比较有利的，减少了买方风险。因此，折旧法适用于二手车的收购。

三、评估方法及计算公式

用成本法评估二手车时，不但要计算二手车已使用年数的累计折旧额，还要考虑二手车某些功能完全丧失、需要维修和换件而发生的维修费用。二手车评估值的数学表达式为

$$P_1 = P_2 - \Sigma_A - \Sigma_B$$

式中　P_1——二手车评估值（元）；
　　　P_2——重置成本全价（元）；
　　　Σ_A——折旧总额（元）；
　　　Σ_B——维修费用总额（元）。

说明：上式中采用重置成本全价而不采用二手车原值，主要是考虑了其他因素给二手车带来的贬值（如功能性贬值和经济性贬值）。维修费用是指车辆在现状下，某些功能完全丧失需要维修和换件的总费用。

（1）用等速折旧法计算折旧总额　等速折旧法也称为年限平均法，是用车辆的总值（车辆原值减去残值）除以车辆使用年限，以求得每年平均折旧额的方法。其计算公式为

$$A = (D - K) / N$$

折旧总额为
$$\Sigma_A = AN$$

式中　A——年平均折旧额（元）；

　　　D——车辆的原值（元）；

　　　K——车辆的残值（元）；

　　　N——车辆使用年限。

说明：等速折旧法一般用于使用强度比较平均，且各期取得的收入差距不大的二手车的评估中。在评估时，车辆的残值有时忽略不计。

（2）用加速折旧法计算折旧总额　加速折旧法也称为递减折旧法，是在汽车使用早期多提折旧，在使用后期少提折旧的一种方法，其计算方法有两种：年份数求和折旧法和双倍余额递减折旧法。

1）**年份数求和折旧法**。年份数求和折旧法是每年的折旧额可用车辆原值减去残值的差额乘一个逐年递减系数来确定折旧额的一种方法。其计算公式为

$$A = (D-K)\gamma$$

式中　A——二手车年折旧额（元）；

　　　D——二手车原值（元）；

　　　K——二手车残值（元）；

　　　γ——递减系数，$\gamma = (N+1-t) / [(N(N+1)/2]$。式中，$N$ 为车辆使用年限（年）；t 为已使用的年限（年）。

说明：递减系数的分子是尚可使用的年限，逐年减少；分母是预计可使用年限逐年使用年数的总和，是一个不变值，即每年递减系数的分母均相等，分子大小等于到评估基准日止还剩余的使用年限。

2）**双倍余额递减折旧法**。双倍余额递减折旧法是根据每年年初二手车剩余价值和双倍的等速法折旧率计算二手车折旧的一种方法。其计算公式为

$$\gamma = 2/N \times 100\%$$
$$A = P'\gamma$$

式中　A——二手车年折旧额（元）；

　　　P'——年初二手车剩余总价值（元）；

　　　N——二手车预计使用年限（年）；

　　　γ——双倍等速法折旧率。

说明：二手车年初剩余价值计算规律是第一年年初二手车剩余价值为二手车原值 P_0，第二年年初二手车剩余价值为 $P_1 = P_0 - A_1$，第三年年初二手车剩余价值为 $P_2 = P_1 - A_2$，……依此类推。

四、案例分析

2018 年 5 月，某二手车销售公司欲收购一辆一汽捷达轿车用于租赁，车辆基本情况如下为车型：捷达伙伴；型号：CIF 基本型；注册登记日期：2016 年 5 月；行驶里程：40000km；车辆基本配置：排量 1.6L，发动机型号为 ATK 多点电喷发动机，5 速手动变速器，发动机最大功率为 68kW，转向助力，ABS 及 EBV，电动门窗，防眩目后视镜，中控锁，发动机防盗，手动空调系统，单碟 CD 及调频收音机，4 喇叭音像系统，钢轮毂。

经核对相关税费票据、证件（照）齐全有效。该车原价为 7.48 万元，目前市场行情价位为 6.5 万元。试确定其收购价值（残值忽略不计）。

评估如下：

1）采用折旧法计算收购价值。

2）从 2016 年 5 月到 2018 年 4 月，该车已使用了 2 年，按国家汽车报废标准，该车规定使用年限为 15 年。

3）原值 D = 74800 元，残值 K 忽略不计。

4）分别以等速折旧法、年份数求和折旧法和双倍余额递减折旧法计算累计折旧额。

① 等速折旧法计算二手车的年累计折旧额：

$$A = (D-K)/N = 74800/15 \text{ 元} \approx 4987 \text{ 元}$$

该车两年累计折旧额为 9974 元。

② 年份数求和折旧法计算二手车的累计折旧额：

递减系数　$y = (N+1-t) / [N(N+1)/2] = (16-t)/120$

该车年折旧额 $A = (D-K)y$，其计算结果见表 4-8。

表 4-8　二手车累计折旧额（一）

年份	原值/元	递减系数	年折旧额/元	累计折旧额/元
2012.5~2013.4	74800	15/120	9350	9350
2013.5~2014.4		14/120	8726	18076

③ 双倍余额递减折旧法计算二手车的累计折旧额：

年折旧率 γ = 2/预使用年限 = 2/15

年折旧额 $A = D\gamma(1-\gamma)^{t-1}$，其计算结果见表 4-9。

表 4-9　二手车累计折旧额（二）

年份	原值/元	年折旧率	年折旧额/元	累计折旧额/元
2012.5~2013.4	74800	2/15	9974	9974
2013.5~2014.4	64827	2/15	8644	18617

5）计算二手车收购价值。根据前面 3 种不同折旧计算法，得出 3 种不同的二手车折旧额，由于从收购方的利益出发，应采用折旧额最大的一种计算方法来收购二手车，所以，该二手车收购价值为

$$P' = P_0 - \sum_A - P_w = (65000-18617) \text{ 元} = 46383 \text{ 元}$$

式中　P_0——重置成本；

P_w——维修费用（由于该车车况良好，维修费用忽略不计）。

单元八　评估方法对比分析

知识目标

◆ 了解各个评估方法的特点和适用条件。

- ◆ 掌握各个评估方法的不同。
- ◆ 掌握各个评估方法的优点和缺点。

能力目标

- ◆ 能够根据二手车的实际情况，正确选择合适的评估方法进行二手车价格计算。
- ◆ 能够对各个评估方法进行对比分析。

思政元素融入

- ◆ 加强职业道德教育，树立诚信评估、全心全意为人民服务的信念。
- ◆ 加强职业创新意识，做到二手车价值评估公平、公正。
- ◆ 培养严谨、认真的工作态度，为他人着想的工作作风。
- ◆ 树立正确的人生观、价值观。

建议采用案例教学、理论讲授、实训练习、小组展示互评、线上测试等形式完成课程内容。

相关知识

一、价值评估的前提条件

二手车的价值评估是建立在一定的假设条件之上运用资产评估的理论和方法进行的。二手车价值评估的假设前提有继续使用假设、公开市场假设和破产清算（清偿）假设。

1. 继续使用假设

继续使用假设指二手车将按现行用途继续使用，或转换用途继续使用。对这些车辆的评估，要从继续使用的假设出发，而不能按车辆拆零出售零部件所得收入之和进行估价。

在确定二手车能否继续使用时，必须充分考虑如下条件：

1）车辆具有显著的剩余使用寿命，而且能以其提供的服务或用途满足所有者经营或工作上期望的收益。

2）车辆所有权明确，并保持完好。

3）车辆从经济上和法律上允许转作他用。

4）充分地考虑了车辆的使用功能。

2. 公开市场假设

公开市场假设指在市场上交易的二手车辆，交易双方彼此地位平等，彼此双方都获取足够市场信息的机会和时间，以便对车辆的功能、用途及其交易价值等做出理智的判断。

公开市场假设是基于市场客观存在的现实，即二手车辆在市场上可以公开买卖。不同类型的二手车，其性能、用途不同，市场需求程度不一样。在进行二手车评估时，按照公开市场假设处理或做适当调整，才有可能使车辆获得的收益最大。

3. 破产清算（清偿）假设

破产清算（清偿）假设指二手车所有者在某种压力下被强制进行整体或拆零，经协商或以拍卖方式在公开市场上出售。这种情况下的二手车价值评估具有一定的特殊性，二手车的评估价会大大低于继续使用或公开市场条件下的评估值。

上述3种不同假设形成3种不同的评估结果：在继续使用假设前提下要求评估二手车的继续使用价值，在公开市场假设前提下要求评估二手车的市场价值，在破产清算（清偿）假设前提下要求评估二手车的清算价值。因此，二手车鉴定估价人员在业务活动中要充分分析了解、判断认定被评估二手车最可能的效用，选择最佳的评估方法，以便得出二手车的公平价值。

二、重置成本法与收益现值法对比分析

重置成本法与收益现值法的区别在于前者是历史过程，后者是预期过程。重置成本法比较侧重对车辆过去使用状况的分析。尽管重置成本法中的更新重置成本是现时价值，但重置成本法中的其他许多因素都是基于对历史的分析，再加上对现时的比较后得出结论的，例如有形损耗就是基于被评估车辆的已使用年限和使用强度等来确定的。由此可见，如果没有对被评估车辆的历史判断和记录，那么运用重置成本法评估车辆的价值是不可能的。

与重置成本法相比较，收益现值法的评估要素完全是基于对未来的分析。收益现值法不必考虑被评估车辆过去的情况怎样，也就是说，收益现值法不把被评估车辆已使用年限和使用程度作为评估基础。收益现值法考虑和侧重的是被评估对象未来能给予投资者带来多少收益。预期收益的测定是收益现值法的基础。一般而言，预期收益越大，车辆的价值越大。这符合营运环境变好、营运车价值上涨的变化规律。

三、重置成本法与现行市价法对比分析

理论上讲，重置成本法也是一种比较方法，它将被评估车辆与全新车辆进行比较，而且这里的比较更侧重于性能方面。例如评估一辆二手车时，首先要考虑重新购置一辆全新的车辆时需花多少成本，同时还需进一步考虑二手车的陈旧状况和功能、技术情况。只有当这一系列因素充分考虑周到后，才可能给二手车定价。上述过程都涉及与全新车辆的比较，否则就无法确定二手车的价值。

与重置成本法相比较，现行市价法的出发点更多地表现在价值上。由于现行市价法比较侧重价值分析，因此对现行市价法的运用便十分强调市场化程度。如果市场很活跃，参照车辆很容易取得，那么运用现行市价法所取得的结论就会可靠。现行市价法的这种比较性，相对于重置成本法而言，其条件更为广泛。

当运用重置成本法时，可能只需有一个或几个类似的参照车辆即可，但是运用现行市价法时，必须有更多的市场数据。如果只取某一数据做比较，那么现行市价法所做的结论将偏离实际，评估结论肯定受到怀疑。

四、收益现值法与现行市价法对比分析

如果说收益现值法与现行市价法存在某种联系，那么这一联系就是现行市价法与收益现值法的结合。通过把现行市价法和收益现值法结合起来评估车辆的价值，在二手车市场交易

发达的国家应用得相当普遍。

从评估观点看，收益现值法中任何参数的确定都具有人的主观性。预期收益和折现率等都是不可知的参数，也容易引起争议。但是这些参数在运用收益现值法评估车辆价值时必须明确，否则收益现值法就不能使用。然而，一旦从估计上来考虑收益现值法中的参数，这就涉及估计依据问题。对这样的问题，在市场发达的地方，解决的方式是寻求参照车辆，通过选择参照车辆，进一步计量其收益折现率及预期年限，然后将这些参照车辆数据比较有效地运用到被评估车辆上，以确定车辆的价值。

把收益现值法和现行市价法结合起来使用，其目的在于降低评估过程中的人为因素，更好地反映客观实际，从而使车辆的评估更能体现市场观点。

五、清算价值法与现行市价法对比分析

清算价值法与现行市价法都是基于现行市场价值确定车辆价值法的方法。所不同的是利用现行市价法确定的车辆价值，如果被出售者接受而不被购买者接受，出售者有权拒绝交易。但利用清算价值法确定的清算价值，若不能被买方接受，清算价值就失去意义。这就使得利用清算价值进行的评估完全是一种站在购买方立场上的评估，在某种程度上这可以被认为是一种取悦于购买方的评估。清算价值法评估价值将大大低于现行市价法。

六、折旧法和重置成本法对比分析

折旧法和重置成本法都是从二手车"损耗"的角度出发评价二手车价值的，但二者是有很大区别的，主要体现在以下几个方面。

1. 规定使用年限与规定折旧年限的含义不同

规定使用年限不同于规定折旧年限。规定使用年限由《机动车强制报废标准规定》确定，是一个全国统一的标准。规定折旧年限是企业对某一类资产做出会计处理的统一标准，是一种高度政策化数字，该类资产中的每一项资产虽然具有普遍性、同一性和法定性，但不具有实际磨损意义上的个别性或特殊性。实际上，折旧年限表现为以下几个方面的特征：

1）折旧年限是一个平均年限，对于同一类型中的任何一项资产均适用。

2）它在考虑损耗的同时，又考虑社会技术经济政策和生产力发展水平，有时甚至以它为经济杠杆，体现对某类资产鼓励或限制生产的政策。

3）它是以同类资产中各项资产运转条件均相同的假定条件为前提的。在这种情况下，同类型的资产，无论其所在地如何，维护情况和运行状况如何，均适用统一的折旧年限。

4）折旧年限是一个预计使用年限。预计使用年限指固定资产预计经济使用年限，通常短于固定资产的物质使用年限。在预计时，应同时考虑有形损耗和无形损耗。在科技进步迅猛的现代社会，产品更新换代快，无形损耗有时会大于有形损耗。因此，企业应结合本企业的具体经营规模和经营效益等情况，合理地确定固定资产的折旧年限。

在二手车估价中，鉴定估价人员可根据估价目的合理地确定折旧年限，一般可用《机动车强制报废标准规定》中规定的使用年限代替预计使用年限。

2. 两者的损耗含义不同

折旧是由损耗决定的，但折旧并不完全是真正意义上的实际磨损，而是企业根据国家有关规定，结合本企业的具体经营规模和经营特点等情况，在确定的固定资产折旧年限内，分

摊固定资产原值而计提的折旧额。根据《企业会计准则——固定资产》的规定，对入账的固定资产，不管企业是否使用都应计提折旧。因此，折旧是高度政策化了的损耗。

二手车实体有形损耗指二手车在存放和使用过程中，由于自然力的作用而发生的损耗，是真正的实体磨损。

3. 折旧额与实体性贬值意义不同

折旧额是会计账面上根据固定资产的原始价值和预计使用年限，按照选择的折旧方法合理地分摊固定资产的应提折旧总额。年限折旧法计算的折旧额与固定资产的实际使用强度没有联系。实体性贬值是由于实体磨损而带来的贬值，不同于折旧额，不能用账面上累计折旧额代替实体性贬值。实体性贬值可以通过折旧得到补偿。在车辆使用过程中，价值的运动依次经过价值损耗、价值转移和价值补偿，折旧作为转移价值，是在损耗的基础上确定的。

4. 重置成本法中成新率的确定与折旧年限确定的基础损耗意义不同

确定折旧年限的损耗包括有形损耗（实体性损耗）和无形损耗；而评估中确定成新率的损耗，包括实体性损耗、功能性损耗和经济性损耗。其中，功能性损耗只是无形损耗的一种形式，而不是无形损耗的全部。优点是计算方法简便，适用范围最广泛；缺点是忽略了某些固定资产在不同期间使用强度的不均衡性所导致不同期间固定资产有形损耗程度的差异。

七、价值和价格的区别与联系

价格是价值的货币表现。商品价值和商品价格既有联系又有区别。

价值（Value）和价格（Price）之间的关系及本质区别：价值是物的真实所值，是内在的，是相对客观和相对稳定的；价格是价值的外在表现，围绕着价值上下波动，是实际发生和已经完成并且可以观察到的事实，它因人而异，时高时低。现实中由于定价决策、个人偏好或者交易者之间的特殊关系和无知等原因，时常会出现"低值高价"或者"高值低价"等价格背离价值的情况。因此，为了表述上更加科学和准确，也为了与国际上通行的估价理念和理论相一致，便于对外交流沟通，应当指出估价本质上是评估价值而不是评估价格。

对于具体资产评估来说，评估是对资产价值的评估，当然，资产评估价格是该资产在特定条件下的价值。其价值的含义随着条件的不同而具有不同的量值。任何评估结果都是有条件的，不同的市场条件下，评估的目的及其价值的含义也是不同的。

二手车评估是资产评估的一种，所以要正确理解评估价格和价值的区别与联系。实际工作中，二手车价格受到市场等外界因素影响很大，但又是围绕价值而变动的。在二手车交易过程中，常常会出现价格与价值相背离的情况，所以不能用交易价格来评估价值的是否准确。

 项目实施

根据《二手车鉴定评估技术规范》的规定，请对王某的车辆进行评估。

王某于2012年1月花29万元购得白色奥迪A4L2.0T标准型轿车用于代步，并于当月注册。2015年3月，王某将其在沈阳某交易市场转让（双保险至2016年1月，检验合格至2016年1月），请二手车鉴定评估人员对其进行鉴定评估。经了解，现该型号车的新车价为28万元。经鉴定，技术鉴定成新率为70%。请评估该车的现时市场价值，将评估过程写在

下面。
_____

评估过程：
1) _____
2) _____
3) _____
4) _____
5) _____
6) _____

 **思考题**

1. 使用年限法和行驶里程法计算二手车成新率有哪些区别？各有哪些利弊？
2. 对于已经停产下线的车型品牌，如何确定其重置成本？
3. 重置成本法适用范围有哪些？影响因素有哪些？
4. 现行市价法适用范围有哪些？影响因素有哪些？
5. 收益现值法适用范围有哪些？影响因素有哪些？
6. 清算价格法适用范围有哪些？影响因素有哪些？

项目五　二手车鉴定评估报告撰写

知识目标

- 了解撰写二手车鉴定评估报告的必要性。
- 了解撰写二手车鉴定评估报告的撰写要求。
- 掌握二手车鉴定评估报告的编制原则和操作要领。

能力目标

- 能够根据二手车的鉴定评估结果，独立编写二手车鉴定评估报告。

思政元素融入

- 加强职业道德教育，树立诚信评估、全心全意为人民服务的信念。
- 加强职业创新意识，做到二手车价值评估公平、公正。
- 树立严谨认真、实事求是、公平公正的工作作风。

建议采用案例教学、小组展示互评、线上测试等形式完成课程内容。

项目引入

受×××的委托，××××（鉴定评估机构）对一辆初次登记日期为2013年8月的奥迪 A6 2.8L 的二手轿车进行了鉴定评估，现需要进行此车鉴定评估报告的撰写。

项目分析

二手车鉴定评估报告的撰写是鉴定评估机构在对二手车进行鉴定评估后需要完成的最后一道工序，具有非常重要的意义。

二手车鉴定评估报告书是二手车交易市场完成某一鉴定评估工作后，向委托方提供说明

鉴定评估的依据、范围、目的、基准时间、评估方法、评估前提和评估结论等基本情况的公正性的工作报告，是二手车交易市场履行评估委托协议的总结。鉴定评估报告不仅反映出二手车交易市场对被评估车辆作价的意见，而且也确认了二手车交易市场对所鉴定评估的结果应负的法律责任。

在撰写二手车鉴定评估报告时，需要结合评估机构前期所做的鉴定和评估作业来完成，并需要收集相关的佐证材料来验证。

 **相关知识**

一、二手车鉴定评估报告的概念和作用

1. 二手车鉴定评估报告的概念

二手车鉴定评估报告是二手车鉴定评估机构按照评估工作的有关规定，在完成鉴定评估工作后，向委托方和有关方面提交的说明二手车鉴定评估过程和结构的书面报告。它是按照一定的格式和内容来反映评估目的、程序、依据、方法和结果等基本情况的报告。

2. 二手车鉴定评估报告的作用

二手车鉴定评估报告对于委托方来说，具有以下重要作用：

1）作为产权交易变动的作价依据。二手车鉴定评估报告是具有机动车鉴定评估资格的机构根据被委托鉴定评估车辆的状况，由专业的二手车鉴定评估师，遵循评估的原则和标准，按照法定的程序，运用科学的方法对被评估的车辆价值进行评估和估算后，通过报告书的形式提出的作价意见。该意见不代表任何当事人一方的利益，是一种专家估价的意见，因而具有较强的公平性和科学性，可以作为二手车买卖交易的参考依据，或作为投资比例出资价格的证明资料。

2）作为法庭辩论和裁决时确认资产价格的举证材料。

3）作为支付评估费用的依据。

4）是反映和体现评估工作情况，明确委托方、受委托方及有关方面责任的依据。

二手车鉴定评估报告采用文字的形式，对受托方进行二手车评估的目的、背景、产权、依据、程序、方法等过程和评定的结果进行说明和总结，体现了评估机构的工作成果；同时，反映和体现了二手车鉴定评估机构与鉴定评估人员的权利和义务，并依此来明确委托方和受委托方的法律责任。撰写评估结果报告还行使了二手车鉴定评估人员在评估报告上签字的权利。

二手车鉴定评估报告对接受委托的鉴定评估机构来说，具有以下重要作用：

1）它是评估机构评估成果的体现，是一种动态管理的信息资料，体现了评估机构的工作情况和工作质量。

2）二手车鉴定评估报告是建立评估档案，归集评估档案资料的重要信息来源。

二、撰写二手车鉴定评估报告的基本要求

二手车鉴定评估报告撰写的基本要求如下：

1）鉴定评估报告必须依据客观、公正和实事求是的原则，由二手车鉴定评估机构独立

撰写，如实反映鉴定评估的工作情况。

2）鉴定评估报告应该有委托单位（或个人）的名称，二手车鉴定评估机构的名称和印章，二手车鉴定评估机构法人代表或其委托人和二手车鉴定评估师的签字，以及报告的日期。

3）鉴定评估报告要写明评估基准日，并且不得任意更改。所有在估价中采用的税率、费率、利率和其他价格标准，均应该采用基准日的标准。

4）鉴定评估报告中应写明估价的目的、范围，二手车的状态和产权归属。

5）鉴定评估报告中应说明估价工作遵循的原则和依据的法律法规，简述鉴定评估过程，写明评估的方法。

6）鉴定评估报告应该有明确的鉴定估算价值的结果，鉴定结果应该有二手车的成新率、原值、重置价值和评估价值等。

三、二手车鉴定评估报告的基本内容

二手车鉴定评估报告主要包括以下内容。

1. 封面

二手车鉴定评估报告的封面包含二手车鉴定评估报告的名称、鉴定评估机构出具鉴定评估报告的编号、二手车鉴定评估机构全称和鉴定评估报告提交日期等。

2. 首部

鉴定评估报告正文的首部应包括如下内容：

（1）标题　标题应该简练清晰，含有"××××（评估项目名称）鉴定评估报告书"字样，位置居中偏上。

（2）报告书序号　报告书序号应符合公文的要求，包括评估机构特征字、公文种类特征字、年份和文件序号，例如：××评报字（20××年）第×号。

3. 绪言

绪言应写明该评估报告委托方全称和受委托评估事项及评估工作整体情况，一般应该采用下列内容的表达格式：

"××××（鉴定评估机构）接受××××的委托，根据国家有关资产评估的规定，本着客观、公正、独立和科学的原则，按照公认的资产评估方法，对××××（车辆）进行了鉴定评估。本机构鉴定评估人员按照必要的程序，对委托鉴定评估车辆进行了实地勘察和市场调查，对其在××××年××月××日所表现的市场价值做出了公正的反映。现将车辆评估情况及鉴定评估结果报告如下。"

4. 委托方与车辆所有方简介

1）写明委托方、委托方联系人的名称、联系电话及住址。

2）车主的名称。

5. 鉴定评估的目的

写明本次鉴定评估是为了满足委托方的何种需要，及其所对应的经济行为类型。

6. 鉴定评估对象

写明纳入评估范围车辆的厂牌型号、号牌号码、发动机号、VIN、注册登记日期、年审检验合格有效日期和车辆购置税证号码。

7. 鉴定评估基准日

写明车辆鉴定评估基准日的具体日期，式样为：鉴定评估基准日是××××年××月××日。

8. 评估原则

严格遵循"客观性、独立性、公正性、科学性"的原则。

9. 评估依据

评估依据一般包括行为依据、法律法规依据、产权依据和评定及取价依据等。对评估中采用的特殊依据应该在本节内容中披露。

（1）行为依据　行为依据主要指二手车鉴定评估委托书和法院的委托书等经济行为。

（2）法律法规依据　法律法规依据包括车辆鉴定评估的有关条款、文件及涉及车辆评估的有关法律法规等。

（3）产权依据　产权依据指被评估车辆的机动车登记证书或者其他能够证明车辆产权的文件等。

（4）评定及取价依据　评定及取价依据应为鉴定评估机构收集的国家有关部门发布的统计资料和技术标准资料，以及评估机构收集的有关询价资料和参数资料等。

10. 评估方法和计算过程

简要说明评估人员在评估过程中选择并使用的评估方法；简要说明选择评估方法的依据和原因；如果评估时采用一种以上的评估方法，应适当说明原因并说明该资产评估价值确定方法；对于所选择的特殊评估方法，应该适当介绍原理与使用范围；写明各种评估方法计算的主要步骤等。

11. 评估过程

评估过程应该反映二手车鉴定评估机构接受评估委托起至提交评估报告的工作过程，应包括接受委托、验证、现场勘察、市场调查与寻证、评估估算和提交报告等过程。

12. 给出被评估车辆的评估价格

13. 特别事项说明

14. 评估报告法律效力

评估报告法律效力通常写法如下：

1）本项评估结论有效期为90天，自评估基准日至××××年××月××日。

2）当评估目的在有效期内实现时，本评估结果可以作为作价参考依据；超过90天，需要重新评估。另外，在评估有效期内若被评估车辆的市场价格或因为交通事故等原因导致车辆的价值发生变化，对车辆评估结果产生明显影响时，委托方需要重新委托评估机构进行评估。

3）鉴定评估报告书的使用权归委托方所有，其评估结论仅供委托方为本项目评估目的，和送交二手车鉴定评估主管机关审查使用，不适用其他目的；因使用本报告书不当而产生的任何后果与签署本报告书的鉴定评估师无关；未经委托方许可，本鉴定评估机构承诺不将本报告书的内容向他人提供或公开。

15. 鉴定评估报告提出日期

写明评估报告提交委托方的具体时间。评估报告原则上应该在确定的评估基准日后一周内提出。

16. 附件

附件包括：二手车鉴定评估委托书、二手车鉴定评估作业表、车辆行驶证、车辆购置税、车辆登记证书复印件、二手车鉴定评估师资格证书复印件、鉴定评估机构营业执照复印件和二手车照片等。

17. 尾部

写明出具评估报告的评估机构名称，并签章；写明评估机构法人代表姓名并签名；注册二手车鉴定评估师盖章并签名。

四、二手车鉴定评估报告书的编制步骤及注意事项

1. 编制二手车鉴定评估报告书的步骤

编制二手车鉴定评估报告书是完成评估工作的最后一道工序。为了达到编制报告的思路清晰、文字简练准确、格式规范、调查材料和数据真实可靠，评估人员应该按照下列步骤进行评估报告的编制：

（1）评估资料的分类整理　被评估二手车的有关资料、技术鉴定资料及其他可供参考的数据记录等评估资料是编制二手车鉴定评估报告的基础。评估报告编纂人员要将评估资料进行分类整理，包括评估鉴定作业表的审核、评估依据的说明和最后形成评估的文字材料。

（2）鉴定评估资料的分析讨论　在完成整理资料工作后，召集参与评估工作的人员，对评估的情况和初步结论进行分析讨论。

（3）鉴定评估报告书的撰写　评估报告的负责人根据评估资料讨论后的修正意见，进行资料的汇总编排和评估报告的编纂工作，在坚持客观、公正、科学和可行的前提下，认真分析委托方提出的问题和意见，考虑修改完善鉴定评估报告。

（4）评估报告的审核　评估报告应该先由项目负责人审核，再报评估机构签发，同时要求鉴定评估人员签字并加盖评估机构公章，送达客户签收。

2. 编制二手车鉴定评估报告书应注意的事项

1）实事求是，切忌出具虚假报告。
2）坚持一致性，切忌出现表里不一。
3）提交报告书要及时、齐全和保密。

 项目实施

××××鉴定评估机构评报字（20××）第××号

案例提示：二手机动车评估中经常会遇到发生重大交通事故的车辆，要求评估人员能够鉴别事故的大小及对车辆的技术状况和价值的影响，经常采用的方法是说明事故的大小，在正常重置成本法和市场比较法的基础上，确定折损率加以评估。本例采用重置成本法（综合调整系数）及确定折损率评估。

一、绪言

××××（鉴定评估机构）接受××××的委托，根据国家有关资产评估的规定，本

着客观、独立、公正和科学的原则，按照公认的资产评估方法，对奥迪车辆进行了解评估。本机构鉴定评估人员按照必要的程序，对委托鉴定评估车辆进行了实地查勘与市场调查，并对其在 2017 年 8 月 31 日所表现的市场价值做出了公正的反映。现将车辆评估情况及鉴定评估结果报告如下。

二、委托方与车辆所有方简介

委托方××××，委托方联系人××××，联系电话：×××××。
根据机动车行驶证所示，委托车辆车主×××。

三、评估目的

根据委托方的要求，本项目评估的目的是调解买卖奥迪车过程中的价格纠纷，提供价格依据。

四、评估对象

评估车辆的厂牌型号（奥迪 Audi A6 2.8），车牌号码（×××××），发动机号（××××××），VIN/车架号（×××××××××××××××××××），初次登记日期（2013 年 8 月），年审检验合格至 2017 年 8 月，购置税（费）证（齐全），车船税（已交）。

五、鉴定评估基准日

鉴定评估基准日 2017 年 8 月 31 日。

六、评估原则

严格遵循"客观性、独立性、公正性、科学性"的原则。

七、评估依据

1. 行为依据
机动车鉴定评估委托书（×××）号。
2. 法律法规依据
1)《国有资产评估管理办法》（国务院令第 91 号）。
2) 国家国有资产管理局关于印发《国有资产评估管理办法施行细则》的通知（国资办发〔1992〕36 号）。
3) 国家国有资产管理局关于转发《资产评估操作规范意见（试行）》的通知（国资办发〔1996〕32 号）。
4) 国家商务部等部门《机动车强制报废标准规定》（国资办发〔2012〕第 12 号）。
5) 其他相关的法律法规等。
3. 产权依据
委托鉴定评估车辆的机动车登记证书编号：××××。
4. 评定及取价依据
技术标准资料：《机动车运行安全技术条件》（GB 7258—2017）。

技术参数资料：一汽大众奥迪 A6 系列车型性能、装备一览表。

技术鉴定资料：评估鉴定人员现场勘察记录表，××修理厂提供的事故定损修理清单，××保险公司提供的事故理赔清单。

八、评估方法

本次评估采用重置成本法（综合调整系数、市场变现系数），并考虑交通事故所造成的车辆损失对车辆市场价格的影响。

价格评估鉴定和计算过程如下。

1. 鉴定过程

价格评估人员接受委托后，对评估标的奥迪 A6 2.8 轿车进行现场勘察，并进行了试驾。经鉴定发现前减振器支架左、右相差 3cm，严重超出国家标准；在举升架上勘察车辆底部，发现车身有明显的碰撞后的焊痕，打开行李舱发现有焊痕，关门时发现声音异常，判断有重大事故发生。路试过程中，当车速达 100km/h 时，车身感觉摇晃，明显与其他奥迪车相比缺少安全舒适感。

为客观公正地评估该车，鉴定评估人员经市场调查，调阅了该车的各项维修记录，发现该车曾有两次重大事故。一次追尾，造成的损失约 11 万元；另一次被追尾，造成的损失约 8 万元。修理部门和保险公司提供了相关的清单。清单显示两次碰撞造成的修理换件项目大致有：散热器 1923 元、冷凝器 3144 元、稳定杆 1104 元、前保险杠 3300 元、前照灯壳体 3578 元、左前翼子板 7500 元、车门骨架焊接总成 2504 元、安全气囊传感器 7400 元、防盗器传感器 726 元……修理项目达 200 多项；总计损失约 19 万元（详见修理定损清单）。

2. 评估计算过程

本次评估采用重置成本法。2013 年 8 月奥迪 A6 2.8 技术领先型轿车市场售价为 523200 元。其基本配置为无级/手动一体式变速器，2.8L/V 形 6 缸/5 气门电控多点燃油喷射/双顶置凸轮轴/可变相位/可变长度进气歧管发动机。整车装备：带记忆电动外后视镜、带记忆前电动座椅、APS 前后驻车报警装置、定速巡航装置、自动防眩晕内后视镜和动力转向助力调节系统。在 2017 年 8 月 31 日评估基准日，该车型已不再生产，被新车型替代。同配置改款轿车售价约为 445000 元，则

$$重置价格 = 售价 + 上牌税费 = (445000 + 445000 \times 10\%) 元 = 489500 元$$

计算成新率：已使用年限为 4 年，规定使用年限为 15 年，则

$$C = [(Y_g - Y)/Y_g] K \times 100\% = [(180 - 48)/180] \times 0.78 \times 100\% \approx 57\%$$

其中，K（综合调整系数）= 技术状况（0.8）×30% + 维修维护（0.7）×25% + 国产名牌（0.9）×20% + 公务生活消费（0.7）×15% + 工作条件（0.8）×10% = 0.78。

计算综合成新率：根据二手车变现系数表确定变现系数为 0.9。

综合成新率为 57% × 0.9 = 51.3%。

确定事故折损率：由于事故车修复后，对车辆的技术状况有影响，因此需确定事故折损率。根据评估人员的经验确定，该车事故折损率为 26%。

$$评估值 = 重置成本 \times 综合成新率 \times (1 - 折损率)$$
$$= 489500 \times 51.3\% \times (1 - 26\%) 元$$
$$\approx 185823 元 \approx 18.6 万元$$

九、评估结论

车辆评估价格为人民币 186000 元，金额大写拾捌万陆仟元整。

十、特别事项说明

1）评估机构或评估人员对于评估标的没有现实或潜在的利益。

2）因事故造成修理费用的定损清单，评估机构与买卖双方均已沟通并获得双方认可。

十一、评估报告法律效力

1）本项评估结论有效期为 90 天，自评估基准日至 2017 年 11 月 30 日止。

2）当评估目的在有效期内实现时，本评估结果可作为作价参考依据。超过 90 天，需重新评估。另外，在评估有效期内若被评估车辆的市场价格或因交通事故等原因导致车辆的价格变化，对车辆评估结果产生明显影响时，委托方需重新委托评估机构进行评估。

3）鉴定评估报告书的使用权归委托方所有，其评估结论仅供委托方为本项评估目的和送交二手车鉴定评估主管机关审查使用，不适用于其他目的。因使用本报告书不当而产生的任何后果与签署报告的鉴定估价师无关。未经委托方许可，本鉴定评估机构承诺不将报告书的内容向他人提供或公开。

附件：

1）二手车鉴定评估委托书。

2）二手车鉴定评估作业表。

3）车辆行驶证、购置税（费）证复印件。

4）鉴定估价师职业资格证书复印件。

5）鉴定评估机构营业执照复印件。

6）二手车照片（要求外观清晰，车辆牌照能够辨认）。

注册二手车鉴定估价师 　　　　　　　　　　　　　复核人

　　（签字、盖章）　　　　　　　　　　　　　　　（签字、盖章）

　　　　　　　　　　　　　　　　　　　　　　（二手车鉴定评估机构盖章）

　　　　　　　　　　　　　　　　　　　　　　　　　年　月　日

思考题

1. 二手车评估报告的作用有哪些？
2. 二手车鉴定评估报告的基本要求有哪些？
3. 二手车鉴定评估报告的撰写步骤有哪些？
4. 二手车的评估依据有哪些？
5. 按照二手车鉴定评估报告的编写要求，对本项目案例进行鉴定评估报告的撰写。

项目六 二手车交易与运作

知识目标

- ◆ 了解二手车交易的类型。
- ◆ 掌握二手车交易的程序。
- ◆ 掌握二手车转移登记的工作内容。

能力目标

- ◆ 能够根据二手车的交易类型，确定二手车转移登记的工作流程和内容。

思政元素融入

- ◆ 加强职业道德教育，树立诚信评估、全心全意为人民服务的信念。
- ◆ 树立严谨认真、实事求是、公平公正的工作作风。
- ◆ 强调责任奉献，推崇"仁爱"原则，注重以和为贵、严谨认真的工作态度。

建议采用理论讲授、线上学习、参观体验、小组汇报等形式完成课程内容。

项目引入

受×××的委托，××××（鉴定评估机构）对一辆初次登记日期为2013年8月的奥迪A6 2.8L二手车进行了鉴定评估，现需要对此车进行交易手续的办理。

项目分析

二手车在交易过程中，有直接交易和中介经营等多种模式，需要针对二手车的不同情况办理相应的手续。

本项目主要针对常见的交易类型，指导鉴定评估人员按照规范的交易程序，来办理车辆

的相关过户和转籍手续。

一、二手车交易类型

二手车交易是一种产权交易，是实现二手车所有权从卖方到买方的转移过程。二手车必须完成所有权转移登记（即过户）才是合法和完整的交易。根据《二手车流通管理办法》规定，二手车交易有以下几种类型。

1. 直接交易

二手车直接交易指二手车所有人不通过经销企业、拍卖企业和经纪机构将车辆直接出售给买方的交易行为。直接交易可以在二手车交易市场内进行，也可以在场外进行。

2. 中介经营

中介经营指二手车买卖双方通过中介方的帮助而实现交易，中介方收取约定佣金的一种交易行为。中介经营包括二手车经纪和二手车拍卖等。

（1）二手车经纪　二手车经纪是二手车经纪机构以收取佣金为目的，为促成他人交易二手车而从事居间、经纪或者代理等经营活动。

（2）二手车拍卖　二手车拍卖指二手车拍卖企业以公开竞价的形式将二手车转让给最高应价者的经营活动。

3. 二手车销售

二手车销售指二手车销售企业收购和销售二手车的经营活动。

二手车置换也是一种二手车经销行为。二手车置换就是客户在汽车销售公司购买新车时，将目前在用的汽车经过该公司的检测估价后以一定的折价抵扣部分新车款的一种交易方式。目前二手车置换业务主要在同品牌的车型中开展，汽车销售企业将置换的汽车经过一定的检测和维修后，作为一辆认证二手车卖给消费者。我国已有部分汽车品牌开展了认证二手车销售业务，如上海通用"诚新二手车"。

二手车典当不赎回情况也可以算作一种二手车销售。二手车典当指二手车所有人将其拥有的、具有合法手续的车辆质押给典当公司，典当公司支付典当当金，封存质押车辆，双方约定在一定期限内由出典人（二手车所有人）结清典当本息，赎回车辆的一种贷款行为。典当时二手车所有人需持合法有效的手续到典当行办理典当手续，由典当行工作人员和车主当面查验，填写"机动车抵押/注销抵押登记申请表"，此申请表必须交到车辆管理所备案，然后封入典当公司的专业车辆库房。如果到约定的赎回期限二手车所有人不赎回车辆，则典当行可以依据协议自行处置该车，例如出售。

二手车可以在任何身份的人群中交易。根据二手车买卖双方身份不同，二手车交易有以下4种类型：

（1）个人对个人交易　这种交易类型是二手车所有权人为个人，二手车买受人也是个人。

（2）个人对单位交易　这种交易类型是二手车所有权人为个人，二手车买受人是单位。

（3）单位对个人交易　这种交易类型是二手车所有权人为单位，二手车买受人是个人。

（4）单位对单位交易　这种交易类型是二手车所有权人为单位，二手车买受人也是单位。

二、交易中相关规定

1. 二手车交易地点
二手车应在车辆注册登记所在地交易，也就是说，二手车不允许在异地交易。

2. 二手车办理转移登记手续地点
二手车转移登记手续应按照公安部门有关规定，在原车辆注册登记所在地公安机关交通管理部门办理。需要进行异地转移登记的，由车辆原属地公安机关交通管理部门办理车辆转出手续，在接收地公安机关交通管理部门办理车辆转入手续。

3. 建立二手车交易档案
交易后，二手车交易市场经营者、经销企业和拍卖公司应建立交易档案。交易档案主要包括以下内容：

1）法定证明、凭证复印件（主要包括车辆号牌、机动车登记证书、机动车行驶证和机动车安全技术检验合格标志）。

2）购车原始发票或者最近一次交易发票复印件。

3）买卖双方身份证明或者机构代码证书复印件。

4）委托人及授权代理人身份证或者机构代码证书，以及授权委托书复印件。

5）交易合同原件。

6）二手车经销企业的"车辆信息表"、二手车拍卖公司的"拍卖车辆信息"和"二手车拍卖成交确认书"。

7）其他需要存档的有关资料。一般交易档案保留期限不少于3年。

三、二手车交易程序

二手车交易不像一般商品交易那么简单，需要遵守相关的政策规定，按照一定的交易程序进行，这样才能保障买卖双方的利益。不论是哪一种交易类型，都必须办理过户相关手续，实现车辆所有权变更。目前，我国没有统一的二手车交易程序标准，各地二手车交易市场在完成二手车交易过程中可能程序有差异，但主要程序是基本相同的。下面以北京市二手车交易为例，介绍二手车交易的基本程序。根据二手车交易类型和开具销售发票的权限，二手车交易程序有以下几种。

1. 直接交易程序
二手车个人直接交易和通过二手车经纪机构进行的二手车交易，卖方不能直接给买方开具二手车销售统一发票。根据《二手车流通管理办法》规定，买卖双方达成交易意向后应当到二手车交易市场办理过户业务，由二手车交易市场经营者按规定向买方开具税务机关监制的统一发票——二手车销售统一发票，以便办理车辆相关证件及信息的变更。二手车直接交易流程如图6-1所示。

1）买卖双方达成交易意向。买卖双方达成交易意向指买卖双方已就二手车交易谈妥了相关条件（如成交价格），达成了成交愿望。交易意向的达成是买卖双方的一个谈判过程，一旦谈妥就可以进入办理交易过户的相关手续，完成交易。

2）车辆评估。二手车鉴定评估是买卖双方达成交易意向后自愿选择的项目。《二手车流通管理办法》规定：当交易二手车时，除属国有资产的二手车外，二手车鉴定评估应本着买卖双方自愿的原则，不得强制执行，更不能以此为依据强制收取评估费。

消费者要求鉴定评估的目的主要有两种：一是想通过鉴定评估了解二手车的技术状况，尤其是发现车辆存在的故障和安全隐患；二是了解二手车的真实价值。对于不熟悉汽车性能的普通消费者来说，在购买二手车时，委托二手车鉴定评估机构做鉴定评估还是十分必要的。但一定要委托正规的、有资质的第三方评估机构（如二手车鉴定评估中心、资产评估事务所和价值认证中心），并签订鉴定评估委托书，以使自己的权益得到保证。消费者得到的鉴定评估结果是二手车鉴定评估报告书，由评估机构签章后生效，作为车辆交易的参考。

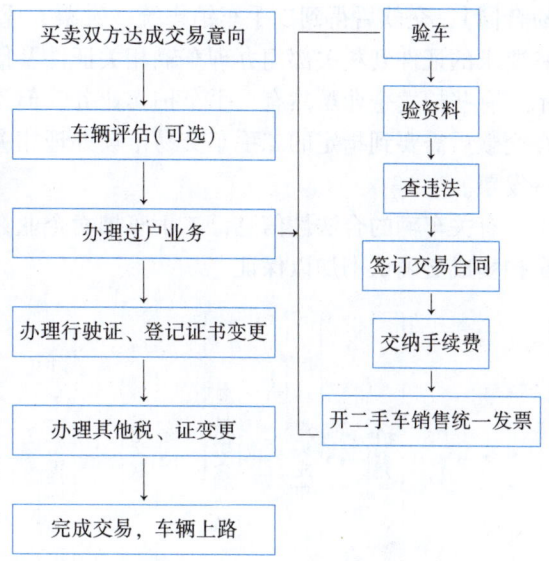

图 6-1　二手车直接交易流程

3）办理过户业务。
4）办理机动车行驶证和机动车登记证书变更。
5）办理其他税、证变更。
6）完成交易，车辆上路。

2. 二手车销售交易程序

二手车销售企业能够直接给购车者开具二手车销售统一发票，因此只要购车者和二手车销售企业达成交易意向，双方即可签订二手车交易合同。购车者付清车款后，企业按规定给购车者开二手车销售统一发票，购车者就可以携带发票和要求的证件去相关部门办理车辆相关证件及信息的变更。二手车销售交易流程如图 6-2 所示。有关车辆的合法性手续，二手车经销企业在收购车时已经查验过，可以通过二手车交易合同加以保证。

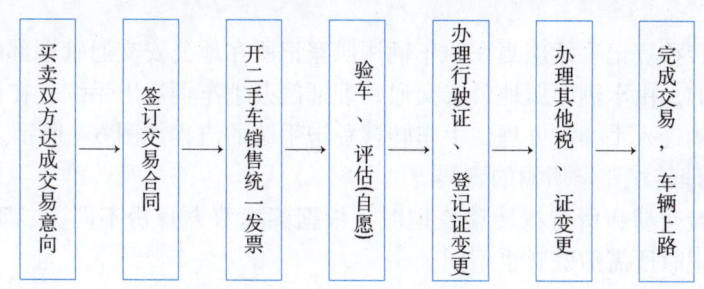

图 6-2　二手车销售交易流程

3. 二手车拍卖交易程序

根据《二手车流通管理办法》规定，二手车拍卖企业能够直接给买受人开具二手车销售统一发票，所以在拍卖会结束后，买受人和拍卖企业签订成交确认书（相当于二手车交易合同），交款后得到二手车销售统一发票，凭成交确认书到指定地点提车，然后携带发票和要求的证件到相关部门办理车辆相关证件及信息的变更。二手车拍卖交易流程如图6-3所示。有些拍卖企业虽然有二手车拍卖业务，但没有开具二手车销售统一发票的资格，此时，在交款后需要到指定的二手车交易市场办理相关过户手续，由市场按规定开具二手车销售统一发票。

有关车辆的合法性信息，二手车拍卖企业在接受拍卖委托时已经查验过，可以通过二手车拍卖成交确认书加以保证。

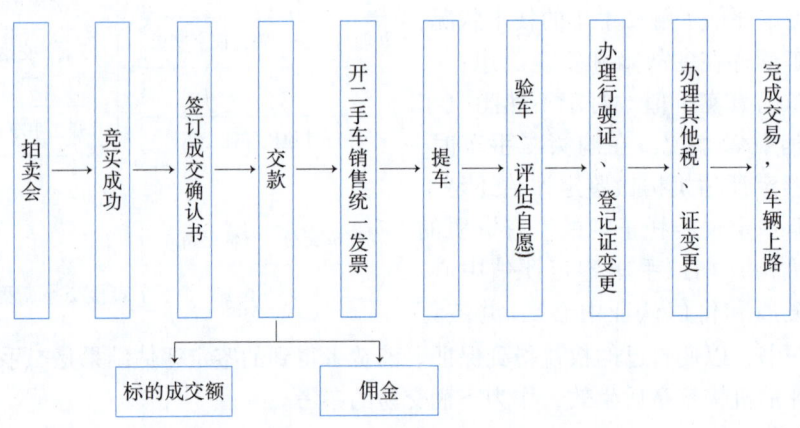

图6-3　二手车拍卖交易流程

四、办理车辆转移登记

1. 办理程序

二手车交易属于产权交易范畴，涉及相关的证明文件和必要手续。二手车交易后必须办理这些证明文件的转移登记手续，以完成手续完备的、合法的成交。机动车产权证明是机动车登记证书、机动车行驶证和机动车号牌。根据买卖双方的住所是否在同一车辆管理所管辖区内，机动车产权转移登记手续可分为同一车辆管理所管辖区内的所有权转移登记（即同城转移登记）和不同车辆管理所管辖区内的所有权转移登记（即异地转移登记）两种登记方式。

二手车同城转移登记手续应当在原车辆注册登记所在地公安交通管理部门办理。需要进行异地转移登记的，由车辆原属地公安交通管理部门办理车辆迁出手续，在接收地公安交通管理部门办理车辆迁入手续。办理二手车转移登记手续的流程如图6-4所示。

2. 二手车办理转移登记所需的资料

二手车在同城交易和所有权转移登记时，根据买卖双方身份不同、二手车交易类型不同，办理转移登记时所需的资料也不同。

（1）二手车所有权由个人转移给个人

1）卖方个人身份证原件及复印件。

2）买方个人身份证原件及复印件。

3）车辆原始购置发票或上次交易过户发票原件及复印件。

4）过户车辆的机动车登记证书原件及复印件。

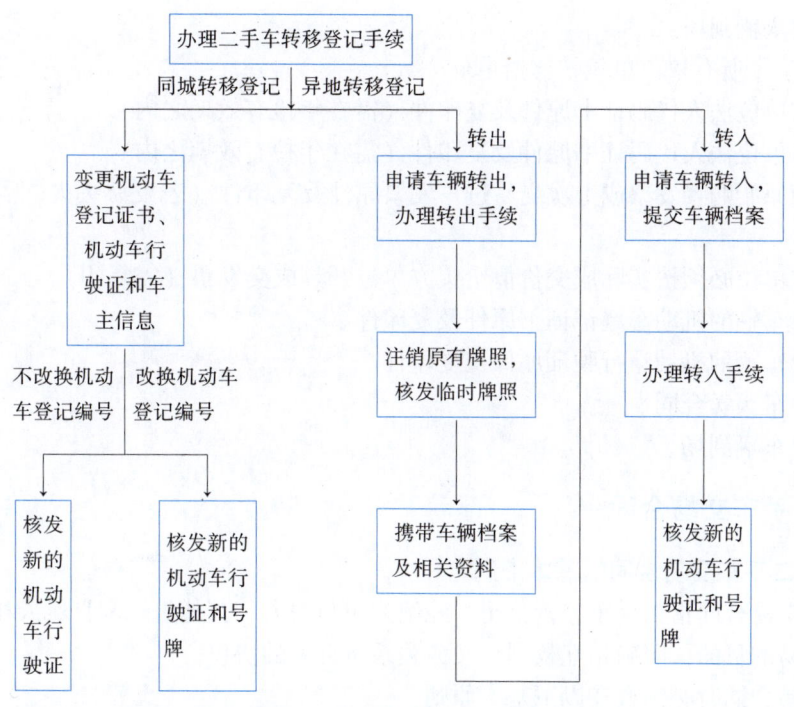

图 6-4 办理二手车转移登记手续的流程

5）过户车辆的机动车行驶证原件及复印件。

6）二手车买卖合同。

7）外地户口需持居住证。

8）过户车辆到场。

(2) **二手车所有权由个人转移给单位**

1）卖方个人身份证原件及复印件。

2）买方单位法人代码证书原件及复印件（需在年检有效期之内）。

3）车辆原始购置发票或上次交易过户发票原件及复印件。

4）过户车辆的机动车登记证书原件及复印件。

5）过户车辆的机动车行驶证原件及复印件。

6）二手车买卖合同。

7）过户车辆到场。

(3) **二手车所有权由单位转移给个人**

1）卖方单位法人代码证书原件及复印件（需在年检有效期之内）。

2）买方个人身份证原件及复印件。

3）车辆原始购置发票或上次交易过户发票原件及复印件（若发票丢失，需提供本单位财务证明信）。

4）卖方单位必须按实际成交价值给买方个人开具成交发票（需复印）。

5）过户车辆的机动车登记证书原件及复印件。

6）过户车辆的机动车行驶证原件及复印件。

7）二手车买卖合同。

8）过户车辆到场。

（4）**二手车所有权由单位转移给单位**

1）卖方单位法人代码证书原件及复印件（需在年检有效期之内）。

2）买方单位法人代码证书原件及复印件（需在年检有效期之内）。

3）车辆原始购置发票或上次交易过户发票原件及复印件（若发票丢失，需提供本单位财务证明信）。

4）卖方单位必须按实际成交价值给买方单位开具成交发票（需复印）。

5）过户车辆的机动车登记证书原件及复印件。

6）过户车辆的机动车行驶证原件及复印件。

7）二手车买卖合同。

8）过户车辆到场。

五、二手车交易合同

1. 订立二手车交易合同的基本准则

二手车交易合同指二手车经营公司、经纪公司与法人、其他组织和自然人相互之间为实现二手车交易的目的，明确相互权利、义务关系所订立的协议。

订立交易合同时必须遵守以下基本原则：

（1）**合法原则**　订立二手车交易合同必须遵守法律和行政法规。法律法规集中体现了人民的利益和要求。合同的内容及订立合同的程序和形式只有与法律法规相符合，才会具有法律效力，当事人的合法权益才可得到保护。任何单位和个人都不得利用经济合同进行违法活动，扰乱市场秩序，损害国家和社会利益，牟取非法收入。

（2）**平等互利、协商一致原则**　订立合同的当事人法律地位一律平等，任何一方不得以大欺小、以强凌弱，把自己的意愿强加给对方，双方都必须在完全平等的地位上签订二手车交易合同。二手车交易合同应当在当事人之间充分协商、意思表示一致的基础上订立，采取胁迫、乘人之危和违背当事人真实意志而订立的合同都是无效的，不允许任何单位和个人进行非法干预。

2. 交易合同的主体

二手车交易合同的主体指为了实现二手车交易目的，以自己名义签订交易合同，享有合同权利、承担合同义务的组织和个人。根据《中华人民共和国合同法》的规定，**我国合同当事人从其法律地位来划分可分为以下几种：**

（1）**法人**　法人指具有民事权利能力和民事行为能力，依法独立享有民事权利和承担民事义务的组织。它必须具备以下条件：

1）依法成立。

2）有必要的财产或经费。

3）有自己的名称、场所和组织机构。

4）能够独立承担民事责任的企业法人、机关法人、事业单位法人和社会团体法人。

（2）**其他组织**　其他组织指合法成立，有一定的组织机构和财产，但不具备法人资格的组织，如私营独资企业、合伙组织和个体工商户。

（3）**自然人**　自然人指具有完全民事行为能力，可以独立进行民事活动的人。

3. 交易合同的内容

（1）主要条款

1）标的。标的指合同当事人双方权利义务共同指向的对象，可以是物也可以是行为。二手车交易合同的标的是被交易的二手车。

2）数量。

3）质量。质量是标的内在因素和外观形态优劣的标志，是标的满足人们一定需要的具体特征。

4）履行期限、地点和方式。

5）违约责任。

6）根据法律规定的或按合同性质必须具备的条款及当事人一方要求必须规定的条款。

（2）其他条款　其他条款包括合同的包装要求、某种特定的行业规则和当事人之间交易的惯有规则。

4. 交易合同的变更和解除

（1）交易合同的变更　交易合同的变更指依法成立的交易合同尚未履行或未完全履行之前，当事人就其内容进行修改和补充而达成协议。

交易合同的变更必须以有效成立的合同为对象，凡未成立或无效的合同，不存在变更问题。交易合同的变更是在原合同的基础上，达成一个或几个新的合同作为修正，以新协议代替原协议。所以，变更作为一种法律行为，使原合同的权利义务关系消灭，产生新权利义务关系。

（2）交易合同的解除　交易合同的解除指交易合同订立后，没有履行或没有完全履行以前，当事人依法提前终止合同。

（3）交易合同变更和解除的条件　合同法规定，凡发生下列情况之一，允许变更或解除合同：

1）当事人双方经协商同意，并且不因此损害国家利益和社会公共利益。

2）由于不可抗力致使合同的全部义务不能履行。

3）由于另一方在合同约定的期限内没有履行合同。

5. 违约责任

违约责任指交易合同一方或双方当事人由于自己的过错造成合同不能履行或不能完全履行，依照法律或合同约定必须承受的法律制裁。

（1）违约责任的性质

1）等价补偿。凡是已给对方当事人造成财产损失的，就应当承担补偿责任。

2）违约惩罚。合同当事人违反合同的，无论这种违约是否已经给对方当事人造成财产损失，都要依照法律规定或合同约定承担相应的违约责任。

（2）承担违约责任的条件

1）要有违约行为。要追究违约责任，必须有合同当事人不履行或不完全履行的违约行为。它可分为作为违约和不作为违约。

2）行为人要有过错。过错指当事人违约行为主观上出于故意或过失。故意指当事人应当预见自己的行为会产生一定的不良后果，但仍用积极的不作为或者消极的不作为希望或放任这种后果的发生。过失指当事人对自己行为的不良后果应当预见或能够预见到，而由于疏忽大意没有预见到或虽已预见到但轻信可以避免，以致产生不良后果。

(3) 承担违约责任的方式

1) 违约金。违约金指合同当事人因过错不履行或不适当履行合同，依据法律规定或合同约定，支付给对方一定数额的货币。根据《中华人民共和国合同法》及有关条例或实施细则的规定，违约金分为法定违约金和约定违约金。

2) 赔偿金。赔偿金指合同当事人一方过错违约，给另一方当事人造成损失超过违约金数额时，由违约方当事人支付给对方当事人的一定数额的补偿货币。

3) 继续履行。继续履行指合同违约方支付违约金和赔偿金后，应对方的要求，在对方指定或双方约定的期限内，继续完成没有履行的那部分合同义务。

违约方在支付了违约金和赔偿金后，合同关系尚未终止，违约方有义务继续按约履行，最终实现合同目的。

6. 合同纠纷处理方式

合同纠纷指合同当事人之间因对合同的履行状况及不履行的后果所发生的争议。根据《中华人民共和国合同法》及有关条例的规定，我国合同纠纷的解决方式一般有协商解决、调解解决、仲裁和诉讼 4 种方式。

(1) 协商解决 协商解决指合同当事人之间直接磋商，自行解决彼此间发生的合同纠纷。这是合同当事人在自愿和互谅互让的基础上，按照法律、法规的规定和合同的约定，解决合同纠纷的一种方式。

(2) 调解解决 调解解决指由合同当事人以外的第三人（交易市场管理部门或二手车交易管理协会）出面调解，使争议双方在互谅互让的基础上自愿达成解决纠纷的协议。

(3) 仲裁 仲裁指合同当事人将合同纠纷提交国家规定的仲裁机关，由仲裁机关对合同纠纷做出裁决的一种活动。

(4) 诉讼 诉讼指合同当事人之间发生争议而合同中未规定仲裁条款，或发生争议后也未达成仲裁协议的情况下，由当事人一方将争议提交有管辖权的法院，按诉讼程序审理做出判决的活动。

7. 二手车交易合同的种类

二手车交易合同按当事人在合同中处于出让、受让或居间中介的不同情况，可分为二手车买卖合同和二手车居间合同两种。

(1) 二手车买卖合同

1) 出让人（售车方）：有意向出让二手车合法产权的法人或其他组织、自然人。

2) 受让人（购车方）：有意向受让二手车合法产权的法人或其他组织、自然人。

(2) 二手车居间合同

1) 出让人（售车方）：有意向出让二手车合法产权的法人或其他组织、自然人。

2) 受让人（购车方）：有意向受让二手车合法产权的法人或其他组织、自然人。

3) 中介人（居间方）：合法拥有二手车中介交易资质的二手车经纪公司。

8. 二手车质量保证

二手车质量保证是在二手车销售的同时，销售商承诺对车辆进行有条件、有范围和有限期的质量保证，并切实履行承诺的责任和义务。

二手车的质量保证是二手车销售环节中不可缺少的重要一环。没有质量保证的二手车销售是不完整的销售。

(1) 二手车质量保证的意义

1) 保护消费者权益。长期以来，二手车交易存在车辆信息不透明和买卖双方信息不对称的问题，消费者时刻面临着质量欺诈、价值欺诈和购买非法车辆等风险。消费者对所购买的二手车，最难以把握的是车辆原来的使用状况和技术状况。尤其是车辆买到手后，各种故障便在短时间内连连发生，使消费者对二手车的质量可靠性心存疑虑，因此希望二手车销售商能提供质量保证。为二手车消费者提供质量担保，是销售商保护消费者权益的具体体现，同时也是一种社会责任。

2) 促进二手车行业的规范发展。以前，二手车买卖成交后，销售商的责任即告结束，对此后车辆出现的各种故障概不负责。这一方面使得消费者的权益得不到充分保障，另一方面导致一些不法销售商有恃无恐地进行欺诈行为。这使消费者的心目中形成了二手车都是车辆状况差和问题多等不好的印象，造成很多消费者不敢购买二手车，极大地损害了二手车交易行业的发展。事实上，二手车交易中大多数纠纷都是由于售后发现质量问题而引起的。

实行二手车质量保证可以从根本上消除这种畏惧心理，激发中低收入者潜在的购车能量。在鼓励和扶持那些诚实守信和规范运作的经营企业的同时，行业管理部门还应当规范、监督和约束那些不讲信誉和不讲服务的销售行为，逐步净化二手车的市场环境，提升行业的社会形象。可以说，在我国诚信体系尚不完善的情况下，承诺服务将更好地推动二手车行业发展。

3) 有利于经营品牌的创立。二手车交易与新车销售一样，是一个与服务密切相关的经营行为。二手车销售企业实行二手车质量保证，将服务延伸到售后，切实履行保护消费者利益的责任，赢得消费者的信任，有利于创立二手车经营品牌。这给二手车直接交易和中介经营带来非常大的比较优势，体现了品牌经销商的优势所在，也成为鉴定二手车经营企业之间诚信差异和品牌优劣的重要标志。这方面的工作谁做得好，谁就赢得市场。

4) 有利于开辟新的交易方式。目前，在二手车交易中，通常采用到有形市场现场看车的方式来确定车辆状况。这种方式对买卖双方均耗时、费力和效率低，是一种比较原始的方式。随着社会车辆的逐渐增多，二手车交易的日趋活跃，这种低效率的交易方式对提高交易量的制约影响日益凸显。

因此，交易方式的拓展将是一个现实的课题。例如开展网上交易形式等，将有形市场与无形市场结合，有利于扩大二手车交易的范围，促成二手车这一社会资源得到更合理的配置。实现这种新的交易模式的重要前提是经营企业诚信体系的建立、二手车质量保证的承诺以及社会和消费者对此承诺的高度认同。

(2) 二手车质量保证的前提及质量保证期　二手车质量保证很重要，但并不是所有销售的二手车都能得到质量保证。根据我国目前二手车市场发展水平，这种质量保证只能是有条件、有范围和有限期的质量保证。

1) 提供质量保证的企业。根据《二手车交易规范》规定，二手车质量保证只对二手车经销企业要求，对直接交易、经纪、拍卖和鉴定评估等中介交易形式无要求。

2) 二手车质量保证的前提。根据《二手车交易规范》规定，二手车经销企业向最终用户销售二手车提供质量保证的前提，是使用年限在 3 年以内或行驶里程在 6 万 km 以内的车辆（以先到者为准，营运车除外）。

3) 二手车质量保证期限。根据《二手车交易规范》规定，二手车经销企业向最终用户销售二手车时，应向用户提供不少于 3 个月或 5000km（以先到者为准）的质量保证。

4）二手车质量保证的范围。根据《二手车交易规范》规定，二手车质量保证范围为发动机系统、转向系统、传动系统、制动系统和悬架系统等。

（3）二手车的售后服务　如果说二手车经销企业在向最终用户销售二手车时提供质量保证让买主买得放心，那么同时向用户提供售后服务，则让买主使用无忧，消除对二手车使用的担心。

1）二手车售后服务的规定。《二手车交易规范》规定：二手车经销企业向最终用户提供售后服务时，应向其提供售后服务清单；在提供售后服务的过程中，不得擅自增加未经客户同意的服务项目；二手车经销企业应建立售后服务技术档案，售后服务技术档案保存时间不少于3年。

2）售后服务技术档案内容。售后服务技术档案包括车辆基本资料、客户基本资料和维修维护记录等内容。

① 车辆基本资料主要包括车辆品牌型号、车牌号码、发动机号、车架号、出厂日期、使用性质、最近一次转移登记日期、销售时间和地点等。

② 客户基本资料主要包括客户名称（姓名）、地址、职业和联系方式等。

③ 维修维护记录主要包括维修维护的时间、里程和项目等。

这样，有了质量保证和售后服务的承诺，再加上交易合同的保证，车辆的真实信息将难以隐瞒，二手车交易变得更加透明，真正成为一种"阳光交易"。

项目实施

通过模拟二手车市场上二手车的交易流程，来完成本项目内容。

一、办理交易过户业务

二手车过户过程实际上是分为两个步骤：车辆交易过户和转移登记过户，两个步骤缺一不可。交易过户业务在二手车交易市场办理，获取二手车销售统一发票。转移登记过户业务在车管所办理，主要完成机动车登记证书的变更登记，核发机动车行驶证及机动车号牌。办理二手车交易时，如果原车主不来，可以授权委托其他人来办理交易及过户手续，但必须签署有授权委托书。此委托书只在办理交易过户业务时使用，而办理转移登记过户业务不用。典型的授权委托书如下：

授权办理旧机动车交易、过户委托书

本委托书现有旧机动车一辆，车辆号牌为＿＿＿＿
车辆型号为＿＿＿＿需出售。现委托＿＿＿＿
以委托人的名义办理上述旧机动车的交易、过户事宜。

委托人（签章）＿＿＿＿
＿＿＿＿年＿＿＿＿月＿＿＿＿日

注明：
◆此原件（或复印件）应由委托人主动向购买旧车的当事人提供，并为《北京市××旧机动车买卖合同》的附件，同时提供经办人身份证复印件。

◆以下资料由本委托人提供：①车辆登记证书原件；②本人身份证或单位法人代码证书；③车辆行驶证原件；④购车发票。

1. 验车

验车是买卖双方到二手车交易市场办理过户业务的第一道程序，由市场主办方委派负责过户的业务人员办理。验车的目的主要是检查车辆和行驶证上的内容是否一致，对车辆的合法性进行验证。检查的内容包括车主姓名、车辆名称、车辆的号牌号码、车辆类型、VIN、发动机号、排气量和初次登记日期等。经检查无误后，填写"车辆检验单"，如图6-5所示，进入查验资料阶段。

卖方_____		电话_____	
买方_____		电话_____	
号牌号码_____		车辆类型_____	
车辆名称_____		使用性质_____	
VIN_____		发动机号_____	
排气量_____	年份_____	颜色_____	
注册登记日期_____		登记证号_____	
原购车价_____	交易管理费_____	有效期_____	
验车员_____	年	月	日
备注：			
号牌号码_____	登记日期_____	年份_____	
厂牌名称_____	颜色_____	排气量_____	
车辆类型_____	使用性质_____		
原购车价_____	经办人_____		
		年 月 日	

图6-5 车辆检验单

2. 验资料

验资料主要包括查验车辆资料和机动车所有人身份证明。目的是检验买卖双方所提供的所有资料是否具备办理过户的条件，检查有无缺失以及不符合规定的资料。

（1）车辆资料检查

1）查验证件。查验证件的目的是查验交易车辆的合法性。每辆合法注册登记的机动车都有车辆管理所核发的机动车登记证书、机动车行驶证和机动车号牌，号牌必须悬挂在车体指定位置。二手车交易时主要查验以下证件：机动车来历证明、机动车登记证书和机动车行驶证。

2）查验税费证明。根据《二手车流通管理办法》规定，二手车交易必须提供车辆购置税、车船使用税和车辆保险单等税费缴付凭证。

（2）机动车所有人身份证明　机动车所有人身份证明是证实车主身份的证明，可以用来查验机动车所有人是否合法拥有该车的处置权。车主的身份证明有以下几种情况：

1）如果车主为自然人，则身份证件为个人身份证。个人身份有本地和外地个人之分：

本地个人，只需身份证原件；外地个人，需身份证原件和居住证原件。

2）如果车主为企业，则身份证件为企业的法人代码证书。

3）如果车主为外籍公民，则身份证件为其护照及工作（居留）证。

根据《二手车交易规范》规定，二手车交易市场经营者和二手车经营主体应按下列项目确认卖方的身份及车辆的合法性：

① 卖方身份证明或者机构代码证书原件合法有效。

② 车辆号牌、机动车登记证书、机动车行驶证、机动车安全技术检验合格标志真实、合法、有效。

③ 交易车辆不属于《二手车流通管理办法》第二十三条规定禁止交易的车辆。

同时，二手车交易市场经营者和二手车经营主体应核实卖方的所有权或处置权证明。车辆所有权或处置权证明应符合下列条件：

① 机动车登记证书、机动车行驶证与卖方身份证明名称一致；国家机关、国有企事业单位出售的车辆，应附有资产处理证明。

② 委托出售的车辆，卖方应提供车主授权委托书和身份证明。

③ 二手车经销企业销售的车辆，应具有车辆收购合同等能够证明经销企业拥有该车所有权或处置权的相关材料，以及原车主身份证明复印件。原车主名称应与机动车登记证和机动车行驶证上的名称一致。

3. 查违法

查违法就是查询交易的二手车是否有违法行为记录。具体方法是登录车辆管理部门的信息数据库或查询网站进行查询。

4. 签订交易合同

根据《二手车流通管理办法》规定，二手车交易双方应该签订交易合同，要在合同当中对二手车的状况、来源的合法性和费用负担以及出现问题的解决方法等各方面进行约定，以便分清各自的责任和义务。

二手车经过查验和评估后，其车辆的真实性和基本价值已基本确定。如果车主不同意评估价值，可以和二手车销售企业协商达成最终交易的价值，同时，需要原车主对其车辆的一些其他事宜（使用年限、行驶里程、安全隐患和有无违章记录等）做出一个书面承诺。这些都以签订交易合同的形式来确定。交易合同是确立买卖双方交易关系和履行责任的法律合约，是办理交易手续和过户手续的必要凭证之一。目前全国还没有统一的二手车交易合同格式。北京市二手车买卖合同式样如下：

北京市旧机动车买卖合同

合同编号：_____

提示：本合同适用于在我市行政区域内进行的旧机动车买卖交易。签订合同前，当事人应仔细阅读合同各项条款，并根据自身情况如实填写。

依据《中华人民共和国合同法》及相关规定，买卖双方在平等、自愿、公平和诚实信用的基础上，就旧机动车买卖的有关事宜协商达成协议如下：

第一条　卖方依法出卖具备以下条件的旧机动车（注：批量交易车辆请填写合同附件）

(续)

车主名称：_____；号牌号码：_____；厂牌型号：_____。
初次登记日期：_____ 行驶公里数：_____。
车辆使用性质：□客运、□货运、□出租、□租赁、□营运、□其他。
车辆状况：_____。

第二条　车辆成交价值及交验车

车辆成交价值为（不含税费）_____元，大写：_____元。
车辆过户、转籍过程中发生的税、费负担方式：□买方负责、□卖方负责、□_____
买方应于_____年_____月_____日在_____（地点）同卖方当面验收车辆及审验相关文件，并自验收、审验无误起_____日内向卖方支付车价款。

卖方应在收到车价款后向买方交付车辆及相关文件，并在_____日内协助买方办理完车辆过户和转籍手续。（注：双方约定分期付款的，可就付款时间及车辆交付等问题在第六条中约定。）

相关文件包括：机动车行驶证、机动车登记证书、车辆购置税证明、税讫证明、车辆年检证明、_____。

第三条　双方权利义务

1) 卖方应保证对出卖车辆享有所有权或处置权，且该车符合相关规定能够依法办理过户和转籍手续。
2) 卖方应保证向买方提供的相关文件真实有效及其对车辆状况的陈述完整和真实，不存在隐瞒或虚假成分。
3) 买方应按约定时间、地点与卖方当面验收车辆及审验相关文件，并按约定支付车价款。
4) 卖方收取车价款后，应开具合法、有效的收款凭证。
5) 车辆交付后办理过户和转籍过程中，因车辆使用发生的问题由_____负责。

第四条　违约责任

1) 第三人对车辆主张权利并有确实证据的，卖方应承担由此给买方造成的一切损失。
2) 买方未按约定支付车价款的，应每日按未交车价款_____%的标准支付违约金。
3) 卖方未按约定交付车辆及相关文件的，应每日按车价款_____%的标准支付违约金。
4) 因卖方原因致使车辆在规定期间内不能办理过户和转籍手续的，买方有权要求卖方返还车价款并承担一切损失；因买方原因致使车辆在规定期限不能办理过户和转籍手续的，卖方有权要求买方返还车辆并承担一切损失。

第五条　合同争议的解决办法

本合同项目发生的争议，由双方当事人协商或申请调解解决；协商或调解解决不成的，依法向人民法院起诉，或按另行达成的仲裁条款或仲裁协议提起仲裁。

第六条　其他约定事项：_____
_____
_____

（续）

本合同一式三份，买方一份，卖方一份，备案部门一份。本合同在双方签字盖章后生效。合同生效后，双方对合同内容的变更或补充应采取书面形式，作为本合同的附件。附件与本合同具有同等的法律效力。	
买方（章）：	卖方（章）：
住所：	住所：
电话：	电话：
证照号码：	证照号码：
委托代理人：	委托代理人：
电话：	电话：
签订时间：	签订地点：

5. 交纳手续费

手续费俗称过户费，指在二手车交易市场中办理交易过户业务相关手续的服务费用。

目前，很多二手车交易市场的服务费是按照汽车的排量来进行定额收取的，小排量少收，大排量多收。例如北京市旧机动车交易市场收取标准按排量、年份和价值来划分，并设有起始价和最低价。车辆初次登记日期一年以内的车型按起始价收取费用，然后按使用年份逐年递减，直至最低价。

注意：各地过户业务相关手续的服务费用有较大差异，请事前了解相关规定。

6. 开具二手车销售统一发票

二手车销售发票是二手车的来历证明，是办理转移登记手续变更的重要文件，因此，它又被称为过户发票。二手车销售发票的有效期为一个月，买卖双方应在此期间内，到车辆管理部门办理机动车行驶证、机动车登记证书的相关变更手续。

二手车销售统一发票由从事二手车交易的市场、有开票资格的二手车经销企业或拍卖企业开具，二手车经纪公司和消费者个人之间二手车交易发票由二手车交易市场统一开具。二手车销售统一发票是采用压感纸印制的计算机票，一式5联，其中存根联、记账联和入库联由开票方留存；发票联交购车方，转移登记联交公安车辆管理部门办理过户手续。二手车销售发票的价款中不包括过户手续费和评估费。

开具的发票必须经驻场工商部门审验合格后，在已经开具的"二手车销售统一发票"上加盖"工商行政管理局旧机动车市场管理专用章"后，发票才能生效，这个步骤称为工商验证。

7. 二手车交易完成后卖方应向买方交付的手续

二手车交易完成后，卖方应当及时向买方交付车辆、号牌及车辆法定证明和凭证。车辆法定证明和凭证主要包括：

1）机动车登记证书。
2）机动车行驶证。
3）有效的机动车安全技术检验合格标志。
4）车辆购置税完税证明。
5）车船使用税缴付凭证。

6）车辆保险单。

二、办理车辆转移登记

1. 同城车辆所有权转移登记

办理已注册登记的机动车在同城（同一车辆管理所管辖区内）发生所有权转移时，只需要更改车主姓名（单位名称）和住所等资料，机动车及机动车号牌可以不变更。这种变更情形习惯上称为办理过户手续，即把机动车原车主的登记信息变更为新车主的登记信息。

（1）过户登记的程序　现车主提出申请，填写"机动车转移登记申请表"（表6-1）或"机动车变更、过户、改装、停驶、复驶、报废审批申请表"（表6-2）→机动车检测站查验车辆（同时对超过检验周期的机动车进行安全检测）→车辆管理所受理审核资料→在机动车登记证书上记载过户登记事项（对需要改变机动车登记编号的，确定机动车登记编号）→收回原机动车号牌和机动车行驶证→重新核发机动车号牌和机动车行驶证（对不需要改变机动车登记编号的，只需重新核发机动车行驶证）。

表6-1　机动车转移登记申请表

	机动车登记证书编号		号牌号码		
申请事项	□机动车在车辆管理所管辖区内的转移登记　□机动车转出车辆管理所管辖区内的转移登记				
现机动车所有人	姓名/名称			联系电话	
	住所地址			邮政编码	
	身份证明名称		号码	□常住人口	□暂住人口
	居住/暂住证明名称		号码		
机动车	机动车使用性质	□公路客运　□公交客运　□出租客运　□旅游客运　□租赁　□货运 □非营运　□警用　□消防　□救护　□工程抢险　□营转非　□出租营转非			
	机动车获得方式	□购买　□中奖　□仲裁裁决　□继承　□赠予　□协议抵偿债务 □资产重组　□资产整体买卖　□调拨　□法院调解、裁定、判决			
	机动车品牌型号				
	VIN/车架号				
	发动机号				
相关资料	来历凭证	□销售/交易发票　□调解书　□裁定书　□判决书　□仲裁裁决书 □相关文书　□批准文件　□调拨证明　□权益转让证明书			
	其他	□中华人民共和国海关监管车辆解除监管证明书 □协助执行通知书　　　　　　　□公证书 □身份证明　　　　　　　　　　□行驶证		现机动车所有人：	
事项明细	转入地车辆管理所名称		车辆管理所		
申请方式	□由现机动车所有人申请 □现机动车所有人委托＿＿＿＿＿代理申请			（个人签字/单位盖章） 　　年　月　日	

（续）

代理人	姓名/名称			联系电话	
	住所地址				
	身份证明名称		号码	代理人：	
	经办人	姓名			
		身份证明名称		号码	
		住所地址		（个人签字/单位盖章）	
		签字		年 月 日	年 月 日

注：1. 填写时使用黑色、蓝色笔，字体工整。
2. 标注有"□"符号的为选择项目，选择后在"□"中画"✓"。
3. 现机动车所有人的住所地址栏属于个人的，填写实际居住的地址；属于单位的，填写组织机构代码证书上签注的地址。
4. 机动车栏的"机动车品牌型号""VIN/车架号""发动机号"项目，按照车辆的技术说明书和合格证等资料标注的内容与车辆核对后填写。
5. 申请方式栏，属于由机动车所有人委托代理单位或者代理人代为申请的，除在"□"内画"✓"外，还应当在下画线处填写代理单位或者代理人的全称。
6. 机动车所有人的签字/盖章栏属于个人的，由机动车所有人签字；属于单位的，盖单位公章。
7. 代理人栏属于个人代理的，填写代理人的姓名、住所地址、身份证明名称和号码，在代理人栏内签名，不必填写经办人姓名等项目；属于单位代理的，应填写代理人栏的所有内容，代理单位应盖单位公章，经办人应签字。

表6-2 机动车变更、过户、改装、停驶、复驶、报废审批申请表

车　　主		公、私	车主签章
住　　址		电话	
号牌号码		车辆类型	
出厂日期		厂牌型号	
发动机号		车架号	
申请内容			
监管机关审核意见		检验结果	检验员
		登记员	

注：1. 申请内容栏
1）报废：车主填写报废理由，其单位上级主管部门需签注意见。
2）改装：扼要填写改装理由和项目。
3）变更、过户：填写变更、过户后新车主的情况，新车主需在此栏内签章。
2. 检验结果栏
改装竣工，检验员签注检验结果。

1）提出申请。现车主向车辆管理所提出机动车产权转移申请，填写"机动车转移登记申请表"。

2）交验车辆。现车主将机动车送到机动车检测站检测，查验 VIN/车架号是否有凿改，和 VIN/车架号的拓印模是否一致。如果是已经超过检验周期的机动车，还要进行安全检测。

3）受理审核资料。受理转移登记申请，查验并收存相关资料，向现车主出具受理凭证；审批相关手续，符合规定的在计算机登记系统中确认，不符合规定的说明理由开具退办单，将资料退给车主。

4）办理新旧车主信息资料的转移登记手续。如果需要改变机动车登记编号的，则进行机动车号牌选号和照相，重新确定机动车登记编号，最后，在机动车登记证书上记载转移登记事项。

5）收回原机动车行驶证，核发新的机动车行驶证。

6）需要改变机动车登记编号的，收回原机动车号牌和机动车行驶证，确定新的机动车登记编号，重新核发机动车号牌、机动车行驶证和检验合格标志。

（2）过户登记需要的材料

1）机动车转移登记申请表。

2）现车主的身份证明。对身份证明的具体要求如下：

① 机关、学校、工厂、公司等行政、事业、企业单位和社会团体的身份证明是"组织机构代码证书"。如果上述单位已注销、撤销或者破产，其机动车需要办理变更登记、转移登记、注销登记和补领机动车登记证书、号牌和行驶证的，已注销的企业单位的身份证明是工商行政管理部门出具的注销证明。已撤销的机关和事业单位的身份证明是其上级主管机关出具的有关证明。已破产的企业单位的身份证明是依法成立的财产清算机构出具的有关证明。

② 外国驻华使馆、领馆和外国驻华办事机构、国际组织驻华代表机构的身份证明是该使馆、领馆或者该办事机构和代表机构出具的证明。

③ 居民的身份证明是居民身份证或者居民户口簿；在暂住地居住的内地居民，其身份证明是居民身份证和公安机关核发的居住和暂住证明。

④ 军人（含武警）的身份证明是居民身份证。

⑤ 中国香港特别行政区、中国澳门特别行政区和中国台湾地区居民的身份证明是其入境的身份证明和居留证明。

⑥ 外国人的身份证明是其入境的身份证明和居留证明。

⑦ 外国驻华使馆、领馆人员和国际组织驻华代表机构人员的身份证明是外交部核发的有效身份证件。

3）机动车登记证书（原件）。

4）机动车行驶证（原件）。

5）解除海关监管的机动车，应当提交监管海关出具的"中华人民共和国海关监管车辆解除监管证明书"。

6）机动车来历凭证（二手车交易的机动车来历凭证是二手车销售统一发票）。

7）车辆购置税完税证明。

8）所购买的二手车。

(3) 过户登记的事项

1) 现车主的姓名或者单位名称、身份证明名称、身份证明号码、住所地址、邮政编码和联系电话。对住所地址的要求如下：

① 单位住所的地址为其组织机构代码证书记载的地址。

② 居民住所的地址为其居民户口簿或者居民身份证或者暂住证记载的地址。

③ 军人住所的地址为其团以上单位出具的本人住所地址证明记载的地址。

④ 中国香港特别行政区、中国澳门特别行政区和中国台湾地区居民住所的地址为其居留证记载的地址。

⑤ 外国人住所的地址为其居留证件记载的地址。

2) 机动车获得方式。机动车获得方式是指人民法院调解、裁定、判决和仲裁机构仲裁裁决、购买、继承、赠予、中奖、协议抵偿债务、资产重组、资产整体买卖和调拨等。

3) 机动车来历凭证的名称和编号。

4) 转移登记的日期。

5) 海关解除监管的机动车，登记海关出具的"中华人民共和国海关监管车辆解除监管证明书"的名称和编号。

6) 改变机动车登记编号的，登记机动车登记编号。

(4) 不能办理过户登记的情形 有些情形不能办理过户登记，详见《机动车登记规定》。

2. 异地车辆所有权转移登记

二手车交易后，如果新车主和原车主的住所不在同一城市里，不能直接办理机动车登记证书和机动车行驶证的变更，需要到新车主住所所属的车辆管理所管辖区内办理。这就涉及二手车转出和转入登记问题。

(1) 转出登记 车辆转出登记指在现车辆管理所管辖区内已注册登记的车辆，办理车辆档案转出的手续。一般是由于现车主的住所或工作地址变动等原因需要将车辆转出本地。

1) 转出登记程序。现车主提出申请（填写"机动车转移登记申请表"）→车辆管理所受理审核资料→确认车辆并在机动车登记证书上记载转出登记事项→收回机动车号牌和机动车行驶证→核发临时行驶车号牌，密封机动车档案—交机动车所有人。

2) 转出登记的规定。根据《机动车登记规定》，二手车交易后且现车主的住所不在原车辆管理所管辖区的，现车主应当于机动车交付之日（以二手车销售发票上登记日期为准）起 30 日内，向原二手车管辖地车辆管理所提出转移登记申请，填写"机动车转移登记申请表"，有些地方还要求车主签订外迁保证书。

3) 转出登记需要的资料。现车主在规定的时间内，持下列资料，向原二手车管辖地车辆管理所申请转出登记，并交验车辆。

① 机动车转移登记申请表。有的地区规定需填写"机动车定期检验表"（表6-3）及"机动车档案异动卡"（表6-4）。

② 现车主的身份证明。

③ 机动车登记证书（原件）。

④ 机动车来历凭证（二手车销售发票注册登记联原件）。

⑤ 如果属于解除海关监管的机动车，应当提交监管海关出具的"中华人民共和国海关监管车辆解除监管证明书"。

表 6-3 机动车定期检验表

号码号牌								
车主					公、私		车主签章	
住 址				电话				
车辆类型		厂牌型号	车身颜色	驱 动 ×		燃 料 油	年 月 日	
发动机号				车架号				
与行车执照记录有何变动								
检验部门、结果	现有效期			监管机关	审核意见			
	年 月 日							
	检验员							
	年 月 日	登记员					年 月 日	

表 6-4 机动车档案异动卡

原车主		原号牌号码	
车类		车型	
发动机号		车架号	
车辆报废			年 月 日
转籍去向			年 月 日
新车主		新号牌号码	
其他			
备注		经办人	
		档案员	

⑥ 交回机动车号牌和机动车行驶证。

4) 转出登记事项。当车辆管理所办理转出登记时，要在机动车登记证书上记载下列转出登记事项：

① 现车主的姓名或者单位名称、身份证明名称、身份证明号码、住所地址、邮政编码和联系电话。

② 机动车获得方式。机动车获得方式指人民法院调解、裁定、判决，仲裁机构仲裁裁决，购买、继承、赠予、中奖、协议抵偿债务、资产重组、资产整体买卖和调拨等。

③ 机动车来历凭证的名称和编号。

④ 转移登记的日期。

⑤ 海关解除监管的机动车，登记海关出具的"中华人民共和国海关监管车辆解除监管证明书"的名称和编号。

⑥ 改变机动车登记编号的，登记机动车登记编号。

⑦ 登记转入地车辆管理所的名称。

完成转出登记的办理后，收回机动车号牌和机动车行驶证，核发临时行驶车号牌，密封机动车档案，交给车主到转入地办理转入登记手续。

（2）转入登记

1）机动车转入登记的条件。

① 现车主的住所属于本地车管所登记规定范围。

② 转入机动车符合国家机动车登记规定。

2）转入登记规定。根据《机动车登记规定》，机动车档案转出原车辆管理所后，机动车所有人必须在90日内携带车辆及档案资料到住所地车辆管理所申请机动车转入登记。

（3）转入登记程序　车主提出申请→交验车辆→车辆管理所受理申请→审核资料→在机动车登记证书上记载转入登记事项→核发机动车号牌、机动车行驶证和检验合格标志。

1）提出申请。车主向转入地车辆管理所提出转入申请，填写"机动车注册登记/转入申请表"（表6-5）。

表 6-5　机动车注册登记/转入申请表

申请事项		□注册登记	□转入	
机动车所有人	姓名/名称		联系电话	
	住所地址		邮政编码	
	身份证明名称	号码	□常住人口	□暂住人口
	居住/暂住证明名称	号码		
机动车	机动车使用性质	□公路客运　□公交客运　□出租客运　□旅游客运　□租赁　□货运 □非营运　□警用　□消防　□救护　□工程抢险　□营转非　□出租营转非		
	机动车获得方式	□购买　□仲裁裁决　□继承　□赠予　□协议抵偿债务　□中奖 □资产重组　□资产整体买卖　□调拨　□境外自带　□法院调解、裁定、判决		
	机动车品牌型号			
	VIN/车架号			
	发动机号			
相关资料	来历凭证	□销售/交易投票　□调解书　□裁定书 □判决书　□相关文书　□批准文件 □调拨证明　□仲裁裁决书	机动车所有人签章：	
	进口凭证	□货物进口证明 □没收走私汽车、摩托车证明书 □中华人民共和国海关监管车辆进（出）境领（销）牌照通知书		
	其他	□国产机动车的整车出厂合格证 □机动车档案　　　□身份证明 □协助执行通知书　□公证书	（个人签字/单位盖章） 　　　年　　月　　日	
申请方式	□由机动车所有人申请 □机动车所有人委托_____代理申请			

（续）

代理人	姓名/名称					
	住所地址				联系电话	
	身份证明名称		号码		代理人签章：	
	经办人	姓名				
		身份证明名称		号码		
		住所地址			（个人签字/单位盖章）	
		签字		年 月 日	年 月 日	

2）交验车辆。车主将机动车送到机动车检测站检测，车管所民警确认机动车的唯一性，查验 VIN（车架号）有无凿改嫌疑。

3）车辆管理所受理申请。受理转入登记申请，查验并收存机动车档案，向车主出具受理凭证。

4）审核资料。审批相关手续，符合规定的在计算机登记系统中确认，不符合规定的说明理由开具退办单，将资料退给车主。

5）办理转入登记手续。审验合格后，进行机动车号牌选号和照相，确定机动车登记编号，并在机动车登记证书上记载转入登记事项。

6）核发新的机动车号牌和机动车行驶证。

（4）转入登记需要的资料

1）机动车注册登记/转入申请表。

2）车主的身份证明。

3）机动车登记证书。

4）机动车密封档案（原封条无断裂和破损）。

5）申请办理转入登记的机动车的标准照片。

6）海关监管的机动车，还应当提交监管海关出具的"中华人民共和国海关监管车辆进（出）境领（销）牌照通知书"。

由于各地区对车辆环保要求执行不同的标准，车主在将车辆转入"转入地"前，应向转入地的车辆管理部门征询该车辆是否符合转入条件。

（5）转入登记事项　当车辆管理所办理转入登记时，要在机动车登记证书上记载下列登记事项：

1）车主的姓名或者单位名称、身份证明号码或者单位代码、住所的地址、邮政编码和联系电话。

2）机动车的使用性质。

3）转入登记的日期。

属于机动车所有权发生转移的，还应当登记下列事项：

1）机动车获得方式。

2）机动车来历凭证的名称、编号和进口机动车的进口凭证的名称和编号。

3）机动车办理保险的种类、保险的日期和保险公司的名称。

4）机动车销售单位或者交易市场的名称和机动车销售价值。

（6）不能办理转入登记的情形　有下列情形之一的，不予办理转入登记：

1）机动车所有人擅自改动、更换机动车或者机动车档案的。

2）符合"不能办理过户登记的情形"的。

注意：各地对转入车辆的年限和排放标准不统一，办理异地转籍时请事前了解落籍地的相关规定。

三、办理其他税、证变更

二手车交易中，买方在变更车辆产权之后还需要进行车辆购置税、保险合同等文件的变更。各地在变更时对文件的要求不同，可以先到规定办理的单位窗口进行咨询。

1. 车辆购置税的变更

车辆购置税的征收部门是车辆登记注册地的主管税务机关，办理变更时，需填写"车辆变动情况登记表"，并携带相关资料办理。

（1）车辆购置税同城过户业务办理

1）办理车辆购置税同城过户业务提供的资料（原件及复印件）。

2）办理车辆购置税同城过户业务流程。填写"车辆变动情况登记表"→报送资料→办理过户→换领车辆购置税完税证明。

需提供的资料如下：

① 车主的身份证明。

② 二手车交易发票。

③ 机动车行驶证。

④ 车辆购置税完税证明（正本）。

（2）车辆购置税转籍（转出）业务办理

1）办理转籍（转出）业务提供的资料（原件及复印件）。

2）办理转籍（转出）业务流程。填写"车辆变动情况登记表"→报送资料→领取档案资料袋。

需提供的资料如下：

① 车主身份证明。

② 车辆交易有效凭证原件（二手车交易发票）。

③ 车辆购置税完税证明（正本）。

④ 公安车管部门出具的车辆转出证明材料。

（3）车辆购置税转籍（转入）业务办理

1）办理转籍（转入）业务提供资料。

2）办理转籍（转入）业务流程。填写"车辆变动情况登记表"→报送资料→换领车辆购置税完税证明（正本）。

需提供的资料如下：

① 车主身份证明。

② 本地公安车管部门核发的机动车行驶证。

③ 车辆交易有效凭证原件（二手车交易发票）。

④ 车辆购置税完税证明。

⑤ 档案转移通知书。

2. 车辆保险合同的变更

保险法规定：随着车辆过户，车辆保险自动转移，即被保险人将保险标的转让他人时，推定其同时转让保险合同的权利。如果车辆过户没有增加车辆使用危险程度，保险公司不得拒绝理赔。保险业内人士提醒，车辆过户后最好进行保险过户，以防日后发生理赔纠纷。

（1）办理车辆保险过户的方式　办理车辆保险过户有以下两种方式：

1）对保单要素进行更改，如更换被保险人与车主。

2）申请退保，即把原来那份车险退掉，终止以前的合同。这时保险公司会退还剩余的保险费。之后，新车主就可以到任何一家保险公司重新办理一份车险。

（2）车辆保险合同变更的程序

1）填写一份汽车保险过户申请书，向原投保的保险公司申请办理批改被保险人称谓的手续。申请书上注明保险单号码、车牌号、新旧车主的姓名及过户原因，并签字或盖章，以便保险公司重新核保。

2）带保险单和已过户的机动车行驶证到保险公司的业务部门办理。一般情况下，保险公司会受理并出具一张变更被保险人的批单，批单上面写明了被保险人的变化情况。

思考题

1. 二手车交易有哪些类型？
2. 请简要说明二手车直接交易的一般程序。
3. 二手车交易完成后，卖方应向买方交付哪些手续？
4. 个人与个人之间二手车过户需要哪些必备的证件和凭证？

项目七　二手车营销

项目引入

××××（鉴定评估机构）成立于 2016 年 8 月，成立之初主要从事二手车中介服务，随着工作的顺利进行，现计划扩大业务范围，经过考察研究，计划增加二手车收购和销售业务。请帮助此鉴定评估机构对新增业务进行指导。

项目分析

二手车市场营销可理解为与市场有关的企业经营活动，即把满足人们的某种需要和欲望为目的，通过市场变潜在交换为现实交换的活动。二手车营销活动内容十分丰富，它包括了市场营销研究、市场需求预测、车辆信息收集与发布、二手车的鉴定与评估、收购与销售、代购代销、二手车置换、寄售租赁、检测维修、配件供应和车辆美容等多功能服务。

本项目主要分析了当前二手车在收购和销售过程中的影响因素，提供了针对不同情况的定价方法和计算方法，从而帮助评估人员确定不同类型二手车的收购价值与销售价值。

单元一　二手车收购评估

知识目标

◆ 了解二手车收购定价的影响因素。
◆ 掌握二手车收购的定价方法。
◆ 了解二手车的收购风险。

能力目标

◆ 能够正确衡量二手车收购定价的影响因素。

- 能够根据不同目的，运用相应的定价方法，准确地进行二手车收购定价。
- 能够熟练地运用二手车收购的洽谈技巧。

 **思政元素融入**

- 加强职业道德教育，树立诚信评估、全心全意为人民服务的信念。
- 树立严谨认真、实事求是、公平公正的工作作风。
- 加强职业道德规范意识，做到爱岗敬业。
- 树立迎难而上，艰苦奋斗的苦乐观。

建议采用理论讲授、线上学习、参观体验、小组汇报等形式完成课程内容。

 **相关知识**

一、二手车收购定价影响因素

1. 车辆的总体价值

二手车收购要充分考虑车辆的总体价值，它包括车辆实体的产品价值和各项手续的价值。

（1）车辆实体的产品价值　除了用鉴定估价的方法评估车辆实体的产品价值外，还应根据经验结合目前市场行情综合评定。主要评定的项目包括车身外观整齐程度、漆面质量等静态检查项目和发动机怠速声音、尾气排放情况等动态检查项目。另外，配置、装饰和改装等项目也很重要，包括有无 ABS、助力装置、真皮座椅、电动门窗、中控防盗锁和 CD 音响等；有效的改装包括动力改装、悬架系统改装、音响改装、座椅及车内装饰改装等。

（2）各项手续的价值　各项手续主要包括：登记证、原始购车发票或交易过户票、行驶证、购置税本、车船使用费证明和车辆保险合同等。如果收购车辆的证件和规费凭证不全，就会影响收购价值，因为代办手续不但要耗费人工成本，而且可能造成转籍过户中意想不到的麻烦和带来许多难以解决的后续问题。

2. 二手车收购后应支出的费用

二手车收购除了支付车辆产品的货币以外，从收购到售出时限内，还要支出的费用有保险费、日常维护费、停车费、收购支出的货币利息和其他管理费等。

3. 市场宏观环境的变化

二手车收购要注意国家宏观政策、国家和地方法规的变化因素以及这些影响导致的车辆经济性贬值。例如某车辆燃油消耗量较高，在实行公路养路费的环境中收购该车辆不会引起足够的注意。如果该车刚刚收购后不久，国家实施以公路养路费改征燃油附加税，则这辆车因为油耗量高和附加费用高而难以销售出去。很明显，收购这辆车不仅不能给公司带来经济效益，反而可能带来损失。

4. 市场微观环境的变化

这里所说的市场微观环境，主要指新车价格的变动以及新车型的上市对收购价格的影响。例如，千里马轿车降价后，旧车的保值率就降低了，贬值后收购价格自然也会降低。另外，新款车型问世会挤压旧车型，"老面孔"的身价自然受影响。

5. 经营的需要

二手车经营者应根据库存车辆的多少提高或降低收购价值。例如，本期库存车辆减少和货源紧张时，应适当提高车辆收购价格，以补充货源，保证库存的稳定。反之，当库存车辆多时，则应降低收购价格。另外一种情况是，某一车型出现断档情况，该车型的收购价格会提高。如某公司本期二手桑塔纳轿车销售一空，该公司会马上提高桑塔纳车型的收购价格。反之，如果某公司本期二手桑塔纳轿车销路不畅，库存积压显著，那么应降低桑塔纳轿车的收购价格，同时库存桑塔纳轿车的销售价格也应降低。

6. 品牌知名度和维修服务条件

不同品牌的二手车，由于其品牌知名度和售后服务的质量不同，会影响到收购价格的制订。如一汽、上汽、东风和广本等，都是国内颇具实力的企业，其产品具有很高的品牌知名度，技术相对成熟，维修服务体系也很健全，二手车收购定价可以适当提高。

二、二手车收购定价方法

二手车收购价格的确定是根据其特定的目的，在二手车鉴定估价的基础上，充分考虑市场的供求关系，对评估的价值做快速变现的特殊处理。按不同的原则，一般有以下几种方法。

1. 以现行市价法、重置成本法来确定收购价格

由现行市价法、重置成本法对二手车进行鉴定估算产生一个客观价值，再根据快速变现原则估定一个折扣率，并以此确定二手车收购价格。如运用重置成本法估算某机动车辆价值为 10 万元，据市场销售情况调查，估定折扣率为 20% 可出售，则该车辆收购价格为 8 万元。

2. 以清算价值法来确定收购价格

清算价值的特点是企业（或个人）由于破产或其他原因，要求在一定的期限内将车辆变现，在企业清算之日预期出卖车辆可收回的快速变现价值。具体来说，主要根据二手车技术状况，运用现行市价法估算其正常价值，再根据处置情况和变现要求乘以一个折扣率，最后确定评估价值。

以清算价值的方法确定收购价格，由于顾客要求快速转卖变现，因此其收购估价大大低于二手车市场成交的同类型车辆的公平市价，一般来说也低于车辆现时状态客观的价值。

3. 以快速折旧法来确定收购价格

根据机动车辆的价值，计算折旧额来确定收购价格。年折旧额的计算方法建议采用以下两种：年份数求和法和双倍余额递减折旧法。

三、二手车收购价格的确定

二手车收购价格的确定指在被收购车辆手续齐全的前提下，对车辆实体价值的确定。如果缺失的手续能以货币支出补办，则收购价格应扣除补办手续的货币支出、时间和精力的成本支出，采用的方法如下：

1. 运用重置成本法

运用重置成本法对二手车进行鉴定估价，然后根据快速变现的原则估定一个折扣率，将被收购车辆的估算价值乘以折扣率，即得二手车的收购价格，用数学式表示为

$$\text{收购价格}=\text{评估价值}\times\text{折扣率}$$

2. 运用现行市价法

运用现行市价法确定二手车评估价值，再根据上述办法计算收购价格，表达式同上式。

折扣率指车辆能够当即出售的清算价值与现行市场价格的比值。它的确定是经营者对市场销售情况充分调查和了解后凭经验估算的。例如某机动车辆运用重置成本法估算价值为3万元，根据市场销售情况调查，估定折扣率为20%可当即出售，则该车辆收购价格为2.4万元。

3. 运用快速折旧法

首先计算出二手车已使用年数累计折旧额，然后，将重置成本全价减去累计折旧额，再减去车辆需要维修换件的总费用，即得二手车收购价值，用数学式表达为

$$\text{收购价格}=\text{重置成本全价}-\text{累计折旧额}-\text{维修费用}$$

四、二手车收购风险及防范措施

1. 二手车收购的常见风险

在二手车收购的过程中，环境的变化有可能产生机会，也有可能带来风险。风险指由于客观环境的变化带来损失，从而难以实现某种目的的可能性。二手车收购中的风险指由于二手车收购环境的变化，给二手车的销售带来的各种损失。收购环境的变化是绝对的和客观的，并经常会发生，因而在二手车收购过程当中，既充满了机会，也会出现许多风险。因此，只有掌握战胜风险的策略和技巧，积极化险为夷，才能把风险变为机会，实现成功的转化。二手车收购的一般原则如下：

1) 要提高识别二手车收购风险的能力。应随时搜集和分析并研究市场环境因素变化的资料和信息，判断收购风险发生的可能性，积累经验，培养并增强对二手车收购风险的敏感性，及时发现或预测收购风险。

2) 要提高风险的防范能力，尽可能规避风险。可通过预测风险，从而尽早采取防范措施来规避风险。在二手车收购工作中，要尽可能谨慎，最大限度地杜绝二手车收购风险发生的隐患。

3) 在无法避免的情况下，要提高处理二手车收购风险的能力，最大限度地降低损失，并防止引发其他负面效应和有可能派生出来的消极影响。

2. 风险防范措施

在二手车收购的风险防范上，具体可从以下几个方面考虑影响二手车收购中的风险因素及其相应的防范措施。

（1）新车型的影响　新车型大量应用了新技术，技术含量的提高使老车型贬值甚至被淘汰。从国内市场看，新车型投放速度明显加快，技术含量和配置也越来越高，如转向助力、安全气囊、ABS+EBD、电子防盗、CD音响都已成了标准装备。以一汽捷达为例，捷达自在国内生产以来经历了多次改款，虽然该车的生产平台未变，但是早期的捷达与现在的捷达在外观和装备上已不可同日而语。因此，二手车市场在收购旧车时应以最新款车的技术装备和价值来作为参照，否则会给二手车收购带来一定的风险。

（2）车市频繁降价的影响　在新车市场频繁降价、优惠促销的环境下，二手车经纪公

司面临着很大的风险，如果出现损失只能自己承担。所以，在二手车收购中都是以某一款车目前新车市场的开票价值来计算，而不会去考虑消费者买车时的价值。如果某一款车最近有降价的可能，二手车公司要考虑新车降价的风险，开价往往要比正常的收购价低一些。如果某一款车刚降完价，那么收购价就会稳定一段时期。为了减少车辆频繁降价的风险，规范市场、稳定价值成为当务之急。另外，通过二手车代卖的方式，一方面可从中收取一定的交易费，另一方面可以降低风险。

（3）折旧加快的影响　从实际行情看，使用期限在3年以内的车辆折旧最高。使用了3年的车辆往往要折旧到40%~50%，其后的几年进入了一个相对稳定的低折旧期，接近10年时折旧又开始加快。所以，3年以内的车收购定价要考虑车辆的大幅折旧因素的影响。

（4）排放标准提高的影响　废气排放标准提高也加速了在用车辆的折旧和淘汰。越来越严格的排放标准将使老旧车型加速淘汰。因此，在确定二手车收购价值时应考虑车辆排放标准提高的影响。

（5）车况优劣的影响　有的车虽然只开了两三年，但是机件的磨损已很严重了，操作起来感觉不好。而有的车虽已是五六年了，发动机的状况依然良好，各机件操作顺畅。这些不同车辆的技术状况自然会影响到二手车的收购价格。

（6）品牌知名度的影响　知名品牌的汽车因其市场保有量大、质量可靠而深受消费者的青睐。这些品牌的汽车在新车市场售价较为稳定，口碑好，所以在二手车市场认同率较高，贬值的程度自然要低于其他品牌。而其他一些知名度不高的品牌市场的认同率低，贬值的程度也就要高，在确定二手车收购价值时，应予以考虑。

（7）库存的影响　若二手车销售顺畅，求大于供，二手车经纪公司的库存急剧减少，商家们为了保持正常的经营运转，维持一定的库存，可适当抬高一些收购价格。反之，在二手车销售低迷时，商家们的库存积压，流通不畅，供大于求，商家的主要矛盾是消化库存，这个时期应压低收购价格，规避由于库存积压所带来的风险。

（8）二手车收购合法性的影响　二手车的收购要防止收购偷盗车和伪劣拼装车，要预防收购那些伪造手续凭证、伪造车辆档案的车辆。一旦有所失误，不仅给公司造成直接经济损失所带来的风险，更重要的是造成社会的不良影响，从而损害公司的公众形象。

（9）宏观环境的影响　要密切关注国家有关二手车的政策与法规的变化，做到未雨绸缪。要能够根据已有的和即将颁布的国家有关二手车的政策与法规预测二手车价值的可能变动趋势，及时调整二手车的收购价格，使收购二手车的风险降到最低。

五、二手车收购业务洽谈技巧

不论是私人购买二手车，还是开展二手车经营业务，都要对即将收购的车辆及相关业务进行详细准备，为提高效益，有必要进行收购业务洽谈的相关准备。

1）了解待购车辆的手续是否合法，转让人是否合法，车辆来历是否合法，包括机动车行驶证、卖主的身份证和机动车牌号等。

机动车行驶证是机动车取得合法行驶权的凭证，是车辆的登记证明。每一辆在路上行驶的车都会在当地车辆管理所进行登记注册，必要的时候可以致电车辆管理所进行核实。

通过检查卖主的身份证可以判定卖主是否对所卖机动车拥有使用权和支配权。

看机动车牌号，主要看有无涂抹更改的痕迹，应做到与行驶证上登记的号牌一致。车架号也应该与行驶证上登记的号码一致。车架号通常被刻在车辆的车身某个部位，检查是否有更改的痕迹，以防盗抢车辆被购进，降低经营风险。

2）了解车辆转让原因。如果确定为经济拮据，可适当压低收购价格。

3）查阅未处理的违法记录。目前，市场上有待售二手车有交通违法记录未处理的，购买了此类车，就要为前任车主的交通违法行为埋单。可上网查询车辆是否有未处理的违法记录。

4）了解当期该款新车的市场售价。如果该车型停产，可参考其他同档次新车的市场售价。

5）了解车辆保险的详细情况及剩余保险期的长短。保险越全、保额越高和剩余保险期越长，二手车价值应该越高。

6）了解车船税费缴付情况。

7）了解安全技术检验日期。越是新近检验合格的二手车，价值越高。

8）了解车辆配置。配置越高、越多的二手车，价值相对较高。

9）了解市场的保有量。市场保有量越大，说明该车型比较走俏，至少维修起来比较方便，价值相对较高。

10）了解厂家信誉。如果一个厂家频繁地因为各种问题召回车辆，就要考虑多降低一些价格，毕竟其信誉度偏低。

11）了解本地市场该车型现实价值。了解相关二手车网站的报价，了解待售车辆剩下的使用年限，确定相应收购价值。

12）认真检查车辆技术状况，发现车辆存在的问题，为收购价格谈判准备素材。

同一年限的车辆，技术状况不同，价格差异会很大。如果一辆6万元左右的车，最多可以有1万~1.5万元的差异。在收购二手车时，要做到认真观察、仔细检测，特别是车辆手续、来源和技术状况等不能有大的问题。

单元二　二手车销售定价

知识目标

- ◆ 了解二手车销售定价的影响因素。
- ◆ 掌握二手车销售的定价方法。
- ◆ 掌握二手车的销售定价策略。

能力目标

- ◆ 能够正确衡量二手车销售定价的影响因素。
- ◆ 能够根据不同目的，运用相应的定价方法，准确进行二手车销售定价。
- ◆ 能够熟练运用二手车销售的洽谈技巧。

 **思政元素融入**

◆ 加强职业道德教育，树立诚信评估、全心全意为人民服务的信念。
◆ 树立严谨认真、实事求是、公平公正的工作作风。
◆ 加强职业道德规范意识，做到爱岗敬业。
◆ 树立胜不骄、败不躁、勇于战胜困难的逆顺观。
建议采用理论讲授、线上学习、参观体验、小组汇报等形式完成课程内容。

 **相关知识**

一、二手车销售定价影响因素

1. 成本因素

产品成本是定价的基础和最低界限，二手车的销售价格如果不能保证成本，企业的经营活动就难以维持。二手车流通企业销售定价应分析价值、需求量、成本、销量和利润之间的关系，正确地估算成本，以作为定价的依据。二手车销售定价时应考虑收购车辆的总成本费用。总成本费用由固定成本费用和变动成本费用之和构成。

（1）固定成本费用　固定成本费用指在既定的经营目标内，不随收购车辆的变化而变动的成本费用。如分摊在这一经营项目的固定资产的折旧和管理费等项支出。

（2）固定成本费用摊销率　固定成本费用摊销率指单位收购价值所包含的固定成本费用，即固定成本费用与收购车辆总价值之比。例如某企业根据经营目标，预计某年度收购100万元的车辆价值，分摊固定成本费用1万元，则单位固定成本费用摊销率为1%。如花费4万元收购一辆旧桑塔纳轿车，则应该将400元计入固定成本费用。

（3）变动成本费用　变动成本费用指收购车辆随收购价格和其他费用而相应变动的费用，主要包括车辆实体的价值、运输费、保险费、日常维护费、维修翻新费和资金占用的利息等。

由上面成本分析可知，一辆二手车收购的总成本费用是这辆车应分摊的固定成本费用与变动成本费用之和，用数学式表达为

二手车的总成本费用＝收购价格×固定成本费用摊销＋变动成本费用

2. 供求关系

在市场经济中，产品的价格由买卖双方的相互作用来决定，以市场供求为前提，所以决定价格的基本因素有两个，即供给与需求。若供大于求，价格会下降；若供小于求，价格则会上升，这就是市场供求规律。供求关系必然会成为影响价格形成的重要因素，它是制定产品价格的一个重要前提。需求大于供给，价格就会上升；需求小于供给，价格就会下降，市场的一切交易活动和价格的变动都受这一规律的支配。这就是供求规律或称为供求法则，它是市场变化的基本规律。供求关系表明价格只能围绕价值上下波动，而价值仍然是确定价格水平及其变动的决定性因素。企业在定价决策时，除以产品价值为基础外，还可以自觉运用供求关系来分析和制定产品的价格。

价格受供求影响而有规律性地变动过程中，不同商品的变动幅度是不一样的，因此在销售定价时还要考虑需求价格弹性。需求价格弹性指因价格变动而引起的需求相应的变动率，它反映需求变动对价格变动的敏感程度。按照西方经济学理论，当某种产品需求弹性较小时，提高价格可以增加企业利润；反之，当产品需求富有弹性时，降低价格也可以增加企业利润，同时还能起到打击竞争对手和提高自己产品市场占有率的作用。

对于二手车来说，其需求弹性较强，即二手车价格的上升（或下降）会引起需求量较大幅度的减少（增加）。因此，在二手车的销售定价时，应该把价格定低一些，以薄利多销达到增加盈利和服务顾客的目的。

3. 竞争状况

在产品供不应求时，企业可以自由地选择定价方式；而在供大于求时，竞争必然随之加剧，定价方式的选择只能被动地根据市场竞争的需要来进行。为了稳定维持自己的市场份额，二手车的销售定价要考虑本地区同行业竞争对手的价格状况，根据自己的市场地位和定价的目标，选择与竞争对手相同的价格，甚至低于竞争对手的价格进行定价。

4. 国家政策法令

任何国家对物价都有适度的管理，所不同的是，各个国家和地区对价格的控制程度、范围和方式等存在着一定的差异，完全放开和完全控制的情况是没有的。一般而言，国家可以通过物价部门直接对企业定价进行干预，也可以用一些财政和税收手段对企业定价实行间接影响。

二、二手车销售定价目标

二手车销售定价的目标指二手车流通企业通过制订价格水平，凭借价格产生的效用来达到预期目的要求。企业在定价以前，必须根据企业的内部和外部环境，制订出既不违背国家的方针政策，又能协调企业其他经营目标的价格。企业定价目标类型较多，二手车流通企业要根据自己树立的市场观念、市场微观和宏观环境，确立自己的销售定价目标。企业定价目标主要有两大类，即获取利润目标和占领市场目标。

1. 获取利润目标

利润是考核和分析二手车流通企业营销工作好坏的一项综合性指标，是二手车流通企业最主要的资金来源。以利润为定价目标有3种具体形式：预期收益、最大利润和合理利润。

（1）获取预期收益目标　预期收益目标指二手车流通企业以预期利润（包括预交税金）为定价基点，并以利润加上商品的完全成本构成价格出售商品，从而获取预期收益的一种定价目标。预期收益目标有长期和短期之分，大多数企业都采用长期目标。预期收益高低的确定，应当考虑商品的质量与功能、同期的银行利率、消费者对价格的反应以及企业在同类企业中的地位和在市场竞争中的实力等因素。预期收益定得过高，企业会处于市场竞争的不利地位；定得过低，又会影响企业投资的回收。一般情况下，预期收益适中，可能获得长期稳定的收益。

（2）获取最大利润目标　最大利润目标指二手车流通企业在一定时期内，综合考虑各种因素后，以总收入减去总成本的最大差额为基点确定单位商品的价格，以取得最大利润的一种定价目标。最大利润是企业在一定时期内可能并准备实现的最大利润总额，而不是单位商品的最高价格，最高价值不一定能获取最大利润。当企业的产品在市场上处于绝对有利地位时，往往采取这种定价目标，它能够使企业在短期内获得高额利润。最大利润一般应以长期的总利润为目标，在个别时期，甚至允许以低于成本的价值出售，以便招来顾客。

（3）获取合理利润目标　合理利润目标指二手车流通企业在补偿正常情况下的社会平均成本基础上，适当地加上一定量的利润作为商品价值，以获取正常情况下合理利润的一种定价目标。企业在自身力量不足、不能实行最大利润目标或预期收益目标时，往往采取这一定价目标。这种定价目标以稳定市场价值、避免不必要的竞争和获取长期利润为前提，因而商品价值适中，顾客乐于接受，政府积极鼓励。

2. 占领市场目标

以市场占有率为定价目标是一种志存高远的选择方式。市场占有率指一定时期内某二手车流通企业的销售量占当地细分市场销售总量的份额。市场占有率高意味着企业的竞争能力较强，说明企业对消费信息把握得较准确和充分。资料表明，企业利润与市场占有率正向相关。提高市场占有率是增加企业利润的有效途径。

由于企业所处的市场营销环境不同，自身条件与营销目标不同，企业定价目标也大相径庭。因此，二手车流通企业应在综合考虑市场环境、自身实力及经营目标的基础上，将利润目标和占领市场目标结合起来，兼顾企业的眼前利益与长远利益，来确定适当的定价目标。

三、二手车销售定价方法

定价方法是二手车流通企业为了在目标市场实现定价目标，给产品制订基本价格和浮动范围的技术思路。由于成本、需求和竞争是影响企业定价的最基本因素，产品成本决定了价格的最低限，产品本身的特点决定了需求状况，从而确定了价格的最高限。竞争者产品与价格又为定价提供了参考的基点，也因此形成了以成本、需求和竞争为导向的三大基本定价思路。

1. 成本导向定价法

（1）成本加成定价法　成本加成定价法也称为加额定价法、标高定价法或成本基数法，是一种应用比较普遍的定价方法。它首先确定单位产品总成本（包括单位变动成本和平均分摊的固定成本），然后在单位产品总成本基础上加上一定比例的利润，从而形成产品的单位销售价格。该方法的计算公式为

$$单位产品价格 = 单位产品总成本 \times (1 + 成本加成率)$$

由此可以看到，成本加成定价法的关键是成本加成率的确定。一般地说，加成率应与单位产品成本成反比，和资金周转率成反比，与需求价格弹性成反比，需求价格弹性不变时加成率也应保持相对稳定。

（2）目标收益定价法　目标收益定价法又称为投资收益率定价法，根据企业的投资总额、预期销量和投资回收期等因素来确定价格。在产品供不应求的条件下，或产品需求的价格弹性很小的细分市场中，目标收益法具有一定的应用价值。

（3）边际成本定价法　边际成本指每增加或减少单位产品所引起的总成本的增加或减少。当采用边际成本定价法时，以单位产品的边际成本作为定价依据和可接受价格的最低界限。在价格高于边际成本的情况下，企业出售产品的收入除完全补偿变动成本外，尚可用来补偿一部分固定成本，甚至可能提供利润。在竞争激烈的市场条件下具有极大的定价灵活性，对于有效地应对竞争、开拓新市场、调节需求的季节差异和形成最优产品组合，可以发

挥巨大的作用。

2. 需求导向定价法

需求导向定价是以消费者的认知价格、需求强度及对价格的承受能力为依据，以市场占有率、品牌形象和最终利润为目标，真正按照有效需求来策划价格。需求导向定价法又称为顾客导向定价法，是二手车流通企业根据市场需求状况和消费者的不同反应，分别确定产品价格的一种定价方式。其特点是平均成本相同的同一产品价格随需求变化而变化，一般是以该产品的历史价格为基础，根据市场需求变化情况，在一定的幅度内变动价格，以致同一商品可以按两种或两种以上价格销售。这种差价可以因顾客的购买能力、对产品的需求情况、产品的型号和式样以及时间、地点等因素而采用不同的形式。

3. 竞争导向定价法

竞争导向定价是以企业所处的行业地位和竞争定位而制定价格的一种方法，是二手车流通企业根据市场竞争状况确定商品价格的一种定价方式。其特点是价格与成本和需求不发生直接关系。它主要以竞争对手的价格为基础，并与竞争品价格保持一定的比例。即竞争品价格未变，即使产品成本或市场需求变动了，也应维持原价；竞争品价格变动，即使产品成本和市场需求未变，也要相应调整价格。

上述定价方法中，企业要考虑产品成本、市场需求和竞争形势，研究价格怎样适应这些因素，但在实际定价中，企业往往只能侧重于考虑某一类因素，选择某种定价方法，并通过一定的定价政策对计算结果进行修订。成本加成定价法深受企业界欢迎，主要是由于以下原因：

1）定价工作简化。由于成本的不确定性一般比需求的不确定性小得多，定价着眼于成本可以使定价工作大大简化，不必随时依需求情况的变化而频繁地调整，因而大大地简化了企业的定价工作。

2）可降低价值竞争程度。只要同行业企业都采用这种定价方法，那么在成本与加成率相似的情况下价值也大致相同，这样可以使价值竞争减至最低限度。

3）对买、卖双方都较为公平。卖方不利用买方需求量增大的优势趁机哄抬物价，因而有利于买方，固定的加成率也可以使卖方获得相当稳定的投资收益。因此，推荐使用成本加成法来对二手车销售进行定价。

四、二手车销售定价策略

在二手车的市场营销中，尽管非价格竞争作用在增长，但价格仍然是影响销售的重要因素，是营销组合中的关键因素。定价是否恰当，不仅直接关系到二手车的销量和企业的利润，还关系到企业其他营销策略的制订。营销中定价策略的意义在于有利于挖掘新的市场机会，实现企业的整体目标。在市场经济条件下，价格决策已成为企业经营者面临的具有现实意义的重大决策课题。

二手车销售定价策略指二手车流通企业根据市场中不同变化因素，对二手车价格的影响程度采用不同的定价方法，制订出适合市场变化的二手车销售价格，进而实现定价目标的企业营销战术。

1. 阶段定价策略

阶段定价策略就是根据产品寿命周期各阶段不同的市场特征而采用不同的定价目标和对

策。投入期以打开市场为主，成长期以获取目标利润为主，成熟期以保持市场份额、利润总量最大为主，衰退期以回笼资金为主。另外，还要兼顾不同时期的市场行情，相应修改销售价格。

2. 心理定价策略

不同的消费者有不同的消费心理，有的注重经济实惠、物美价廉，有的注重名牌产品，有的注重产品的文化情感含量，有的追赶消费潮流。心理定价策略就是在补偿成本的基础上，按不同的需求心理确定价格水平和变价幅度。例如尾数定价策略就是企业针对消费者的求廉心理，在二手车定价时有意定一个与整数有一定差额的价格。这是一种具有强烈刺激作用的心理定价策略。价值尾数的微小差别，能够明显影响消费者的购买行为，会给消费者一种经过精确计算的、最低价格的心理感觉，如某品牌的二手车标价为69998元，给人以便宜的感觉，认为只要不到7万元就能买一辆质地不错的品牌二手车。

3. 折扣定价策略

二手车流通企业在市场营销活动中，一般按照确定的目录价格或标价出售商品。但随着企业内、外部环境的变化，为了促进销售者更多地销售和顾客更多地购买本企业的产品，往往根据交易数量和付款方式等条件的不同，在价格上给销售者和顾客一定的减让，这种生产者给销售者或消费者的一定程度的价格减让就是折扣。灵活运用价格折扣策略，可以鼓励需求、刺激购买，有利于企业搞活经营，提高经济效益。

五、二手车销售价格确定

二手车流通企业通过以上程序制订的价格只是基本价格，只确定了价格的范围和变化的途径。为了实现定价目标，二手车流通企业还需要考虑国家的价格政策、用户的要求、产品的性价比、品牌价值及服务水平，应用各种灵活的定价战术对基本价格进行调整，同时将价格策略和其他营销策略结合起来，如针对不同消费心理的心理定价和让利促销的各种折扣定价等，以确定具体的最终价值。

六、二手车销售业务技巧

不论是私人卖方、开展了二手车经营业务的品牌汽车经销商、二手车专营店还是驻二手车市场的商家，都要对自己的车辆心中有数，对自己车辆的优势、劣势和独特的卖点都要了然于胸。只有对车辆有一个客观、正确的评价，才便于与买家沟通和应对；只有价格公道、合理，才容易成交。否则，买家指出了连车辆的销售者都不知道或者故意隐瞒的瑕疵，甚至被买家指出漫天要价，就显得很没有诚意，很难成交。为提高成交率，有必要进行转让业务洽谈的相关准备。

1）了解当期该款新车的市场售价（指在产车。若已停产，就得参考其他同档次新车的市场售价）。

2）了解车辆保险的详细情况及剩余保险期的长短。保险越全、保额越高（是保单额度，并非每期所交保费，因为保费高的成因有多种）和剩余保期越长的二手车售价应该越高。

3）了解车船税费缴付情况。

4）了解安全技术检验日期。越是新近检验合格的二手车价格应当越高。

5）了解车辆配置。配置越高、越多的二手车价格相对较高。

6）了解市场的保有量。市场保有量越大，说明该车型比较走俏，至少维修起来比较方便，价格相对较高。

7）了解厂家信誉。如果一个厂家频繁地因为各种问题召回车辆，就要考虑多降低一些价格，毕竟信誉度有所下降。

8）了解本地市场该车型现实价值，了解相关二手车网站的报价。

9）了解待售车辆剩余的使用年限，以及车辆本身的技术状况，综合考虑后确定出售价格。

七、交易服务费

交易类业务是服务于二手车市场内部的交易业务，是收取交易管理费的有偿服务。

咨询类业务是服务于二手车市场外部的非交易业务，它是根据地方政府物价管理部门的有关规定，对二手车鉴定评估的有偿服务，包括车辆抵押贷款评估、法院盗抢车价值评估等。

我国二手车鉴定评估的有偿服务收费各地略有不同，为进一步规范二手车市场交易行为，减轻交易双方负担，支持服务业发展，各地物价部门都有指导性标准。下面以山东省某市为例做介绍。

二手车市场交易服务费指市场经营单位对入场交易的车辆收取的市场交易服务费，收费标准为价值评估机构评估额的1%，交易双方各负担一半。除此之外，市场经营单位不得以任何名义和任何方式收取其他任何费用。市场经营单位应对入场交易的车辆提供车位并免费看管，提供买卖信息，通过媒体进行广告宣传，代办交易车辆过户手续、档案提取和挂牌，为外地客户提供代购和代销等服务。

咨询类业务服务费主要指二手车价值评估收费。二手车价值评估机构按规定收取评估费，收费标准为评估额的0.3%。二手车价值评估机构必须取得省级以上价值主管部门颁发的"价值评估机构资质证书"，严格执行省物价局下发的二手车价值评估技术操作规范，统一使用省价值鉴证机构确认的专用软件。

该收费标准为最高标准，各经营单位和价值评估机构可根据各自实际在市规定的最高标准内确定具体标准。

单元三　二手车置换

知识目标

- ◆ 了解二手车置换的概念。
- ◆ 掌握二手车置换的服务程序。
- ◆ 了解二手车置换的运作模式。

能力目标

- ◆ 能够熟练运用相关知识，按照二手车置换服务程序进行二手车置换服务。

思政元素融入

- 加强职业道德教育，树立诚信评估、全心全意为人民服务的信念。
- 树立严谨认真、实事求是、公平公正的工作作风。
- 加强职业道德规范意识，做到爱岗敬业。
- 树立胜不骄、败不躁、勇于战胜困难的逆顺观。

建议采用理论讲授、线上学习、参观体验、小组汇报等形式完成课程内容。

相关知识

随着我国汽车产业的快速发展，汽车保有量越来越多，同时，人们对汽车的需求也越来越多样化，汽车置换作为汽车交易的一种方式逐渐显示出满足人们需要的优越性和调节汽车流通的重要作用。

一、汽车置换的定义

从国内正在操作的汽车置换业务来看，对汽车置换的定义有狭义和广义的区别。从狭义上来说，汽车置换就是以旧换新业务。经销商通过二手商品的收购与新商品的对等销售获取利益。目前，狭义的置换业务在世界各国已成为流行的销售方式。而广义的汽车置换概念指在以旧换新的业务基础上，还同时兼容二手商品整新、跟踪服务及二手商品在销售乃至折抵分期付款等项目的一系列业务组合，从而使之成为一种独立的营销方式。二手车作为替代产品，已经对新车销售构成威胁。国内各地的二手车市场虽然起步较晚，但目前的交易规模已经相当可观，狭义置换业务也得到长足的发展；广义的置换业务在国内尚处于萌芽状态，亟待各方面的关心和扶持。

二、国内主要汽车置换商简介

过去，由于用户对车辆残值和二手车交易行情缺少了解，且缺乏规范、有公信力的专业技术评估手段，导致二手车交易障碍重重，市场发展不够规范。2004年品牌二手车的兴起，成为二手车市场的一个亮点。具有原厂质量保证的二手车认证和置换服务，为消费者提供了车辆更新和购置的新选择。继上海通用汽车率先进入二手车领域后，上海大众和一汽大众等厂家也纷纷进军二手车市场。

1. 上海通用"诚新二手车"

上海通用汽车是国内较早涉足品牌二手车领域的汽车制造商，在服务经验、规范化程度以及开展的业务等方面比较领先，其"诚新二手车"品牌已逐渐成为二手车市场的标杆。目前开展的业务主要还是新车置换，但是业务开展深度较强，认证二手车数量较多，可以在全国范围内开展整备后二手车的销售。2004年，上海通用汽车开始将中国第一个二手车品牌全面升级，由原来的"别克诚新二手车"升级为"上海通用汽车诚新二手车"。

2. 一汽大众认证二手车

相比上海通用，一汽大众进入二手车领域较晚。2004年8月28日，一汽大众认证二

手车首批样板店举办了开业典礼,宣布进军二手车业务。相比前者来说,经验和方式等多样性方面不够理想,但也逐渐开展了拍卖等销售方式。首批样板店是一汽大众从全国347家特许经销商当中选取的13个城市的16家信誉较好的经销商,以保证能够赢得良好的口碑。

3. 上海大众特选二手车

上海大众集团早在2003年11月就推出了自己的二手车交易品牌——上海大众特选二手车。它在发展的形势方面和一汽大众认证二手车基本相同。车源和用户丰富是上海大众一汽车公司进行二手车交易(包括旧车置换业务)的优势。

三、国内主要汽车置换运作模式

1. 我国汽车置换模式

从国内的交易情况来看,目前在我国进行的汽车置换有3种模式:

(1)用本厂旧车置换新车(即以旧换新) 如厂家为一汽大众,车主可将旧捷达轿车折价卖给一汽大众的零售店,再买一辆新宝来轿车。

(2)用本品牌旧车置换新车 如品牌为大众,假设拥有一辆旧捷达轿车的车主看上了帕萨特轿车,那么他可以在任何一家"大众"的零售店里置换到一辆喜欢的帕萨特轿车。

(3)只要购买本厂或本厂家的新车,置换的旧车不限品牌 国外基本上采用的是这种汽车置换方式。上海通用汽车诚新二手车开展的就是这种汽车置换模式,消费者可以用各种品牌的二手车置换别克品牌的新车。

如果考虑买车人的选择余地和便利程度,当然是第三种方式最佳。不过,这种方式对厂商和经销商而言非常具有挑战性。这是因为中国的车主一般既不"从一而终"地在指定维修点维护修理,也不保留车辆的维修档案,车况极不透明;再者,不同品牌和不同型号的车辆在技术和零部件上千差万别,而且对于个别已经停产的车型,更换零部件将越来越麻烦。

此外,我国也出现了委托寄卖等置换新模式。我国的委托寄卖主要有3种类型:一是自行定价型,即由消费者自行定价,委托商家代卖,等到成交后再支付佣金;二是二次付款型,它是由商家先行支付部分费用,等到成交后再付余款,佣金以利润比例来定;三是周期寄卖型,其方式是由商家向车主承诺交易周期,车价由双方共同确定,而佣金以成交时间和成交金额双重标准来定。

车辆更新对于车主来说是一个烦琐的过程,首先要到二手车市场把车卖掉,这其中要经历了解市场行情、咨询二手车价值、与二手车经纪公司讨价还价直至成交、办理各种手续和等待回款,至少要好几天。等拿到钱后再到新车市场买新车,又是一番周折。对于车主来说,更新一部车比买新车麻烦得多。在生活节奏日益加快的今天,人们期盼有一种便捷的以旧换新业务,使他们在自由选择新车的同时,很方便地处理要更新的旧车。因此,具有汽车置换资质的经销商作为中介的重要作用就显现出来。

2. 汽车置换授权经销商

汽车置换授权经销商是我国汽车置换运作的中介主体。汽车置换授权经销商的车辆置换服务将消费者淘汰旧车和购买新车的过程结合在一起,一次完成甚至一站完成,为用户解决了先要卖掉旧车再去购买新车的麻烦。我国汽车置换授权经销商的汽车置换服务一般具有以下特点：

1）打破车型限制。与以往的一些开展汽车置换的厂家或品牌专卖店不同，汽车置换授权经销商对所要置换的旧车以及选择购买的新车，都没有品牌及车型的限制，可以任意置换。汽车置换授权经销商采用汽车连锁超市的模式经营新车的销售，连锁超市中经营的汽车品牌众多，可以满足消费者的不同需求，也可根据顾客的要求，到指定的经销商处为顾客购进指定的车辆，真正做到了无品牌限制的置换。

2）让利置换，旧车增值。汽车置换授权经销商将车辆置换作为顾客购买新车的一项增值服务，与顾客将旧车出售给二手车经纪公司不同，汽车置换授权经销商通常是以二手车交易市场二手车收购的最高价值甚至高出的价值，确定二手车价值，经双方认可后，置换二手车的钱款直接冲抵新车的价值。

汽车置换授权经销商有自己的二手车经纪公司，同时与二手车交易市场中的众多经纪公司保持联系，保证市场信息渠道的畅通，以及使所置换的旧车能够有快速的销路。车况较好的旧车，经过汽车置换授权经销商整修后，补充到租赁车队中投放低端租车市场，用租赁收入弥补旧车的增值部分后，到二手车市场处置；或者发挥汽车置换授权经销商租车网络优势，租赁运营。

3）"全程一对一"的置换服务。汽车置换授权经销商汽车连锁销售提供的车辆置换服务，是一种"全程一对一"的服务模式。汽车置换授权经销商的业务涉及汽车租赁、销售、汽车金融以及二手车经纪，因此顾客在汽车置换授权经销商选择置换的购车方式后，从旧车定价、过户手续，到新车的贷款、购买、保险和牌照等过程都由汽车置换授权经销商公司内部的专业部门完成，保证了效率和服务水准。

4）完善的售后服务。在汽车置换授权经销商通过置换购买的新车，汽车置换授权经销商将提供包括保险、救援、替换车和异地租车等服务在内的完善的售后服务。对于符合条件的顾客，汽车置换授权经销商还提供更加个性化的车辆保值回购计划，使顾客可以无须考虑再次更新时的车辆残值，安心使用车辆。

四、汽车置换质量认证

汽车置换中一个最重要、最容易引起争议的问题就是置换旧车的质量问题。和新车交易相比，二手车市场存在很多不透明的地方，二手车评估本身就比较复杂，加上二手机动车交易又是"一旦售出，后果自理"，所以在购买二手车的时候，大部分的消费者并不信任卖家。为了保障交易双方权益，减少纠纷，国外汽车厂商从20世纪90年代就开始对汽车进行质量认证，我国的汽车厂商也从近几年开始进行这一业务。汽车厂家利用自己的技术、设备、人员以及信誉优势，对回购的二手车进行检测、修复，给当前庞大的二手车消费群体提供"放心车""明白车"，即使价值高于其他市场上的二手车，消费者也认为值得。同时，汽车厂家介入二手车市场也为规范二手车市场、降低交通安全隐患带来积极影响。

1. 认证的基本概念

经汽车厂商授权的汽车经销商将收上来的该品牌二手车进行一系列检测和维修之后，使该车成为经品牌认证的车辆，销售出去之后可以给一定的质量担保和品质保证，这一过程通称为认证。

二手车认证方案的开展是市场对二手车刮目相看的首要原因，现在已经得到广泛的支持，很多汽车生产厂家还针对二手车推出一些令人鼓舞的消费措施。目前，认证方案项目一般包括合格的质量要求、严格的检测标准、质量改进保证、过户保证以及比照新车销售推出的送货方案，一些大公司开展的认证还包括提供与新车一样利率的购车贷款。通过认证，顾客和经销商双方都从中得到了实惠。

2. 我国的二手车认证

我国二手车认证主要是在一些合资企业中开展，这其中以上汽通用公司和一汽大众公司为代表。

（1）上汽通用公司的二手车认证　上汽通用汽车认证的二手车要经过多道程序的严格筛选。首先，认证的二手车有自己统一的品牌，是和诚信谐音的"诚新"，能通过认证并打上这个牌子的二手车要达到以下条件：首先是无法律纠纷，非事故车，无泡水经历；其次使用不超过5年，行驶10万km以内；原来用途不是用于营运和租赁。

上汽通用的二手车认证有106项检验项目，这106项检验要进行两次，进场时进行第一次检验，整修后还要进行一次检验。106项检验主要包括车身、电气、底盘和制动等6大类，基本囊括了整个汽车的零配件。通过筛选的二手车，经过整修，再进行106项检测，全部合格后才能获得上汽通用公司的认证书。经认证过的二手车出售后能获得半年、1万km的质量保证，在质保期间，如果车辆出现质量问题，客户可以在全国联网的品牌专业维修店获得免费修理和零配件更换。

（2）一汽大众的二手车认证　一汽大众的二手车认证有138项检测标准，包括发动机（检查压缩比、排放和点火正时等）、离合器（离合器线束调整和噪声检测等）、变速器（变速器各档位操控性和变速器油油位等）、悬架（减振器泄漏等）、传动系统（差速器泄漏和噪声等）、转向系统（转向齿条等）、制动系统（制动蹄片磨损情况等）、制冷系统（管道泄漏等）、轮胎轮辋（前轮定位等）、仪表（仪表灯亮度等）、灯光系统（车内、外灯光光线，警告灯等）、电子电器（蓄电池、各种熔断器等）、车辆外部（刮水器胶皮磨损等）、车辆内部（座椅、杯架和后视镜等）、空调（气流和风向等）、收音机及CD（播放器和扬声器等）、内饰外观（各种塑料件和装饰件等）、车身及漆面（破裂和刮蹭等）、完备性（备胎和说明书等）、最终路试（操控性和循迹性等）。

五、汽车置换的服务程序

汽车置换包括旧车出售和新车购买两个环节。不同的汽车置换授权经销商对汽车置换流程的规定不完全一样。国内一般汽车置换程序如下：

1）顾客通过电话或直接到汽车置换授权经销商处进行咨询，也可以登录汽车置换授权经销商的网站进行置换登记。

2）汽车评估定价。

3）汽车置换授权经销商销售顾问陪同选订新车。

4）签订旧车购销协议以及置换协议。

5）置换旧车的钱款直接冲抵新车的车款，顾客补足新车差价后办理提车手续，或由汽车置换授权经销商的销售顾问协助在指定的经销商处提取所订车辆，汽车置换授权经销商提供一条龙服务。

6）顾客如需贷款购新车，则置换旧车的钱款作为新车的首付款，汽车置换授权经销商为顾客办理购车贷款手续，建立提供因汽车消费信贷所产生的资信管理服务，并建立个人资信数据库。

7）汽车置换授权经销商办理旧车过户手续，顾客提供必要的协助和材料。

8）汽车置换授权经销商为顾客提供全程后续服务。

在汽车置换中，新车可选择仍使用原车牌照，或上新牌照，购买新车需交钱款：新车价格-旧车评估价格。如果旧车贷款尚未还清，可由经销商垫付还清贷款，款项计入新车需交钱款。

项目实施

一、二手车收购定价案例分析

某车主急于转让一辆捷达轿车，经与二手车交易中心洽谈，由中心收购车辆。车辆基本情况汇总于二手车鉴定估价登记表 7-1 中。试用快速折旧法计算收购价格。

表 7-1 二手车鉴定估价登记表

车主	张三	所有权性质		私		联系电话		××××××××
住址			××××			经办人		李四
原始情况	车辆名称		一汽捷达		型号	167G0D	生产厂家	××××
	结构特点		普通		发动机型号	ARC01207	车架号	L××××
	载质量/座位数/排量		1.6L		燃料种类	汽油		92
使用情况	初次登记日期		2010 年 8 月		牌照号	冀A××××	车籍	石家庄
	已使用年限		3 年 6 个月					
	大修次数		发动机		次	工作条件		一般
			整车		次			
	维修情况		好		现时状态		在用	
	事故情况				无			
	现时技术情况		离合器有打滑现象，变速器挂挡有异响，转向系统低速有摆振现象，转向不灵敏					
手续情况	证件				养路费黄牌标识遗失			
	税费				齐全、有效			
价值反映	购置日期		2010 年 7 月		账面原值/元	142000	账面净值/元	—
	车主报价/元		74000		重置价值/元	120000	初估价值/元	71000

（1）价值计算　根据登记表得知，该型号的现行市场购置价为 120000 元，规定使用年限 15 年，残值忽略不计。现分别以年份数求和折旧法和双倍余额递减折旧法计算。取机动车重置成本价 120000 元，机动车规定折旧年限 $N=15$ 年，折旧率按直线折旧率 $1/N$ 的两倍取值，即有 $\alpha=2\times1/N=2\times1/15\approx13.3\%$，$t$ 从 2010 年 8 月到 2014 年 7 月共 4 个年度。

由于车辆已使用年限为 3 年 6 个月，用年份数求和折旧法和双倍余额递减折旧法计算折旧额分别为 48000 元（42000 元+12000/2 元）和 47093 元（41885 元+10415/2 元）。

（2）技术状况鉴定　离合器有打滑现象，变速器挂档有异响，需维修费 700 元；转向系统低速有摆振现象，转向不灵敏，需维修费 1550 元；黄牌标识遗失，登报声明补办的费用 100 元。上述费用合计为（700+1550+100）元=2350 元。

（3）确定收购价值　根据前述收购价值计算公式，确定收购价格如下：

用年份数求和折旧法计算收购价格为（120000-48000-2350）元=69650 元。

用双倍余额递减折旧法计算收购价格为（120000-47093-2350）元=70557 元。

根据收购价格评估，与车主最后协商后，确定收购价格为 70000 元，经维修后销售，获利 3000 元。

二、二手车销售定价案例

某二手车的基本情况：品牌型号为一汽大众捷达 CIF，号牌号码为冀 A55H ××，发动机号码为 EK ××××，VIN/车架号为 LHK3542589515 ××××，注册登记日期为 2012 年 12 月 20 日，年审检验合格至 2017 年 4 月，有车辆购置税完税证明。

某 4S 店于 2017 年 4 月收购，收购价格为 44000 元。

该车欲于 2017 年 10 月销售，其销售价格确定方法如下：

（1）固定成本费用摊销率的确定　按该 4S 店的固定成本构成情况分析，分摊在二手车销售的固定成本摊销率为 1%。

（2）变动成本的确定

1）该车实体价值即为收购价格，44000 元。

2）收购车辆时的运输费用合计为 65 元。

3）从收购日起到预计的销售日，分摊在该车上的日常维护费用约 400 元。

4）该车收购后，维修翻新费用合计 3200 元。

5）车辆存放期间，银行的活期存款利率为 0.36%。

该二手车的变动成本=（收购价格+运输费用+维护费用+维修翻新费用）×（1+利率）

=（44000+65+400+3200）×（1+0.36%）元≈64824 元

该二手车的总成本费用=收购价格×固定成本费用摊销率+变动成本

=（44000×1%+64824）元=65264 元

（3）确定销售价值　按成本加成定价法，本车型属于大众车型，市场保有量较大，且销售情况平稳。根据销售时日的市场行情，一般成本加成率在 6% 左右。因此该车的销售价格为

二手车销售价格=该车总成本×（1+成本加成率）

=65264×（1+6%）元≈69180 元

（4）确定最终价格

1）该 4S 店目前处于比较稳定的经营时期，二手车经销状况也比较稳定，故应以获取合理利润为目标，所以成本加成率不做调整，即仍取 6%。

2）该车不准备采用折扣定价策略，而上述计算结果中有精确的尾数，即采用尾数定价策略，也不再做调整。

故该二手车的最终销售价格确定为 69180 元。

思考题

1. 二手车收购定价的影响因素有哪些?
2. 二手车收购定价的方法有哪些?
3. 二手车销售定价的影响因素有哪些?
4. 二手车销售定价的方法和策略有哪些?
5. 二手车质量保证有什么意义?

附 录

附录 A 二手车流通管理办法

第一章 总 则

第一条 为加强二手车流通管理,规范二手车经营行为,保障二手车交易双方的合法权益,促进二手车流通健康发展,依据国家有关法律、行政法规,制定本办法。

第二条 在中华人民共和国境内从事二手车经营活动或者与二手车相关的活动,适用本办法。

本办法所称二手车,是指从办理完注册登记手续到达到国家强制报废标准之前进行交易并转移所有权的汽车(包括三轮汽车、低速载货汽车,即原农用运输车,下同)、挂车和摩托车。

第三条 二手车交易市场是指依法设立、为买卖双方提供二手车集中交易和相关服务的场所。

第四条 二手车经营主体是指经工商行政管理部门依法登记,从事二手车经销、拍卖、经纪、鉴定评估的企业。

第五条 二手车经营行为是指二手车经销、拍卖、经纪、鉴定评估等。

(一)二手车经销是指二手车经销企业收购、销售二手车的经营活动。

(二)二手车拍卖是指二手车拍卖企业以公开竞价的形式将二手车转让给最高应价者的经营活动。

(三)二手车经纪是指二手车经纪机构以收取佣金为目的,为促成他人交易二手车而从事居间、经纪或者代理等经营活动。

(四)二手车鉴定评估是指二手车鉴定评估机构对二手车技术状况及其价值进行鉴定评估的经营活动。

第六条 二手车直接交易是指二手车所有人不通过经销企业、拍卖企业和经纪机构将车辆直接出售给买方的交易行为。二手车直接交易应当在二手车交易市场进行。

第七条 国务院商务主管部门、工商行政管理部门、税务部门在各自的职责范围内负责二手车流通有关监督管理工作。

省、自治区、直辖市和计划单列市商务主管部门（以下简称省级商务主管部门）、工商行政管理部门、税务部门在各自的职责范围内负责辖区内二手车流通有关监督管理工作。

第二章　设立条件和程序

第八条　二手车交易市场经营者、二手车经销企业和经纪机构应当具备企业法人条件，并依法到工商行政管理部门办理登记。

第九条　二手车鉴定评估机构应当具备下列条件：

（一）是独立的中介机构。

（二）有固定的经营场所和从事经营活动的必要设施。

（三）有3名以上从事二手车鉴定评估业务的专业人员（包括本办法实施之前取得国家职业资格证书的旧机动车鉴定估价师）。

（四）有规范的规章制度。

第十条　设立二手车鉴定评估机构，应当按下列程序办理：

（一）申请人向拟设立二手车鉴定评估机构所在地省级商务主管部门提出书面申请，并提交符合本办法第九条规定的相关材料。

（二）省级商务主管部门自收到全部申请材料之日起20个工作日内做出是否予以核准的决定，对予以核准的，颁发"二手车鉴定评估机构核准证书"；不予核准的，应当说明理由。

（三）申请人持"二手车鉴定评估机构核准证书"到工商行政管理部门办理登记手续。

第十一条　外商投资设立二手车交易市场、经销企业、经纪机构、鉴定评估机构的申请人，应当分别持符合第八条、第九条规定和《外商投资商业领域管理办法》、有关外商投资法律规定的相关材料报省级商务主管部门。省级商务主管部门进行初审后，自收到全部申请材料之日起1个月内上报国务院商务主管部门。合资中方有国家计划单列企业集团的，可直接将申请材料报送国务院商务主管部门。国务院商务主管部门自收到全部申请材料3个月内会同国务院工商行政管理部门，做出是否予以批准的决定，对予以批准的，颁发或者换发"外商投资企业批准证书"；不予批准的，应当说明理由。

申请人持"外商投资企业批准证书"到工商行政管理部门办理登记手续。

第十二条　设立二手车拍卖企业（含外商投资二手车拍卖企业）应当符合《中华人民共和国拍卖法》和《拍卖管理办法》有关规定，并按《拍卖管理办法》规定的程序办理。

第十三条　外资并购二手车交易市场和经营主体及已设立的外商投资企业增加二手车经营范围的，应当按第十一条、第十二条规定的程序办理。

第三章　行为规范

第十四条　二手车交易市场经营者和二手车经营主体应当依法经营和纳税，遵守商业道德，接受依法实施的监督检查。

第十五条　二手车卖方应当拥有车辆的所有权或者处置权。二手车交易市场经营者和二手车经营主体应当确认卖方的身份证明，车辆的号牌、"机动车登记证书""机动车行驶证"，有效的机动车安全技术检验合格标志、车辆保险单、交纳税费凭证等。

国家机关、国有企事业单位在出售、委托拍卖车辆时，应持有本单位或者上级单位出具的资产处理证明。

第十六条 出售、拍卖无所有权或者处置权车辆的，应承担相应的法律责任。

第十七条 二手车卖方应当向买方提供车辆的使用、修理、事故、检验以及是否办理抵押登记、交纳税费、报废期等真实情况和信息。买方购买的车辆如因卖方隐瞒和欺诈不能办理转移登记，卖方应当无条件接受退车，并退还购车款等费用。

第十八条 二手车经销企业销售二手车时应当向买方提供质量保证及售后服务承诺，并在经营场所予以明示。

第十九条 进行二手车交易应当签订合同。合同示范文本由国务院工商行政管理部门制定。

第二十条 二手车所有人委托他人办理车辆出售的，应当与受托人签订委托书。

第二十一条 委托二手车经纪机构购买二手车时，双方应当按以下要求进行：

（一）委托人向二手车经纪机构提供合法身份证明。

（二）二手车经纪机构依据委托人要求选择车辆，并及时向其通报市场信息。

（三）二手车经纪机构接受委托购买时，双方签订合同。

（四）二手车经纪机构根据委托人要求代为办理车辆鉴定评估，鉴定评估所发生的费用由委托人承担。

第二十二条 二手车交易完成后，卖方应当及时向买方交付车辆、号牌及车辆法定证明、凭证。车辆法定证明、凭证主要包括：

（一）"机动车登记证书"。

（二）"机动车行驶证"。

（三）有效的机动车安全技术检验合格标志。

（四）车辆购置税完税证明。

（五）车船税缴付凭证。

（六）车辆保险单。

第二十三条 下列车辆禁止经销、买卖、拍卖和经纪：

（一）已报废或者达到国家强制报废标准的车辆。

（二）在抵押期间或者未经海关批准交易的海关监管车辆。

（三）在人民法院、人民检察院、行政执法部门依法查封、扣押期间的车辆。

（四）通过盗窃、抢劫、诈骗等违法犯罪手段获得的车辆。

（五）发动机号码、车辆识别代号或者车架号码与登记号码不相符，或者有凿改迹象的车辆。

（六）走私、非法拼（组）装的车辆。

（七）不具有第二十二条所列证明、凭证的车辆。

（八）在本行政辖区以外的公安机关交通管理部门注册登记的车辆。

（九）国家法律、行政法规禁止经营的车辆。

二手车交易市场经营者和二手车经营主体发现车辆具有（四）、（五）、（六）情形之一的，应当及时报告公安机关、工商行政管理部门等执法机关。

对交易违法车辆的，二手车交易市场经营者和二手车经营主体应当承担连带赔偿责任和其他相应的法律责任。

第二十四条　二手车经销企业销售、拍卖企业拍卖二手车时，应当按规定向买方开具税务机关监制的统一发票。

进行二手车直接交易和通过二手车经纪机构进行二手车交易的，应当由二手车交易市场经营者按规定向买方开具税务机关监制的统一发票。

第二十五条　二手车交易完成后，现车辆所有人应当凭税务机关监制的统一发票，按法律、法规有关规定办理转移登记手续。

第二十六条　二手车交易市场经营者应当为二手车经营主体提供固定场所和设施，并为客户提供办理二手车鉴定评估、转移登记、保险、纳税等手续的条件。二手车经销企业、经纪机构应当根据客户要求，代办二手车鉴定评估、转移登记、保险、纳税等手续。

第二十七条　二手车鉴定评估应当本着买卖双方自愿的原则，不得强制进行；属国有资产的二手车应当按国家有关规定进行鉴定评估。

第二十八条　二手车鉴定评估机构应当遵循客观、真实、公正和公开原则，依据国家法律法规开展二手车鉴定评估业务，出具车辆鉴定评估报告；并对鉴定评估报告中车辆技术状况，包括是否属事故车辆等评估内容负法律责任。

第二十九条　二手车鉴定评估机构和人员可以按国家有关规定从事涉案、事故车辆鉴定等评估业务。

第三十条　二手车交易市场经营者和二手车经营主体应当建立完整的二手车交易购销、买卖、拍卖、经纪以及鉴定评估档案。

第三十一条　设立二手车交易市场、二手车经销企业开设店铺，应当符合所在地城市发展及城市商业发展有关规定。

第四章　监督与管理

第三十二条　二手车流通监督管理遵循破除垄断，鼓励竞争，促进发展和公平、公正、公开的原则。

第三十三条　建立二手车交易市场经营者和二手车经营主体备案制度。凡经工商行政管理部门依法登记，取得营业执照的二手车交易市场经营者和二手车经营主体，应当自取得营业执照之日起2个月内向省级商务主管部门备案。省级商务主管部门应当将二手车交易市场经营者和二手车经营主体有关备案情况定期报送国务院商务主管部门。

第三十四条　建立和完善二手车流通信息报送、公布制度。二手车交易市场经营者和二手车经营主体应当定期将二手车交易量、交易额等信息通过所在地商务主管部门报送省级商务主管部门。省级商务主管部门将上述信息汇总后报送国务院商务主管部门。国务院商务主管部门定期向社会公布全国二手车流通信息。

第三十五条　商务主管部门、工商行政管理部门应当在各自的职责范围内采取有效措施，加强对二手车交易市场经营者和经营主体的监督管理，依法查处违法违规行为，维护市场秩序，保护消费者的合法权益。

第三十六条　国务院工商行政管理部门会同商务主管部门建立二手车交易市场经营者和二手车经营主体信用档案，定期公布违规企业名单。

第五章 附　　则

第三十七条　本办法自 2005 年 10 月 1 日起施行，原《商务部办公厅关于规范旧机动车鉴定评估管理工作的通知》（商建字［2004］第 70 号）《关于加强旧机动车市场管理工作的通知》（国经贸贸易［2001］1281 号）《旧机动车交易管理办法》（内贸机字［1998］第 33 号）及据此发布的各类文件同时废止。

附录 B 二手车交易规范

第一章 总 则

第一条 为规范二手车交易市场、经营者和二手车经营主体的服务、经营行为，以及二手车直接交易双方的交易行为，明确交易规程，增加交易透明度，维护二手车交易双方的合法权益，依据《二手车流通管理办法》，制定本规范。

第二条 在中华人民共和国境内从事二手车交易及相关的活动适用于本规范。

第三条 二手车交易应遵循诚实、守信、公平、公开的原则，严禁欺行霸市、强买强卖、弄虚作假、恶意串通、敲诈勒索等违法行为。

第四条 二手车交易市场经营者和二手车经营主体应在各自的经营范围内从事经营活动，不得超范围经营。

第五条 二手车交易市场经营者和二手车经营主体应按下列项目确认卖方的身份及车辆的合法性：

（一）身份证明或者机构代码证书原件合法有效。

（二）车辆号牌、机动车登记证书、机动车行驶证、机动车安全技术检验合格标志真实、合法、有效。

（三）交易车辆不属于《二手车流通管理办法》第二十三条规定禁止交易的车辆。

第六条 二手车交易市场经营者和二手车经营主体应核实卖方的所有权或处置权证明。车辆所有权或处置权证明应符合下列条件：

（一）机动车登记证书、行驶证与卖方身份证明名称一致；国家机关、国有企事业单位出售的车辆，应附有资产处理证明。

（二）委托出售的车辆，卖方应提供车主授权委托书和身份证明。

（三）二手车经销企业销售的车辆，应具有车辆收购合同等能够证明经销企业拥有该车所有权或处置权的相关材料，以及原车主身份证明复印件。原车主名称应与机动车登记证、行驶证名称一致。

第七条 二手车交易应当签订合同，明确相应的责任和义务。交易合同包括：收购合同、销售合同、买卖合同、委托购买合同、委托出售合同、委托拍卖合同等。

第八条 交易完成后，买卖双方应当按照国家有关规定，持下列法定证明、凭证向公安机关交通管理部门申办车辆转移登记手续：

（一）买方及其代理人的身份证明。

（二）机动车登记证书。

（三）机动车行驶证。

（四）二手车交易市场、经销企业、拍卖公司按规定开具的二手车销售统一发票。

（五）属于解除海关监管的车辆，应提供"中华人民共和国海关监管车辆解除监管证明书"。

车辆转移登记手续应在国家有关政策法规所规定的时间内办理完毕，并在交易合同中予以明确。

完成车辆转移登记后，买方应按国家有关规定，持新的机动车登记证书和机动车行驶证到有关部门办理车辆购置税变更手续。

第九条　二手车应在车辆注册登记所在地交易。二手车转移登记手续应按照公安部门有关规定在原车辆注册登记所在地公安机关交通管理部门办理。需要进行异地转移登记的，由车辆原属地公安机关交通管理部门办理车辆转出手续，在接收地公安机关交通管理部门办理车辆转入手续。

第十条　二手车交易市场经营者和二手车经营主体应根据客户要求提供相关服务，在收取服务费、佣金时应开具发票。

第十一条　二手车交易市场经营者、经销企业、拍卖公司应建立交易档案，交易档案主要包括以下内容：

（一）本规范第五条第二款规定的法定证明、凭证复印件。

（二）购车原始发票或者最近一次交易发票复印件。

（三）买卖双方身份证明或者机构代码证书复印件。

（四）委托人及授权代理人身份证或者机构代码证书以及授权委托书复印件。

（五）交易合同原件。

（六）二手车经销企业的"车辆信息表"，二手车拍卖公司的"拍卖车辆信息"和"二手车拍卖成交确认书"。

（七）其他需要存档的有关资料。

交易档案保留期限不少于3年。

第十二条　二手车交易市场经营者、二手车经营主体发现非法车辆、伪造证照和车牌等违法行为，以及擅自更改发动机号、车辆识别代码（车架号码）和调整里程表等情况，应及时向有关执法部门举报，并有责任配合调查。

第二章　收购和销售

第十三条　二手车经销企业在收购车辆时，应按下列要求进行：

（一）按本规范第五条和第六条所列项目核实卖方身份以及交易车辆的所有权或处置权，并查验车辆的合法性。

（二）与卖方商定收购价格，如对车辆技术状况及价格存有异议，经双方商定可委托二手车鉴定评估机构对车辆技术状况及价值进行鉴定评估。达成车辆收购意向的，签订收购合同，收购合同中应明确收购方享有车辆的处置权。

（三）按收购合同向卖方支付车款。

第十四条　二手车经销企业将二手车销售给买方之前，应对车辆进行检测和整备。

二手车经销企业应对进入销售展示区的车辆按"车辆信息表"的要求填写有关信息，在显要位置予以明示，并可根据需要增加"车辆信息表"的有关内容。

第十五条　达成车辆销售意向的，二手车经销企业应与买方签订销售合同，并将《车辆信息表》作为合同附件。按合同约定收取车款时，应向买方开具税务机关监制的统一发票并如实填写成交价格。

买方持本规范第八条规定的法定证明、凭证到公安机关交通管理部门办理转移登记手续。

第十六条　二手车经销企业向最终用户销售使用年限在 3 年以内或行驶里程在 6 万 km 以内的车辆（以先到者为准，营运车除外），应向用户提供不少于 3 个月或 5000km（以先到者为准）的质量保证。质量保证范围为发动机系统、转向系统、传动系统、制动系统、悬架系统等。

第十七条　二手车经销企业向最终用户提供售后服务时，应向其提供售后服务清单。

第十八条　二手车经销企业在提供售后服务的过程中，不得擅自增加未经客户同意的服务项目。

第十九条　二手车经销企业应建立售后服务技术档案。售后服务技术档案包括以下内容：

（一）车辆基本资料。主要包括车辆品牌型号、车牌号码、发动机号、车架号、出厂日期、使用性质、最近一次转移登记日期、销售时间、地点等。

（二）客户基本资料。主要包括客户名称（姓名）、地址、职业、联系方式等。

（三）维修维护记录。主要包括维修维护的时间、里程、项目等。

售后服务技术档案保存时间不少于 3 年。

第三章　经　　纪

第二十条　购买或出售二手车可以委托二手车经纪机构办理。委托二手车经纪机构购买二手车时，应按《二手车流通管理办法》第二十一条规定进行。

第二十一条　二手车经纪机构应严格按照委托购买合同向买方交付车辆、随车文件及本规范第五条第二款规定的法定证明、凭证。

第二十二条　经纪机构接受委托出售二手车，应按以下要求进行：

（一）及时向委托人通报市场信息。

（二）与委托人签订委托出售合同。

（三）按合同约定展示委托车辆，并妥善保管，不得挪作他用。

（四）不得擅自降价或加价出售委托车辆。

第二十三条　签订委托出售合同后，委托出售方应当按照合同约定向二手车经纪机构交付车辆、随车文件及本规范第五条第二款规定的法定证明、凭证。

车款、佣金给付按委托出售合同约定办理。

第二十四条　通过二手车经纪机构买卖的二手车，应由二手车交易市场经营者开具国家税务机关监制的统一发票。

第二十五条　进驻二手车交易市场的二手车经纪机构应与交易市场管理者签订相应的管理协议，服从二手车交易市场经营者的统一管理。

第二十六条　二手车经纪人不得以个人名义从事二手车经纪活动。

二手车经纪机构不得以任何方式从事二手车的收购、销售活动。

第二十七条　二手车经纪机构不得采取非法手段促成交易，以及向委托人索取合同约定佣金以外的费用。

第四章　拍　　卖

第二十八条　从事二手车拍卖及相关中介服务活动，应按照《拍卖法》及《拍卖管理

办法》的有关规定进行。

第二十九条 委托拍卖时，委托人应提供身份证明、车辆所有权或处置权证明及其他相关材料。拍卖人接受委托的，应与委托人签订委托拍卖合同。

第三十条 委托人应提供车辆真实的技术状况，拍卖人应如实填写"拍卖车辆信息"。

如对车辆的技术状况存有异议，拍卖委托双方经商定可委托二手车鉴定评估机构对车辆进行鉴定评估。

第三十一条 拍卖人应于拍卖日 7 日前发布公告。拍卖公告应通过报纸或者其他新闻媒体发布，并载明下列事项：

（一）拍卖的时间、地点。

（二）拍卖的车型及数量。

（三）车辆的展示时间、地点。

（四）参加拍卖会办理竞买的手续。

（五）需要公告的其他事项。

拍卖人应在拍卖前展示拍卖车辆，并在车辆显著位置张贴"拍卖车辆信息"。车辆的展示时间不得少于 2 天。

第三十二条 进行网上拍卖，应在网上公布车辆的彩色照片和"拍卖车辆信息"，公布时间不得少于 7 天。

网上拍卖是指二手车拍卖公司利用互联网发布拍卖信息，公布拍卖车辆技术参数和直观图片，通过网上竞价、网下交接，将二手车转让给超过保留价的最高应价者的经营活动。

网上拍卖过程及手续应与现场拍卖相同。网上拍卖组织者应根据《拍卖法》及《拍卖管理办法》有关条款制定网上拍卖规则，竞买人则需要办理网上拍卖竞买手续。

任何个人及未取得二手车拍卖人资质的企业不得开展二手车网上拍卖活动。

第三十三条 拍卖成交后，买受人和拍卖人应签署"二手车拍卖成交确认书"。

第三十四条 委托人、买受人可与拍卖人约定佣金比例。

委托人、买受人与拍卖人对拍卖佣金比例未作约定的，依据《拍卖法》及《拍卖管理办法》有关规定收取佣金。

拍卖未成交的，拍卖人可按委托拍卖合同的约定向委托人收取服务费用。

第三十五条 拍卖人应在拍卖成交且买受人支付车辆全款后，将车辆、随车文件及本规范第五条第二款规定的法定证明、凭证交付给买受人，并向买受人开具二手车销售统一发票，如实填写拍卖成交价格。

第五章　直接交易

第三十六条 二手车直接交易方为自然人的，应具有完全民事行为能力。无民事行为能力的，应由其法定代理人代为办理，法定代理人应提供相关证明。

二手车直接交易委托代理人办理的，应签订具有法律效力的授权委托书。

第三十七条 二手车直接交易双方或其代理人均应向二手车交易市场经营者提供其合法身份证明，并将车辆及本规范第五条第二款规定的法定证明、凭证送交二手车交易市场经营者进行合法性验证。

第三十八条 二手车直接交易双方应签订买卖合同，如实填写有关内容，并承担相应的法律责任。

第三十九条 二手车直接交易的买方按照合同支付车款后，卖方应按合同约定及时将车辆及本规范第五条第二款规定的法定证明、凭证交付买方。

车辆法定证明、凭证齐全合法，并完成交易的，二手车交易市场经营者应当按照国家有关规定开具二手车销售统一发票，并如实填写成交价格。

第六章 交易市场的服务与管理

第四十条 二手车交易市场经营者应具有必要的配套服务设施和场地，设立车辆展示交易区、交易手续办理区及客户休息区，做到标识明显，环境整洁卫生。交易手续办理区应设立接待窗口，明示各窗口业务受理范围。

第四十一条 二手车交易市场经营者在交易市场内应设立醒目的公告牌，明示交易服务程序、收费项目及标准、客户查询和监督电话号码等内容。

第四十二条 二手车交易市场经营者应制定市场管理规则，对场内的交易活动负有监督、规范和管理责任，保证良好的市场环境和交易秩序。由于管理不当给消费者造成损失的，应承担相应的责任。

第四十三条 二手车交易市场经营者应及时受理并妥善处理客户投诉，协助客户挽回经济损失，保护消费者权益。

第四十四条 二手车交易市场经营者在履行其服务、管理职能的同时，可依法收取交易服务和物业等费用。

第四十五条 二手车交易市场经营者应建立严格的内部管理制度，牢固树立为客户服务、为驻场企业服务的意识，加强对所属人员的管理，提高人员素质。二手车交易市场服务、管理人员须经培训合格后上岗。

第七章 附 则

第四十六条 本规范自发布之日起实施。

附录 C 二手车合同范本
（国家工商行政管理总局制定）
（使用说明）

一、本合同文本是依据《中华人民共和国合同法》《二手车流通管理办法》等有关法律法规和规章制定的示范文本，供当事人约定使用。

二、本合同所称二手车，指从办理完注册登记手续到达到国家强制报废标准之前进行交易并转移所有权的汽车（包括三轮汽车、低速载货汽车，即原农用运输车）、挂车和摩托车。

三、本合同签订前，买卖双方应充分了解合同的相关内容。卖方应向买方提供车辆的使用、修理、事故、检验以及是否办理抵押登记、缴纳税费、报废期等真实情况和信息，买方应了解、查验车辆的状况。

四、双方当事人应结合具体情况选择本合同协议条款中所提供的选择项，空格处应以文字形式填写完整。

五、本合同"其他约定"条款，供双方当事人自行约定。

六、本合同示范文本由国家工商行政管理总局负责解释，并在全国范围内推行使用。

二手车买卖合同

合同编号：_____
卖方：_____
住所：_____ 法定代表人：_____
（如为自然人）身份证号码：_____
电话号码：_____
买方：_____
住所：_____ 法定代表人：_____
（如为自然人）身份证号码：_____
电话号码：_____

根据《中华人民共和国合同法》《二手车流通管理办法》等有关法律法规和规章的规定，就二手车的买卖事宜，买卖双方在平等、自愿、协商一致的基础上签订本合同。

第一条 车辆基本情况

1. 车主名称：_____；车牌号码：_____；厂牌型号：_____。
2. 车辆状况说明见附件一。
3. 车辆相关凭证见附件二。

第二条 车辆价款、过户手续费及支付时间、方式

1. 车辆价款及过户手续费
本车价款（不含税费或其他费用）为人民币：_____元（小写：_____元）。
过户手续费（包含税费）为人民币：_____元（小写：_____元）。
2. 支付时间、方式

待本车过户、转籍手续办理完成后____个工作日内,买方向卖方支付本车价款(如采用分期付款方式的可另行约定)。

过户手续费由_____方承担。_____方应于本合同签订之日起_____个工作日内,将过户手续费支付给双方约定的过户手续办理方。

第三条 车辆的过户、交付及风险承担

_____方应于本合同签订之日起_____个工作日内,将办理本车过户、转籍手续所需的一切有关证件、资料的原件及复印件交给____方,该方为过户手续办理方。

卖方应于本车过户、转籍手续办理完成后____个工作日内在____(地点)向买方交付车辆及相关凭证(见附件一)。

在车辆交付买方之前所发生的所有风险由卖方承担和负责处理,在车辆交付买方之后所发生的所有风险由买方承担和负责处理。

第四条 双方的权利和义务

1. 卖方应按照合同约定的时间、地点向买方交付车辆。
2. 卖方应保证合法享有车辆的所有权或处置权。
3. 卖方保证所出示及提供的与车辆有关的一切证件、证明及信息合法、真实、有效。
4. 买方应按照合同约定支付价款。
5. 对转出本地的车辆,买方应了解、确认车辆能在转入所在地办理转入手续。

第五条 违约责任

1. 卖方向买方提供的有关车辆信息不真实,买方有权要求卖方赔偿因此造成的损失。
2. 卖方未按合同的约定将本车及其相关凭证交付买方的,逾期每日按本车价款总额的_____%向买方支付违约金。
3. 买方未按照合同约定支付本车价款的,逾期每日按本车价款总额_____%向卖方支付违约金。
4. 因卖方原因致使车辆不能办理过户、转籍手续的,买方有权要求卖方返还车辆价款并承担一切损失;因买方原因致使车辆不能办理过户、转籍手续的,卖方有权要求买方返还车辆并承担一切损失。
5. 任何一方违反合同约定的,均应赔偿由此给对方造成的损失。

第六条 合同争议的解决方式

因本合同发生的争议,由当事人协商或调解解决;协商或调解不成的,按下列第_____种方式解决:

1. 提交_____仲裁委员会仲裁。
2. 依法向人民法院起诉。

第七条 合同的生效

本合同一式_____份,经双方当事人签字或盖章之日起生效。

第八条 其他约定

附件一:车辆状况说明书(车辆信息表)

附件二:车辆相关凭证

1. 机动车登记证书

2. 机动车行驶证
3. 有效的机动车安全技术检验合格标志
4. 车辆购置税完税证明
5. 车船税缴付凭证
6. 车辆保险单
7. 购车发票

卖方：_____（签章）　卖方开户银行：_____
　　　　　　　　　　　　　账号：_____
　　　　　　　　　　　　　户名：_____

买方：_____（签章）　买方开户银行：_____
　　　　　　　　　　　　　账号：_____
　　　　　　　　　　　　　户名：_____

签订地点：_____　　签订日期：____年____月____日

附件一　车辆状况说明书（车辆信息表）

车辆基本信息_____厂牌型号_____牌照号码_____
初次登记日期____年____月____日　表示里程_____万km
品牌名称　　□进□　□国产　车身颜色_____
年检证明　□有（至　年　月）　□无
车船税完税证明　□有（至　　年　月）　□无
交强险　□有（至　　年　月）　□无
使用性质　□家庭用车　□公务用车　□营运用车　□其他
其他法定凭证、证明　□号牌　□行驶证　□登记证书　□保险　□其他
重要配置　燃料　　排量/缸径　　缸数
发动机功率　　排放标准　　变速器形式
气囊　驱动方式　ABS　□有　□无
其他重要参数
是否为事故车　□是　□否　损伤位置及损伤状况
车辆状况描述
质量保证　　□有　　□无质保范围

说明书出具人（签章）：　　　　　　　　　鉴定评估师（签章）：
　　年　月　日　　　　　　　　　　　　　　年　月　日

声明
1. 本车辆符合《二手车流通管理办法》有关规定，属于合法车辆，可以进行交易。
2. 本表所描述车辆状况为说明书出具人填表日车辆的静态状况。
3. 本表所列各项内容买卖双方均进行了逐一核对并确认。

买方（签章）：　　　　　　　　卖方（签章）：
年　　月　　日　　　　　　　　年　　月　　日

备注

1. 本表由卖方填写，若卖方为二手车经纪、经销企业时，应由注册二手车鉴定评估师根据行业相关法规及标准进行填写并标明鉴定评估师的注册证书编号。

2. 本表一式三份，一份用于车辆展示，其余作为二手车买卖合同的附件。

填写说明

一、车辆基本信息

① "表示里程"项的内容，按照车辆里程表实际显示总里程数填写。

② "其他法定凭证、证明"项的内容，根据实际提交证明文件，在对应项前"□"内画"✓"，未列明的填入"其他"项中。

二、重要技术配置及参数

"其他重要参数"：根据实际情况如实填写相关配置信息。

三、是否为事故车

如实明示是否为事故车，在对应项前"□"内画"✓"。如果"是"，需在"损伤位置及损伤状况"项中描述损伤位置及损伤状况。损伤位置为可以影响到车辆整体结构的位置，主要为A、B、C柱，翼子板内板，前纵梁，地板等。损伤状况包括：变形、烧焊、扭曲、锈蚀、褶皱和更换过等。如果"否"，则无需填写后项内容。

四、车辆状况描述

仅描述静态状况，应包括如下内容：

（1）车身外观状况　需描述外观的损伤位置及损伤状况。

损伤位置包括：翼子板、车门、行李舱盖、行李舱内侧、车顶、保险杠、格栅、玻璃、轮胎和备胎等。

损伤状况包括状态和程度两部分。

损伤状态包括：伤痕、凹陷、弯曲、波纹、锈斑、腐蚀、裂纹、小孔、调换、做漆、痕迹和条纹等。

损伤程度包括：一元硬币可覆盖、10cm×10cm 纸张可覆盖、20cm×20cm 纸张可覆盖、A4纸可覆盖、A4纸无法覆盖、花纹深度少于1.6mm（轮胎损伤）。

（2）发动机舱内状况　需描述发动机外观状态，各液面状态、电路状况。

（3）车内及电器状况　需描述内饰是否有破损，车内是否清洁，仪表是否正常，各部分电器是否工作正常，车窗密封及工作状况是否正常等。

（4）底盘状况　发动机油底壳、变速器、减振器是否有渗漏油现象，转向臂球销、三角臂球销是否松动，传动轴防尘罩是否有破损。

以上部分，若无任何问题，填写"车辆状况良好"。若有任何问题，均需明确注明。

五、质量保证

明示车辆是否提供质量保证，在对应项前"□"内画"✓"。如果"是"，需在"质保范围"项中填写质保内容。如果"否"，则无需填写后项内容。

附录 D 二手车鉴定评估技术规范
（GB/T 30323—2013）

1. 范围

本标准规定了二手车鉴定评估的术语和定义、企业（生产企业二手车业务、汽车经销商二手车部门、二手车市场、二手车经纪公司、二手车拍卖）要求、作业流程和方法等技术要求。

本标准适用于从事二手车（小、微型客车和大型轿车）鉴定评估的活动。从事其他二手车鉴定评估，以及其他涉及汽车鉴定评估活动参照执行。

2. 规范性引用文件

下列文件对于本文件的应用是必不可少的。凡是注日期的引用文件，仅注日期的版本适用于本文件。凡是不注明日期的引用文件，其最新版本（包括所有的修改单）适用于本文件。

GB 7258 机动车运行安全技术条件

3. 术语和定义

下列术语和定义适用于本文件。

3.1

二手车（Used Car） 二手车指从办理完毕注册登记手续到达到国家强制报废标准之前进行交易并转移所有权的汽车。

3.2

二手车鉴定评估（Used Car Appraisal and Inspection） 二手车鉴定评估指对二手车进行技术状况检测和鉴定，确定某一时点价值的过程。

3.2.1

二手车技术状况鉴定（Technical Condition of The Used Car Appraisal）。对车辆技术状况进行缺陷描述和等级评定。

3.2.2

二手车价值评估（Used Car Valuation）。根据二手车技术状况鉴定结果和鉴定评估目的，对目标车辆价值进行评估。价值评估方法主要包括现行市价法和重置成本法。

3.2.2.1

现行市价法（Current Market Price Method）：根据车辆技术状况按照市场现行价值计算出被评估车辆价值的方法。

3.2.2.2

重置成本法（Replacement Cost Method）：按照相同车型市场现行价值重新购置一个全新状态的评估对象，用所需的全部成本减去评估对象的实体性、功能性和经济性陈旧贬值后的差额，以其作为评估对象现时价值的方法。

3.3

二手车鉴定评估机构（Used Car Appraisal and Evaluation Mechanism） 二手车鉴定评估机构指从事二手车鉴定评估经营活动的第三方服务机构。

3.4

二手车鉴定评估师（Used Car Appraisal Appraiser） 二手车鉴定评估师指依法取得二手车鉴定评估师，国家职业资格的人员。

3.5

高级二手车鉴定评估师（Advanced Used Car Appraiser） 高级二手车鉴定评估师指依法取得高级二手车鉴定评估师，国家职业资格的人员。

4. 二手车鉴定评估机构条件和要求

4.1 场所

经营面积不少于 200m²。

4.2 设施设备

4.2.1 具备汽车举升设备。

4.2.2 车辆故障信息读取设备、车辆结构尺寸检测工具或设备。

4.2.3 具备车辆外观缺陷测量工具、漆面厚度检测设备。

4.2.4 具备照明工具、照相机、螺钉旋具和扳手等常用操作工具。

4.3 人员

具有 3 名以上二手车鉴定评估师，一名以上高级二手车鉴定评估师。

4.4 其他

4.4.1 具备计算机等办公设施。

4.4.2 具备符合国家有关规定的消防设施。

5. 二手车鉴定评估程序

5.1 二手车鉴定评估作业流程

二手车鉴定评估机构开展二手车鉴定评估经营活动按附图 D-1 所示流程作业，并参照附录填写"二手车鉴定评估作业表"，请参照附件 1。二手车经销、拍卖、经纪等企业开展业务涉及二手车鉴定评估活动的，参照附图 D-1 有关内容和顺序作业，即查验可交易车辆—登记基本信息—判别事故车—鉴定技术状况，并参照附件 2 填写"二手车技术状况表"。

5.2 受理鉴定评估

了解委托方及其车辆的基本情况，明确委托方要求，主要包括委托方要求的评估目的、评估基准日、期望完成评估的时间等。

5.3 查验可交易车辆

5.3.1 查验"机动车登记证书""机动车行驶证"有效机动车安全技术检验合格标志、车辆购置税完税证明、车船使用税缴付凭证和车辆保险单等法定证明、凭证是否齐全，并按照附表 D-1 检查所列项目是否全部判定为"是"。

5.3.2 如发现上述法定证明、凭证不全或附表 D-1 检查项目任何一项判别为"否"的车辆，应告知委托方，不需继续进行技术鉴定和价值评估（司法机关委托等特殊要求的除外）。

5.3.3 发现法定证明、凭证不全，或者附表 D-1 中第 1 项、4~8 项任意一项判断为"否"的车辆应及时报告公安机关等执法部门。

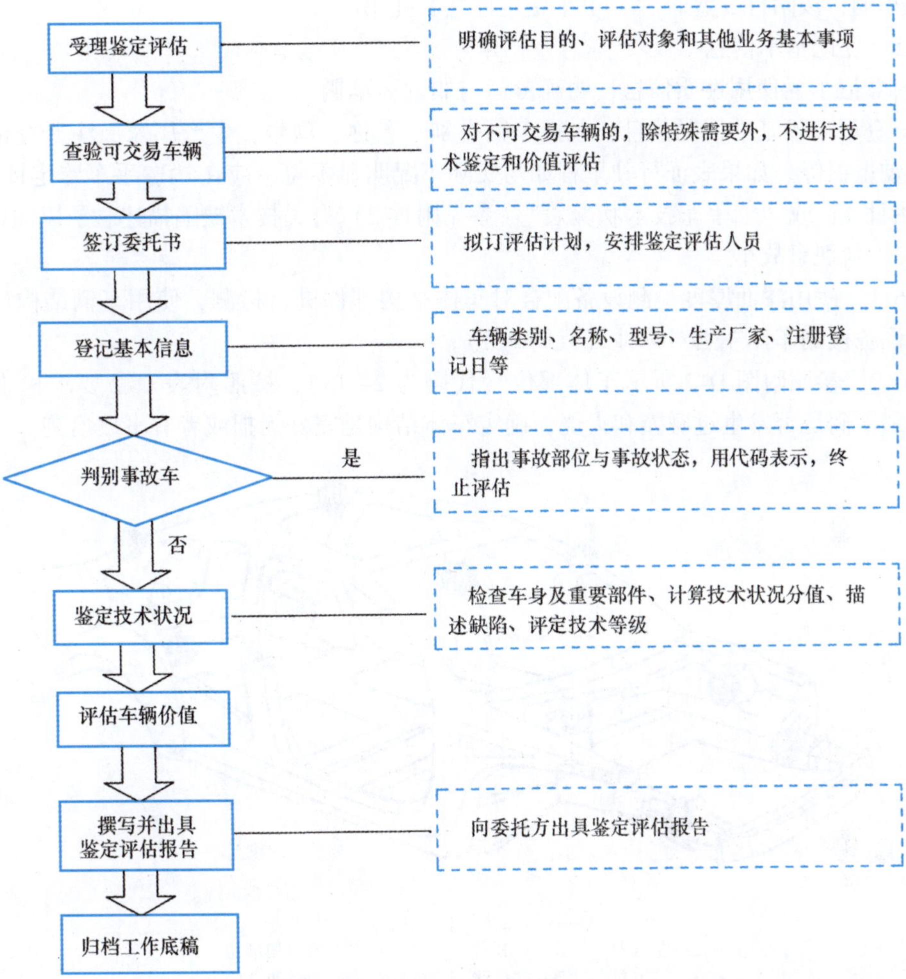

```
受理鉴定评估 ──── 明确评估目的、评估对象和其他业务基本事项
     ↓
查验可交易车辆 ──── 对不可交易车辆的,除特殊需要外,不进行技术鉴定和价值评估
     ↓
签订委托书 ──── 拟订评估计划,安排鉴定评估人员
     ↓
登记基本信息 ──── 车辆类别、名称、型号、生产厂家、注册登记日等
     ↓
判别事故车 ──是──→ 指出事故部位与事故状态,用代码表示,终止评估
     │否
     ↓
鉴定技术状况 ──── 检查车身及重要部件、计算技术状况分值、描述缺陷、评定技术等级
     ↓
评估车辆价值
     ↓
撰写并出具鉴定评估报告 ──── 向委托方出具鉴定评估报告
     ↓
归档工作底稿
```

附图 D-1　二手车鉴定评估作业流程

附表 D-1　可交易车辆判别表

序号	检查项目	判别	
1	是否达到国家强制报废标准	否	是
2	是否为抵押期间或海关监管期间的车辆	否	是
3	是否为人民法院、检察院、行政执法等部门依法查封、扣押期间的车辆	否	是
4	是否为通过盗窃、抢劫和诈骗等违法犯罪手段获得的车辆	否	是
5	发动机号与"机动车登记证书"登记号码是否一致,且无凿改痕迹	否	是
6	VIN 或车架号码与"机动车登记证书"登记号码是否一致,且无凿改痕迹	否	是
7	是否走私、非法拼组装车辆	否	是
8	是否法律法规禁止经营的车辆	否	是

5.4　签订委托书

对相关证照齐全、附表 D-1 检查项目全部判别为"是"的,或者司法机关委托等特殊

要求的车辆,按附件3签署"二手车鉴定评估委托书"。

5.5 登记基本信息

1)登记车辆使用性质信息,明确营运与非营运车辆。

2)登记车辆基本情况信息,包括车辆类别、名称、型号、生产厂家、注册登记日期和表征行驶里程等。如果表征行驶里程如与实际车况明显不符,应在"二手车鉴定评估报告"(参见附件4)或"二手车技术状况表"(参见附件2)有关技术缺陷描述时予以注明。

5.6 判别事故车

5.6.1 使用漆面厚度检测设备配合对车体结构部件进行检测,使用车辆结构尺寸检测工具或设备检测车体左右对称性(代码为1)。

5.6.2 参照附图D-2所示车体部位(代码为2~13),按照附表D-2要求检查车辆外观,判别车辆是否发生过碰撞和火烧,确定车体结构是完好无损或者有事故痕迹。

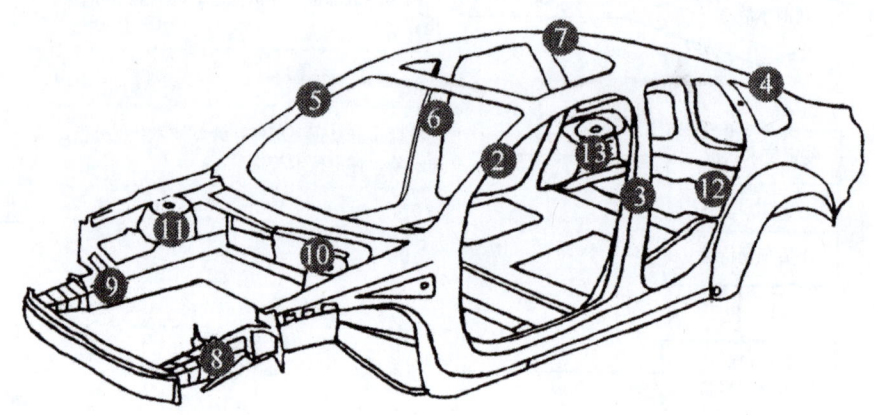

附图 D-2 车体结构示意图

2—左A柱　　6—右B柱　　10—左减振器悬架部位
3—左B柱　　7—右C柱　　11—右减振器悬架部位
4—左C柱　　8—左纵梁　　12—左后减振器悬架部位
5—右A柱　　9—右纵梁　　13—右后减振器悬架部位

5.6.3 根据附表D-2、附表D-3对车体状态进行缺陷描述,即车身部位+状态。例:4SH,即,左C柱有烧焊痕迹。

附表 D-2 车体部位代码表

序号	检查项目	序号	检查项目
1	车体左右对称性	8	左前纵梁
2	左A柱	9	右前纵梁
3	左B柱	10	左前减振器悬架部位
4	左C柱	11	右前减振器悬架部位
5	右A柱	12	左后减振器悬架部位
6	右B柱	13	右后减振器悬架部位
7	右C柱		

5.6.4 当附表 D-2 中任何一个检查项目存在附表 D-3 中对应的缺陷时,则该车为事故车。

附表 D-3 车辆缺陷状态描述对应表

代表字母	BX	NQ	GH	SH	ZZ
缺陷描述	变形	扭曲	更换	烧焊	褶皱

5.6.5 事故车的车辆技术鉴定和价值评估不在本规范的范围之内。

5.7 鉴定车辆技术状况

5.7.1 按照车身、发动机舱、驾驶舱、起动、路试和底盘等项目顺序检查车辆技术状况。

5.7.2 根据检查结果确定车辆技术状况的分值。总分值为各个鉴定项目分值累加,即鉴定总分 = ∑项目分值,满分 100 分。

5.7.3 根据鉴定分值,按照附表 D-4 确定车辆对应的技术等级。

附表 D-4 车辆技术状况等级分值对应表

技术状况等级	一级	二级	三级	四级	五级
分值区间	鉴定总分≥90	60≤鉴定总分<90	20≤鉴定总分<60	鉴定总分<20	事故车

5.8 评估车辆价值

5.8.1 估值方法选用原则。

a) 一般情况下,推荐选用现行市价法;在无参照物、无法使用现行市价法的情况下,选用重置成本法。

b) 根据按照车辆有关情况,确立估值方法,并对车辆价值进行估算。

5.8.2 现行市价法的运用方法。

a) 评估价值为相同车型、配置和相同技术状况鉴定检测分值的车辆近期的交易价值。

b) 如无参照,可从本区域近期的交易记录中调取相同车型、相近分值,或从相邻区域的成交记录中调取相同车型、相近分值的成交价值,并结合车辆技术状况鉴定分值加以修正。

5.8.3 重置成本法计算车辆价值。

a) 当无任何参照体时使用重置成本法,见公式(D-1)

$$W = Re \qquad (D-1)$$

式中 W——车辆评估价值;

R——更新重置成本;

e——综合成新率。

更新重置成本为相同型号、配置的新车在评估基准日的市场零售价值。

b) 综合成新率计算方法,见公式(D-2)

$$e = y\alpha + t\beta \qquad (D-2)$$

式中 e——综合成新率;

y——年限成新率;

t——技术鉴定成新率;

α——技术鉴定成新率系数;

β——年限成新率系数,其中:$\alpha+\beta=1$;

$t\beta$——相当于实体性陈旧贬值与功能性陈旧贬值后,车辆剩余的价值率;

$y\alpha$——相当于经济性陈旧贬值后,车辆剩余的价值率。

c)年限成新率计算方法,见公式(D-3)

$$y = N/n \tag{D-3}$$

式中 y——年限成新率;

N——预计车辆剩余使用年限;

n——车辆使用年限(非营运乘用车使用年限 15 年,超过 15 年的按实际年限计算;营运车辆、有使用年限规定的车辆按实际要求计算)。

d)技术成新率计算方法,见公式(D-4)

$$t = X/100 \tag{D-4}$$

式中 t——技术鉴定成新率;

X——车辆技术状况分值。

5.9 撰写及出具鉴定评估报告

5.9.1 根据车辆技术状况鉴定等级和价值评估结果等情况,按照附录 4 要求撰写"二手车鉴定评估报告",做到内容完整、客观和准确,书写工整。

5.9.2 按委托书要求及时向客户出具"二手车鉴定评估报告",并由鉴定评估人与复核人签章、鉴定评估机构加盖公章。

5.10 归档工作底稿

将"二手车鉴定评估报告"及其附件与工作底稿独立汇编成册,存档备查。档案保存一般不低于 5 年;鉴定评估目的涉及财产纠纷的,其档案至少应当保存 10 年;法律法规另有规定的,从其规定。

6. 正常车辆技术状况鉴定有关要求

6.1 车身外观

6.1.1 车身外观部位及对应代码见附图 D-3 和附表 D-5 的表示。参照附图 D-3 表示,按照附表 D-5、附表 D-6 的要求检查 26 个项目,程度为 1 的扣 0.5 分,每增加 1 个程度加扣 0.5 分。共计 20 分,扣完为止。轮胎部分需高于程度 4 的标准,不符合标准扣 1 分。

6.1.2 使用车辆外观缺陷测量工具与漆面厚度检测设备结合目测法对车身外观进行检测。

6.1.3 根据附表 D-5、附表 D-6 描述缺陷,车身外观项目的转义描述为

车身部位代码+状态+程度

例:21XS2 对应描述为左后车门有锈蚀,面积为大于 100mm×100mm,小于或等于 200mm×300mm。

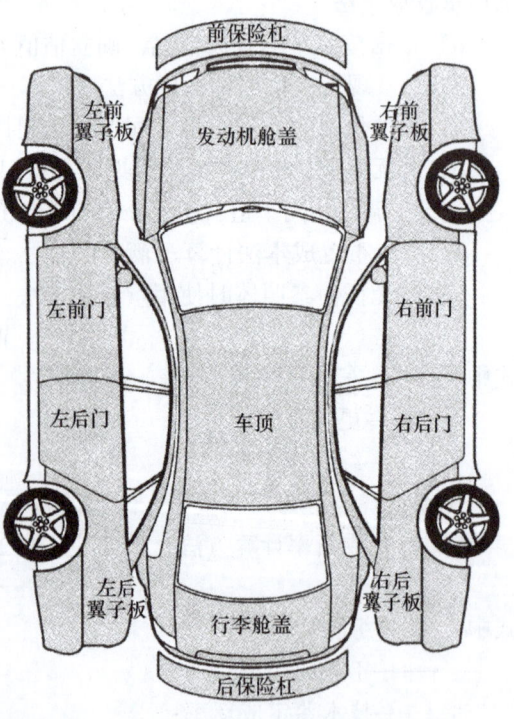

附图 D-3 车身外观展开示意图

附表 D-5　车身外观部位代码对应表

代码	部位	代码	部位
14	发动机舱盖表面	27	后保险杠
15	左前翼子板	28	左前轮
16	左后翼子板	29	左后轮
17	右前翼子板	30	右前轮
18	右后翼子板	31	右后轮
19	左前车门	32	前照灯
20	右前车门	33	后尾灯
21	左后车门	34	前风窗玻璃
22	右后车门	35	后风窗玻璃
23	行李舱盖	36	四门风窗玻璃
24	行李舱内侧	37	左后视镜
25	车顶	38	右后视镜
26	前保险杠	39	轮胎

附表 D-6　车身外观状态描述对应表

代码	HH	BX	XS	LW	AX	XF
描述	划痕	变形	锈蚀	裂纹	凹陷	修复痕迹

程度：

1——面积小于或等于 100mm×100mm；

2——面积大于 100mm×100mm 并小于或等于 200mm×300mm；

3——面积大于 200mm×300mm；

4——轮胎花纹深度小于 1.6mm。

6.2　发动机舱

按附表 D-7 的要求检查 10 个项目（序号 40~49）。选择 A 不扣分，第 40 项选择 B 或 C 扣 15 分；第 41 项选择 B 或 C 扣 5 分；第 44 项选择 B 扣 2 分，选择 C 扣 4 分；其余各项选择 B 扣 1.5 分，选择 C 扣 3 分。共计 20 分，扣完为止。

附表 D-7　发动机舱检查项目作业表

序号	检查项目	A	B	C
40	机油有无冷却液混入	无	轻微	严重
41	缸盖外是否有机油渗漏	无	轻微	严重
42	前翼子板内缘、水箱框架、横拉梁有无凹凸或修复痕迹	无	轻微	严重
43	散热器格栅有无破损	无	轻微	严重
44	蓄电池电极桩柱有无腐蚀	无	轻微	严重
45	蓄电池电解液有无渗漏、缺少	无	轻微	严重
46	发动机传动带有无老化	无	轻微	严重
47	油管、水管有无老化、裂痕	无	轻微	严重
48	线束有无老化、破损	无	轻微	严重
49	其他	只描述缺陷，不扣分		

如检查第 40 项时发现机油有冷却液混入，检查第 41 项时发现缸盖外有机油渗漏，则应在"二手车鉴定评估报告"或"二手车技术状况表"的技术状况缺陷描述中分别予以注明，并提示修复前不宜使用。

6.3 驾驶舱

按附表 D-8 的要求检查 15 个项目（序号 50~64）。选择 A 不扣分，第 50 项选择 C 扣 1.5 分；第 51、52 项选择 C 扣 0.5 分；其余项目选择 C 扣 1 分。共计 10 分，扣完为止。

附表 D-8 驾驶舱检查项目作业表

序号	检查项目	A	C
50	车内是否无水泡痕迹	是	否
51	车内后视镜、座椅是否完整、无破损、功能正常	是	否
52	车内是否整洁、无异味	是	否
53	转向盘自由行程转角是否小于 15°	是	否
54	车顶及周边内饰是否无破损、松动及裂缝和污迹	是	否
55	仪表台是否无划痕，配件是否无缺失	是	否
56	变速杆及护罩是否完好、无破损	是	否
57	储物盒是否无裂痕，配件是否无缺失	是	否
58	天窗是否移动灵活、关闭正常	是	否
59	门窗密封条是否良好、无老化	是	否
60	安全带结构是否完整、功能是否正常	是	否
61	驻车制动系统是否灵活有效	是	否
62	玻璃窗升降器、门窗工作是否正常	是	否
63	左、右后视镜折叠装置工作是否正常	是	否
64	其他	只描述缺陷，不扣分	

如检查第 60 项时发现安全带结构不完整或者功能不正常，则应在"二手车鉴定评估报告"或"二手车技术状况鉴定书"的技术状况缺陷描述中予以注明，并提示修复或更换前不宜使用。

6.4 起动

按附表 D-9 的要求检查 10 个项目（序号 65~74）。选择 A 不扣分，第 65、66 项选择 C 扣 2 分；第 67 项选择 C 扣 1 分；第 68~71 项，选择 C 扣 0.5 分；第 72、73 项选择 C 扣 10 分。共计 20 分，扣完为止。

附表 D-9 起动检查项目作业表

序号	检查项目	A	C
65	车辆起动是否顺畅（时间少于 5s，或一次起动）	是	否
66	仪表板指示灯显示是否正常，无故障报警	是	否
67	各类灯光和调节功能是否正常	是	否
68	泊车辅助系统工作是否正常	是	否

(续)

序号	检查项目	A	C
69	ABS 工作是否正常	是	否
70	空调系统风量、方向调节、分区控制、自动控制、制冷工作是否正常	是	否
71	发动机在冷、热车条件下怠速运转是否稳定	是	否
72	怠速运转时发动机是否无异响，空档状态下逐渐增加发动机转速，发动机声音过渡是否无异响	是	否
73	车辆排气是否无异常	是	否
74	其他	只描述缺陷，不扣分	

如检查第 66 项时发现仪表板指示灯显示异常或出现故障报警，则应查明原因，并在"二手车鉴定评估报告"或"二手车技术状况鉴定书"的技术状况缺陷描述中予以注明。

优先选用车辆故障信息读取设备对车辆技术状况进行检测。

6.5 路试

按附表 D-10 的要求检查 10 个项目（序号 75~84）。选择 A 不扣分，选择 C 扣 2 分。共计 15 分，扣完为止。

附表 D-10 路试检查项目作业表

序号	检查项目	A	C
75	发动机运转、加速是否正常	是	否
76	车辆起动前踩下制动踏板，保持 5~10s，踏板无向下移动的现象	是	否
77	踩住制动踏板起动发动机，踏板是否向下移动	是	否
78	行车制动系统最大制动效能在踏板全行程的 4/5 以内达到	是	否
79	行驶是否无跑偏	是	否
80	制动系统工作是否正常有效、制动不跑偏	是	否
81	变速器工作是否正常、无异响	是	否
82	行驶过程中车辆底盘部位是否无异响	是	否
83	行驶过程中车辆转向部位是否无异响	是	否
84	其他	只描述缺陷，不扣分	

如果检查第 80 项时发现制动系统出现制动距离长、跑偏等不正常现象，则应在"二手车鉴定评估报告"或"二手车技术状况表"的技术缺陷描述中予以注明，并提示修复前不宜使用。

6.6 底盘

按附表 D-11 的要求检查 8 个项目（序号 85~92）。选择 A 不扣分；第 85、86 项，选择 C 扣 4 分；第 87、88 项，选择 C 扣 3 分；第 89~91 项，选择 C 扣 2 分。共计 15 分，扣完为止。

附表 D-11　底盘检查项目作业表

序号	检查项目	A	C
85	发动机油底壳是否无渗漏	是	否
86	变速器体是否无渗漏	是	否
87	转向节臂球销是否无松动	是	否
88	三角臂球销是否无松动	是	否
89	传动轴十字轴是否无松旷	是	否
90	减振器是否无渗漏	是	否
91	减振弹簧是否无损坏	是	否
92	其他	只描述缺陷，不扣分	

6.7　功能性零部件

对附表 D-12 所示部件功能进行检查（序号 93~113）。结构、功能坏损的，直接进行缺陷描述，不计分。

附表 D-12　车辆功能性零部件项目表

序号	类别	零部件名称	序号	类别	零部件名称
93	车身外部件	发动机舱盖锁止	105	随车附件	备胎
94		发动机舱盖液压支承杆	106		千斤顶
95		后门/行李舱液压支承杆	107		轮胎扳手及随车工具
96		各车门锁止	108		三角警示牌
97		前后刮水器	109		灭火器
98		立柱密封胶条	110	其他	全套钥匙
99		排气管及消声器	111		遥控器及功能
100		车轮轮毂	112		喇叭高低音色
101	驾驶舱内部件	车内后视镜	113		玻璃加热功能
102		座椅调节及加热			
103		仪表板出风管道			
104		中央集控			

6.8　拍摄车辆照片

6.8.1　外观图片。分别从车辆左前部与右后部 45°拍摄外观图片各 1 张。拍摄外观破损部位带标尺的正面图片 1 张。

6.8.2　驾驶舱图片。分别拍摄仪表台操纵杆、前排座椅、后排座椅左侧 45°图片各 1 张，拍摄破损部位带标尺的正面图片 1 张。

6.8.3　拍摄发动机舱图片 1 张。

7.　二手车鉴定评估机构经营管理

7.1　有规范的名称、组织机构、固定场所和章程，遵守国家有关法律、法规及行规行约,客观公正地开展二手车鉴定评估业务。

7.2 在经营场所明显位置悬挂二手车鉴定评估机构核准证书和营业执照等证照,公示二手车鉴定评估流程和收费标准。

7.3 二手车鉴定评估人员应严格遵守职业道德、职业操守和执业规范。

7.4 开展二手车鉴定评估活动应坚持客观、独立、公正和科学的原则,按照关联回避原则,回避与本机构、评估人有关联的当事人委托的鉴定评估业务。

7.5 建立内部培训考核制度,保证鉴定评估人员职业素质和鉴定评估工作质量。

7.6 建立和完善二手车鉴定评估档案制度,并根据评估对象及有关保密要求,合理确定适宜的建档内容、档案查阅范围和保管期限。

附件1 二手车鉴定评估作业表(示范文本)

二手车鉴定评估作业表见附表 D-13。

附表 D-13 二手车鉴定评估作业表

厂牌型号		行驶里程		仪表	
牌照号码				推定	
VIN			车身颜色		
发动机号			车主姓名/名称		
法人代码/身份证号码		首次登记日期	使用性质		
		年 月 日			
年检证明	□有(至 年 月)□无		车船税证明	□有(至 年 月)□无	
交强险	□有(至 年 月)□无		购置税证书	□有 □无	
其他法定凭证、证	□号牌 □行驶证 □登记证书 □保险单 □其他				
是否为事故车	□是 □否	损伤位置及损伤情况			
车辆主要技术缺陷描述					
总得分					
技术等级					
估价方法					
参考价值					
评估师(签章)					
评估师证号					
审核人(签章)					
二手车鉴定评估结论评估单位(盖章)					

附件 2 二手车技术状况表（示范文本）

二手车技术状况表见附表 D-14。

附表 D-14 二手车技术状况表

车辆基本信息	厂牌型号		牌照号码		
	发动机号		VIN		
	初次登记日期	年　月　日	表征里程	万 km	
	品牌名称	□国产　□进口	车身颜色		
	年检证明	□有（至　年　月）□无	购置税证书	□有　□无	
	车船税证明	□有（至　年　月）□无	交强险	□有（至　年　月）□无	
	使用性质	□营运用车　□出租车　□公务用车　□家庭用车　□其他			
	其他法定凭证、证明	□机动车牌号　□机动车行驶证　□机动车登记证 □第三者强制保险单　□其他			
	车主名称/姓名		企业法人证书代码/身份证号码		
重要配置	燃料标号		排量		缸数
	发动机功率		排放标准		变速器形式
	气囊		驱动方式		ABS　□有　□无
	其他重要配置				
是否为事故车	□是　□否	损伤位置及损伤状况			
鉴定结果	分值		技术状况等级		
车辆技术状况鉴定缺陷描述	鉴定科目	鉴定结果（得分）		缺陷描述	
	车身检查				
	发动机检查				
	车内检查				
	起动检查				
	路试检查				
	底盘检查				

二手车鉴定评估师：_____　　　　　　　　　　　鉴定单位：（盖章）____

　　　　　　　　　　　　　　　　　　　　　　　　　　鉴定日期：____年____月____日

声明：

本二手车技术状况表所体现的鉴定结果仅为鉴定日期当日被鉴定车辆的技术状况表现与描述，若在当日内被鉴定车辆的市场价值或因交通事故等原因导致车辆的价值发生变化，对车辆鉴定结果产生明显影响时，本技术状况鉴定说明书不作为参考依据。

注：本二手车技术状况表由二手车经销企业、拍卖企业和经纪企业使用，作为二手车交易合同的附件。车辆展卖期间，放置在驾驶室前风窗玻璃左下方，供消费者参阅。

附件3 二手车鉴定评估委托书（示范文本）

委托书编号：_____
委托方名称（姓名）：_____ 法人代码证（身份证）号：_____
鉴定评估机构名称：_____ 法人代码证：_____
委托方地址：_____ 鉴定评估机构地址：_____
联系人：_____ 电话：_____

因 □交易 □典当 □拍卖 □置换 □抵押 □担保 □咨询 □司法裁决需要，委托人与受托人达成委托关系，号牌号码为_____，车辆类型为_____，车架号（VIN）为_____的车辆进行技术状况鉴定并出具评估报告书，____年____月____日前完成。

委托评估车辆基本信息见附表D-15。

附表 D-15 委托评估车辆基本信息

车辆情况	厂牌型号		使用用途		营运 □ 非营运 □
	总质量/座位/排量		燃料种类		
	初次登记日期	年 月 日	车身颜色		
	已使用年限	年 个月	累计行驶里程/万km		
	大修次数	发动机	整车		
	维修情况				
	事故情况				
价值反映	购置日期	年 月 日	原始价值/元		
备注					

委托方：（签字盖章） 　　　　　　　　受托方：（签字盖章）
　　　　　　　　　　　　　　　　　　（二手车鉴定评估机构盖章）

　　年　月　日　　　　　　　　　　　　　　年　月　日

1. 委托方保证所提供的资料客观真实，并负法律责任。
2. 仅对车辆进行鉴定评估。
3. 评估依据：《机动车运行安全技术条件》《二手车鉴定评估技术规范》等。
4. 评估结论仅对本次委托有效，不做他用。
5. 鉴定评估人员与有关当事人没有利害关系。
6. 委托方如对评估结论有异议，可于收到"二手车鉴定评估报告"之日起10日内向受托方提出，受托方应给予解释。

附件4 二手车鉴定评估报告（示范文本）

××××鉴定评估机构评报字　（20　年）　第××号

一、绪言

_____（鉴定评估机构）接受_____的委托，根据国家有关评估及《二手车流通管理办法》和"二手车鉴定评估技术规范"的规定，本着客观、独立、公正、科学的原则，按照公认的评估方法，对牌号为_____的车辆进行了鉴定。本机构鉴定评估人员按照必要的程序，对委托鉴定评估的车辆进行了实地查勘与市场调查，并对其在__年__月__日所表现的市场价值做出了公允反映。现将该车辆鉴定评估结果报告如下：

二、委托方信息

委托方：_____委托方联系人：_____联系电话：_____车主姓名/名称：（填写机动车登记证书所示的名称）

三、鉴定评估基准日_____年_____月_____日

四、鉴定评估车辆信息

厂牌型号：_____牌照号码：_____

发动机号：_____车辆 VIN：_____

车身颜色：_____表征里程：_____初次登记日期：_____

年审检验合格至：_____年_____月　交强险截至日期：_____年_____月

车船税截至日期：_____年_____月

是否查封、抵押车辆：□是　□否　车辆购置税（费）证：　□有　□无

机动车登记证书：　　□有　　□无　机动车行驶证：　　□有　　□无

未接受处理的交通违法记录：　　□有　　□无

使用性质：□公务用车　□家庭用车　□营运用车　□出租车　□其他：_____

五、技术鉴定结果

技术状况缺陷描述：_____

_____

重要配置及参数信息：_____

技术状况鉴定等级：_____　　等级描述：_____

六、价值评估

价值估算方法：□现行市价法　□重置成本法　□其他_____

价值估算结果：车辆鉴定评估价值为人民币_____元，金额大写：_____。

七、特别事项说明

八、鉴定评估报告法律效力

本鉴定评估结果可以作为作价参考依据。本项鉴定评估结论有效期为 90 天，自鉴定评估基准日至_____年_____月_____日止。

九、声明

1. 本鉴定评估机构对该鉴定评估报告承担法律责任。

2. 本报告所提供的车辆评估价值为评估基准日的价值。

3. 该鉴定评估报告的使用权归委托方所有，其鉴定评估结论仅供委托方为本项目鉴定评估目的使用和送交二手车鉴定评估主管机关审查使用，不适用于其他目的，否则本鉴定评估机构不承担相应法律责任；因使用本报告不当而产生的任何后果与签署本报告书的鉴定评估人员无关。

4. 本鉴定评估机构承诺，未经委托方许可，不将本报告的内容向他人提供或公开，否则本鉴定评估机构将承担相应的法律责任。

附件：

一、二手车鉴定评估委托书（略）

二、二手车技术状况鉴定作业表（略）

三、《车辆行驶证》《机动车登记证书》复印件（略）

四、被鉴定评估二手车照片（要求外观清晰，车辆牌照能够辨认，略）

二手车鉴定评估师（签字、盖章）　　　　　　复核人（签字、盖章）

　　　　　　　　　　　　　　　　　　　　（二手车鉴定评估机构盖章）

　　年　　月　　日　　　　　　　　　　　　　年　　月　　日

文中：

1. 特别事项是指在已确定鉴定评估结果的前提下，鉴定评估人员认为需要说明在鉴定过程中已发现可能影响鉴定评估结论，但非鉴定评估人员执业水平和能力所能鉴定评定估算的有关事项以及其他问题。

2. 复核人是指具有高级二手车鉴定评估师资格的人员。

备注：

1. 本报告书和作业表一式三份，委托方两份，受托方一份。

2. 鉴定评估基准日即为"二手车鉴定评估委托书"签订的日期。

附录 E　机动车强制报废标准规定

第一条　为保障道路交通安全，鼓励技术进步，加快建设资源节约型、环境友好型社会，根据《中华人民共和国道路交通安全法》及其实施条例、《中华人民共和国大气污染防治法》《中华人民共和国环境噪声污染防治法》，制定本规定。

第二条　根据机动车使用和安全技术、排放检验状况，国家对达到报废标准的机动车实施强制报废。

第三条　商务、公安、环境保护和发展改革等部门依据各自职责，负责报废机动车回收拆解监督管理、机动车强制报废标准执行有关工作。

第四条　已注册机动车有下列情形之一的应当强制报废，其所有人应当将机动车交售给报废机动车回收拆解企业，由报废机动车回收拆解企业按规定进行登记、拆解和销毁等处理，并将报废机动车登记证书、号牌和行驶证交公安机关交通管理部注销：

1. 达到本规定第五条规定使用年限的。
2. 经修理和调整仍不符合机动车安全技术国家标准对在用车有关要求的。
3. 经修理和调整或者采用控制技术后，向大气排放污染物或者噪声仍不符合国家标准对在用车有关要求的。
4. 在检验有效期届满后连续 3 个机动车检验周期内未取得机动车检验合格标志的。

第五条　各类机动车使用年限分别如下：

1. 小、微型出租客运汽车使用 8 年，中型出租客运汽车使用 10 年，大型出租客运汽车使用 12 年。
2. 租赁载客汽车使用 15 年。
3. 小型教练载客汽车使用 10 年，中型教练载客汽车使用 12 年，大型教练载客汽车使用 15 年。
4. 公交客运汽车使用 13 年。
5. 其他小、微型营运载客汽车使用 10 年，大、中型营运载客汽车使用 15 年。
6. 专用校车使用 15 年。
7. 大、中型非营运载客汽车（大型轿车除外）使用 20 年。
8. 三轮汽车、装用单缸发动机的低速货车使用 9 年，装用多缸发动机的低速货车以及微型载货汽车使用 12 年，危险品运输载货汽车使用 10 年，其他载货汽车（包括半挂牵引车和全挂牵引车）使用 15 年。
9. 有载货功能的专项作业车使用 15 年，无载货功能的专项作业车使用 30 年。
10. 全挂车、危险品运输半挂车使用 10 年，集装箱半挂车使用 20 年，其他半挂车使用 15 年。
11. 正三轮摩托车使用 12 年，其他摩托车使用 13 年。

对小、微型出租客运汽车（纯电动汽车除外）和摩托车，省、自治区、直辖市人民政府有关部门可结合本地实际情况，制定严于上述使用年限的规定，但小、微型出租客运汽车不得低于 6 年，正三轮摩托车不得低于 10 年，其他摩托车不得低于 11 年。

小、微型非营运载客汽车，大型非营运轿车和轮式专用机械车无使用年限限制。

机动车使用年限起始日期按照注册登记日期计算，但自出厂之日起 2 年未办理注册登记手续的，按照出厂日期计算。

第六条 变更使用性质或者转移登记的机动车应当按照下列有关要求确定使用年限和报废：

1. 营运载客汽车与非营运载客汽车相互转换的，按照营运载客汽车的规定报废，但小、微型非营运载客汽车和大型非营运轿车转为营运载客汽车的，应按照本规定附件 1 所列公式核算累计使用年限，且不得超过 15 年。

2. 不同类型的营运载客汽车相互转换，按照使用年限较严的规定报废。

3. 小、微型出租客运汽车和摩托车需要转出登记所属地省、自治区、直辖市范围的，按照使用年限较严的规定报废。

4. 危险品运输载货汽车、半挂车与其他载货汽车、半挂车相互转换的，按照危险品运输载货车、半挂车的规定报废。

距本规定要求使用年限 1 年以内（含 1 年）的机动车，不得变更使用性质、转移所有权或者转出登记地所属地市级行政区域。

第七条 国家对达到一定行驶里程的机动车引导报废。

达到下列行驶里程的机动车，其所有人可以将机动车交售给报废机动车回收拆解企业，由报废机动车回收拆解企业按规定进行登记、拆解和销毁等处理，并将报废的机动车登记证书、号牌和行驶证交公安机关交通管理部门注销：

1. 小、微型出租客运汽车行驶 60 万 km，中型出租客运汽车行驶 50 万 km，大型出租客运汽车行驶 60 万 km。

2. 租赁载客汽车行驶 60 万 km。

3. 小型和中型教练载客汽车行驶 50 万 km，大型教练载客汽车行驶 60 万 km。

4. 公交客运汽车行驶 40 万 km。

5. 其他小、微型营运载客汽车行驶 60 万 km，中型营运载客汽车行驶 50 万 km，大型营运载客汽车行驶 80 万 km。

6. 专用校车行驶 40 万 km。

7. 小、微型非营运载客汽车和大型非营运轿车行驶 60 万 km，中型非营运载客汽车行驶 50 万 km，大型非营运载客汽车行驶 60 万 km。

8. 微型载货汽车行驶 50 万 km，中、轻型载货汽车行驶 60 万 km，重型载货汽车（包括半挂牵引车和全挂牵引车）行驶 70 万 km，危险品运输载货汽车行驶 40 万 km，装用多缸发动机的低速货车行驶 30 万 km。

9. 专项作业车、轮式专用机械车行驶 50 万 km。

10. 正三轮摩托车行驶 10 万 km，其他摩托车行驶 12 万 km。

第八条 本规定所称机动车是指上道路行驶的汽车、挂车、摩托车和轮式专用机械车；非营运载客汽车是指个人或者单位不以获取利润为目的的自用载客汽车；危险品运输载货汽车是指专门用于运输剧毒化学品、爆炸品、放射性物品和腐蚀性物品等危险品的车辆；变更使用性质是指使用性质由营运转为非营运或者由非营运转为营运，小、微型出租、租赁和教练等不同类型的营运载客汽车之间的相互转换，以及危险品运输载货汽车转为其他载货汽车。本规定所称检验周期是指《中华人民共和国道路交通安全法实施条例》规定的机动车安全技术检验周期。

  第九条 省、自治区、直辖市人民政府有关部门依据本规定第五条制定的小、微型出租客运汽车或者摩托车使用年限标准，应当及时向社会公布，并报国务院商务、公安和环境保护等部门备案。

  第十条 上道路行驶拖拉机的报废标准规定另行制定。

  第十一条 本规定自2013年5月1日起施行。2013年5月1日前已达到本规定所列报废标准的，应当在2014年4月30日前予以报废。《关于发布（汽车报废标准）的通知》（国经贸经［1997］456号）《关于调整轻型载货汽车报废标准的通知》（国经贸经［1998］407号）《关于调整汽车报废标准若干规定的通知》（国经贸资源［2000］1202号）《关于印发（农用运输车报废标准）的通知》（国经贸资源［2001］234号）《摩托车报废标准暂行规定》（国家经贸委、发展计划委、公安部、环保总局令［2002］第33号）同时废止。

  附件：

  一、非营运小、微型载客汽车和大型轿车变更使用性质后累计使用年限计算公式。

  二、机动车使用年限及行驶里程参考值汇总表。

附件一

非营运小、微型载客汽车和大型轿车
变更使用性质后累计使用年限计算公式

  累计使用年限＝原状态已使用年＋（1－原状态已使用年/原状态使用年限）×状态改变后年限

  备注：公式中原状态已使用年中不足一年的按一年计算，例如，已使用2.5年按照3年计算；原状态使用年限数值取定值为17；累计使用年限计算结果向下圆整为整数，且不超过15年。

附件二

机动车使用年限及行驶里程参考值汇总表见附表E-1。

附表E-1 机动车使用年限及行驶里程参考值汇总表

车辆类型与用途				使用年限/年	行驶里程参考值/万km
汽车	载客	营运	出租营运 小、微型	8	60
			出租营运 中型	10	50
			出租营运 大型	12	60
			租赁	15	60
			教练 小型	10	50
			教练 中型	12	50
			教练 大型	15	60
			公交客运	13	40
			其他 小、微型	10	60
			其他 中型	15	50
			其他 大型	15	80

（续）

车辆类型与用途				使用年限/年	行驶里程参考值/万 km
汽车	载客	非营运	专用校车	15	40
			小、微型客车，大型轿车	无	60
			中型客车	20	50
			大型客车	20	60
	载货		微型	12	50
			中、轻型	15	60
			重型	15	70
			危险品运输	10	40
			三轮汽车、装用单缸发动机的低速货车	9	无
			装用多缸发动机的低速货车	12	30
	专项作业		有载货功能	15	50
			无载货功能	30	50
挂车		半挂车	集装箱	20	无
			危险品运输	10	无
			其他	15	无
		全挂车		10	无
摩托车			正三轮	12	10
			其他	13	12
轮式专用机械车				无	50

注：1. 表中机动车主要依据《机动车类型 术语和定义》（GA 802—2014）进行分类，标注+车辆为乘用车。
2. 对小、微型出租客运汽车（纯电动汽车除外）和摩托车，省、自治区、直辖市人民政府有关部门可结合本地实际情况，制定严于表中使用年限的规定，但小、微型出租客运汽车不得低于 6 年，正三轮摩托车不得低于 10 年，其他摩托车不得低于 11 年。

参 考 文 献

[1] 姜正根. 二手车鉴定评估与交易 [M]. 北京：中国劳动社会保障出版社，2011.
[2] 明光星，杨洪庆. 二手车鉴定与评估 [M]. 北京：中国人民大学出版社，2015.
[3] 李萌，袁野. 二手车评估 [M]. 北京：北京理工大学出版社，2010.
[4] 刘仲国. 二手车交易与评估 [M]. 2 版. 北京：机械工业出版社，2012.
[5] 吴兴敏，陈卫红. 二手车鉴定与评估 [M]. 北京：人民邮电出版社，2010.
[6] 鲍远通. 汽车性能评价与选购 [M]. 北京：机械工业出版社，2013.
[7] 左适够. 事故车辆查勘与定损 [M]. 北京：机械工业出版社，2013.
[8] 吴常红. 汽车营销基础与实务 [M]. 北京：北京邮电大学出版社，2016.
[9] 沈轶娜. 汽车商品 [M]. 北京：机械工业出版社，2014.